대영제국의 동아시아 외교주역

해리 S. 파크스

대영제국의 동아시아 외교 주역

해리 S. 파크스

김현수 지음

단국대학교출판부

책머리에

현 지구촌 외교의 역학구도는 미국, 중국의 이강(二强)에 유럽연합이 편입된 삼자 구도의 형태를 띠고 있다. 이런 역학구도는 한 세기 전만 해도 대영제국과 유럽열강(미국 포함)의 이강에 중국과 일본이 개재된 특징을 보이고 있었다. 유라시아 전역에서 펼쳐지던 영러 각축(英露角逐)을 통한 대영제국의 외교사 전개는 여기에서 출발했다.

19세기의 영러 각축은 대영제국의 외교사를 이해하는 관건이다. 그것은 오늘날 지구촌 외교 문제의 핵심에 놓여있는 메소포타미아 지역, 아프가니스탄 및 인도를 중심으로 한 중동 지역, 그리고 새로운 시장으로 부상하는 중국을 중심으로 한 동아시아 지역 등을 모두 아우르고 있었기 때문이다. 따라서 지금의 지구촌 외교를 이해하려면 당시의 대영제국 외교를 제대로 이해하는 것이 절대적으로 필요하다.

그렇지만 국내외를 막론하고 그렇지 못한 것이 사실이다. 그 이유는 첫째 미국 중심의 실용적인 외교 부분에 집중했던 연구 풍토와, 둘째는 포스터 모던적 현상인 소수, 주변을 강조하는 연구풍토 때문이다. 특히 후자와 연결된 국내의 반응은 타자, 특히 유럽중심이나 대영제국 같은 강자 입장의 시각은 무조건 배제하려는 현상을 불러일으켰다. 하지만 다양한 세상을 바라보는 다원적 시각 속에서 오히려 우리의 참모습을 더욱 객관적으로 조망할 수 있다고 하는 평범한 진리를 모토로 하여, 최근 10년 간 그간의 틀을 깨려는 시도가 점차 진행되고 있음은 다행스런 일로 여겨진다.

필자는 그간 '특정국의 외교사적 흐름을 중심으로 국제 관계론적 접근과 비교사적 접근을 수행해야 하는' 외교사 연구에 매진하여 왔다. 구체적으로 대영제국의 외교사를 연구하면서 특별히 몇 가지 점들에 착목하였다.

첫째 대영제국 외교사를 다루기 위해선 영국 역사 전반을 종합적으로 확실하게 이해할 필요가 있다는 점이다. 그렇게 하지 못하면, 한 곳에 중심점을 잡고, 이곳에서부터 얽힌 타래를 풀어나가는 식의 '외교사'라기보다 조각과 조각을 비교하고 분석하는 '대외 관계사' 연구가 될 가능성이 많기 때문이다.

둘째 지구촌 외교가 조직적이고 체계적으로 발전한 것은 19세기부터이다. 그즈음 각 국가의 외무부가 조직 체계와 역할에 있어 확고한 정체성을 갖게 되었다. 그러므로 대영제국 외교사를 좀 더 깊이 있게 연구하려면 정책 결정의 산실인 영국 외무부의 조직 체계와 활동이 반드시 연구되어야 한다는 점이다.

이 책에서 필자가 파크스를 주목한 것은 그러한 이유 때문이다. 파크스의 외교활동기인 1860대-80년대 동아시아 지역의 대영제국 외교정책과 활동들은 구체적으로 그러한 조건들을 만족시키고 있다. 다시 말해서 대영제국 외교가 조직적이고 체계적으로 운용되는 것이 1860년대 이후였다. 특히 대영제국 외교의 핵인 영러 각축이 미묘하게 얽히기 시작한 시기도 이때부터였다.

파크스는 40여 년을 동아시아 주재 대영제국 외교관으로 근무했던 인물이다. 그 때문에 영국뿐 아니라 동아시아 삼국에서 상당히 유명하다. 하지만 그에 대한 단독 연구서로는 자료집에 가까운 스탠리 랜-풀(Stanley Lane-Poole)의 『파크스의 생애 1,2』(The life of Sir Harry Parkes I, II)와, 일본에서의 외교 활동만을 다룬 고든 다니엘스(Gordon Daniels)의 『써 해리 파크스; 주일영국대표, 1865-1883』(Sir Harry Parkes; British Representative in Japan, 1865-1883)뿐이다. 그 외에는 동아시아 관련 분야(동아시아 관련 대외 관계사, 중국사나 일본사, 한국사, 그리고 국제관계사, 정치·외교 분야)의 연구서들에서 간략하게 그의 활동사항들이 언급되고 있을 뿐이다. 이것은 다양한 분야의 전공자들이 파크스의 존재를 인지하고 있다는 정도의 의미만을 전해줄 뿐이다.

필자가 관심을 갖고 있는 큰 틀인 '대영제국 외교사'를 연구하는 데 있어서 파크스의 40여 년에 걸친 외교관 경력의 무게감은 크다. 필자는 기존의 연구들에서 그의 외교경력을 찾아보았지만, 이미 걸맞은 활동내용들과 의미들을 찾을 수가 없었다. 이런 사실들이 필자의 외교사 연구에까지 미쳐 연구의 한계성을 가져올지 모른다는 고민을 하게 되었다. 이런 고민의 계기로 '외교 형성 차원에서 파크스의 외교 활동이 갖고 있는 구체적인 의미는 무엇인지'에 대한 집중적인 연구를 하게 되었다. 그 결과 수 편의 파크스 관련 연구논문을 발표하게 되었다.

이 책은 파크스 관련 연구물들이 축적된 시점에서 출판하게 된 것이다.[1] 그 목적은 그간의 연구물들을 집대성하고 정리하여 대영제국 외교사 연구에 충분히 활용코자하는 것이다. 다른 하나는 관련 연구자들이나 일반인들과도 파크스 연구의 결과들이 갖는 의미를 공유하고 싶은 소망때문이다.

이 책은 크게 3부로 구성해 보았다. 파크스가 외교관으로 입지를 구축하고 그 역할을 충실히 행하던 30, 40대 때의 중국영사와 일본공사 시절을 1부로 했다. 그간의 경험이 총괄적으로 성숙되어 나타났지만 아쉽게 세상을 떠난 50대 때인 청국공사와 조선특명공사 시절을 2부로 했다. 3부는 그의 사후 대영제국의 동아시아 외교정책을 점검해보면서 그의 외교적 영향이 대영제국 외교사 속에 얼마나 드러나는지를 확인해보는 부분으로 구성하였다.

물론 이 책은 파크스의 생애와 외교 활동을 중심적으로 다루지만, 큰 틀은 대영제국 외교의 정체성을 확인해보고자 하는 데 있다. 때문에 영국 정치·사회현상 및 동아시아 이외 지

---

1) 책 각 장의 발표지면은 다음과 같다. 파크스의 생애와 활동 및 프롤로그는 『영국연구』 9호, 2003; 1장은 『동양학』 46집, 2009; 2장은 『영국연구』 17호, 2007; 3장은 2008; 4장은 『사학지』 38집, 2006; 5장은 『영국연구』 11호, 2004; 6장은 『영국연구』 15호, 2006; 7장은 『중재 장충식 박사 회갑 기념논총』 1992; 8장은 『영국연구』 7호, 2002.

역에서의 외교 상황까지도 전반적으로 다루면서 그 당시의 지구촌에 해당하는 대영제국 외교의 총체적인 역사적 현주소도 조망해 볼 것이다.

필자는 2009년에 연구년으로 1년간을 런던대학교의 방문교수로 있으면서, 파크스 관련 연구들을 재점검할 수 있는 기회를 갖게 되었다. 그러한 작업에 실질적인 도움을 준 것은 런던대학교의 인문학대학(SOAS)과 사회경제대학(LSE) 도서관에 비치된 풍부한 관련 도서들과 영국공문보관소(PRO: 오늘날 The National Archives)의 일차 사료들이었다.

출판을 앞두고 지난 모든 과정을 되돌아보며 하나님께 감사를 드린다. 그리고 출판의 기쁨은 연구년 중 함께한 가족, 특히 그 기간 중에 런던대학교에 입학하게 된 아들과 함께 나누고자 한다. 바쁜 가운데에서도 원고를 꼼꼼이 읽고 교정에 도움을 준 박성순 교수에게도 고마움을 표하며, 끝으로 인문학 학술서 출간을 흔쾌히 허락해 주신 단국대출판부에 깊은 감사를 드린다.

2011년 1월

김 현 수

차 례

3부　파크스 사후의 대영제국 외교

에필로그

프롤로그

역사 속의 영국 (직업)외교관 제도의 성립

『옥스퍼드영어사전』의 정의에 따르면, 외교란 "협상에 의한 국제 관계의 관리, 이들 관계가 대사들과 사절들에 의해 조정·관리되는 방법, 외교관들의 업무 또는 기술"로 설명되어 있다. 이런 외교를 다루는 중심에 '외교관(diplomat)'이 있다.

외교관의 원형은 원시시대 족장의 뜻을 이웃부족에 전하던 '전령'이다. 국가의 개념이 생기면서 전령이라는 개념보다는 자국 왕의 지시 하에 상대국의 왕을 설득하여 전쟁을 막거나 동맹을 맺는 '협상가(negotiator)'의 개념으로 바뀌었다. "외교란 독립국가간 공식 관계 이행에 지성과 사실을 적용시키는 것"이라는 세토우(Sir Ernest M. Satow)의 표현에서 알 수 있다시피, 근대국가가 성립되면서부터 외교관은 상대국에 상주하면서 관찰·보고·협상하는 '관찰자'로 개념이 변모하였다. 이런 의미의 외교관은 15세기 도시국가들에 있던 상주대사(Resident Ambassador)로부터 시작된다고 볼 수 있다.[2)]

상주 대사의 등장에도 불구하고 외교관을 직업의 일종으로 보게 된 것은 수세기가 지난 19세기 초부터이다. 이 시기는

---

2) G. Mattingly, *Renaissance Diplomacy* (London: Dover, 1955), pp.39-40.

빈회의(1815)를 시작점으로 국제사회가 복잡해지게 되었고, 외교적으로도 '함께 문제를 풀어가자'는 취지로 결성된 유럽협조체제(European concert System)가 형성되었다. 기존의 외교사 연구에서는 본격적으로 서유럽 외교가 시작한 시점을 이 때로 본다.

빈체제 이후의 서유럽 외교를 분석할 때 특히 영국을 주목해 볼 수 있다. 영국은 1823년 베로나 회의 이후, 절대주의보다 입헌주의를 추구하는 이념적 차이로 빈체제에서 탈퇴하고 홀로 '고립외교 정책'을 추구하였다. 때문에 영국은 빈체제 하에서 각 국가의 정보를 수집・관찰・보고하거나, 심지어는 직접 협상에 임할 수 없게 되었다. 이에 따라 개별 국가 단위로 접촉하는 좀 더 전문적이고 심화된 외교를 펼쳐야만 했다. 영국에는 19세기 중・후반에 접어들면서 일련의 훈련 과정을 통해 외교 정책, 협상 등을 능동적으로 수행하는 직업 외교관(career diplomat) 제도가 생겼음을 쉽게 추정해 볼 수 있다.[3)]

직업적이진 않더라도 외교관이라는 모습이 영국에 처음 등장한 것은 언제 즈음인가? 역사 속에서 외교관의 기능과 역할은 어떻게 변해간 것인가? 잉글랜드 왕국이 들어설 무렵, 유럽 대륙은 교황권의 영향력 아래 결속된 중세 봉건시대이므로 국제적인 의식이나 의미를 갖고 움직이는 외교관이라 할 만한 존재를 찾아볼 수가 없었다. 굳이 외교관의 형태를 찾는다면,

---

3) Julis Cambon, *The Diplomatist*, trans. C. R. Turner (London: Philip (Allan, 1931), pp.112-14.

바이외 테피스트리(Bayeux tapestry) 일부

자기 영지의 이익을 위해 교황청의 누군가와 긴밀한 유대관계를 갖기 위해 파견되는 '협상가' 정도를 떠올릴 수 있다. 협상가는 고대의 귀족들과 달리 대부분 성직자였다. 바이외 테피스트리(Bayeux tapestry)에[4] 묘사된 것을 보면, 영국은 노르망디 윌리엄이 잉글랜드를 정복하기에 앞서 이복동생인 바이외 주교인 오도(Bishop Odo of Bayeux)를 로마 교황청에 보내어 자신의 정복을 합리화하기 위한 협상의 길을 열었다. 그리고 교황 알렉산드르 2세로부터 정복을 지지하는 신성한 깃발과 베드로의 모발이 담긴 반지를 받았다.[5] 비록 근대적인 외교관과는 거리가 멀지만 중세 유럽적 협상가로서 외교관의 모습이 영국에 등장한 것은 이 시점이라 할 수 있다.

---

4) 너비 50cm, 길이 약 70m인 벽걸이 융단인데 노르만 왕의 잉글랜드 정복에 관한 설화가 약 72장면의 정경(情景)으로 나뉘어, 8가지 빛깔의 털실로 수놓아져 있다.

5) Christopher Lee, *The Sceptred Isle, BC 55–1901* (London: Penguin Book, 1997) pp.38–43.

스포르차 대공(Ludovico Sforza, 1452-1508)

십자군 원정 이후, 이탈리아에서는 정통적인 봉건제도의 권외(圈外)에 있던 도시국가들이 등장하였다. 거기에서는 생존을 위해 서로 타협 또는 반목을 해야 하는 독특한 정치적 상황이 전개되었다. 매팅리(G. Mattingly)는 당시의 상황을 다음과 같이 설명한다. "이탈리아 도시국가들은 어느 다른 유럽 국가들보다도 더 활발하게 그리고 줄곧 외교 정책의 중요성을 인식하고 있었다. 이들은 이탈리아 북부에 있는 강국들 사이에서 그들과 동등한 영향력을 행사하는 동시에 존속하기 위한 첫 번째 필요성을 여기서 찾고 있었기 때문이다."[6]

15세기 말, 이탈리아는 오스트리아·스페인의 합스부르크 왕가와 프랑스의 발로와 왕가의 대립 사이에서 전쟁터가 되었다. 밀라노 공국의 스포르차 대공(Ludovico Sforza)은 공국의 생존을 위해서 보호 및 지원해줄 국가가 필요했다. 그러므로 수시로 파견하는 사절이 아니라, 관련국에 상주하면서 자국의 이익을 대변하는 외교관의 필요성을 절감했다. 그리고 마침내 1490년에 스페인에 상주 대사를 보내게 된 것이다. 이때부터 상주 대사 제도가 활성화되어 몇 년 내에 런던과 파리, 그리고 신성로마 황제인 찰스 5세의 궁정에까지 상주 대사관이 설치되었다.[7]

---

6) Mattingly, *Renaissance Diplomacy*, p.59.

토마스 볼린 (Thomas Boleyn, 1477 - 1539)

영국도 유럽의 분위기를 따라가고 있었다. 영국은 비교적 부유하고 신중한 성품인 튜더 왕가의 헨리 7세 때부터 외교 분야가 확대되기 시작했다. 이전부터 영국은 로마에만 대표를 보내고 있었는데, 헨리는 지리상 발견 이후 강국으로 발돋움한 스페인을 의식하고 이곳에 외교적 진출을 꾀하기를 충고한 존 스타일(J. Stile)의 의견을 받아들였다. 1505년 의견을 냈던 스타일 자신이 상주 대사로 파견되면서 영국에서도 외교관의 확실한 흔적이 보이기 시작했다. 헨리 7세 때의 또 다른 흔적으로는 왕이 죽기 직전 왕위의 공백기 때 영국 정보가 외국으로 흘러나가는 것을 막기 위한 조처로 영국 내 상주외교관들을 추방했던 기록이 그것이다.[8] 헨리 8세 때에의 흔적으로는 먼저 스페인에 이어 또 다른 세력인 프랑스를 의식한 왕이 1519년 볼린(Sir Thomas Boleyn)과 웨스트(N. West)를 파리에 상주 대사로 보낸 사실이 있다.[9] 다음으로는 왕의 이혼 소송 문제로 특사자격으로 교황청을 다녀온 울지 추기경이 교황청에서 몇몇 상주 대사

7) Keith Hamilton & Richard Langhorne, *The Practice of Diplomacy: its Evolution, Theory and Administration* (London: Routledge, 1995), p.36.

8) Harold Nicolson, *The Evolution of Diplomatic Method* (Oxford, 1954), pp.34-35.

9) Harold Nicolson, *Diplomacy* (Oxford: Oxford University Press, 1969), p.84.

자격권을 얻어왔다. 그리고 헨리 7세에 의해 이미 네덜란드에 비공식적이지만 상주대사 자격으로 가 있던 이탈리아인 스핀리(T. Spinelly)에게도 공식적인 대사의 직함이 주어졌다. 윙필드(Sir Robert Wingfield)가 신성로마 황제 궁전에 상주 대사로 파견된 것은 헨리 8세때 뚜렷하게 드러난 외교관 흔적이다.[10] 이로써 영국에서 외교관의 실질적인 등장이 튜더왕조 때부터임을 확인 수 있다.

절대왕정 시기에 접어들면 식민지 쟁탈을 위한 전쟁들이 줄곧 이어진다. 반면 국가 간의 외교는 진정 활발한 궤도에 접어들게 된다. 외교관은 '전쟁이냐, 평화냐'라는 이분법적인 상황들을 빈번히 전달하는 전달자의 역할과, 상대국의 정보를 캐거나 대화의 장도 주선해야 하는 협상자의 역할이 한층 필요한 입장이 되었다. 그러다 보니 상주 대사의 역할이 더욱 활성화되어 상대국에 상주하면서 관찰·보고·협상하는 '관찰자'가 되어갔다. 동시에 상주 대사 제도는 많은 기능적 변화가 요구되었다. 이런 변화는 1815년 빈회의가 있기 전까지 지속되었고, 변화를 따른 외교관들의 역할 속에 직업 외교관의 조짐들이 나타나기 시작하였다.

기능적 변화에 관하여 몇 가지 지적을 통해 직업 외교관들의 조짐을 살펴보면, 첫째가 '재정적 문제'이다. 외교관이라면 정치적 영향력은 물론 학식과 재력을 겸비한 사람들로 인식되었고, 실상 그러했다. 임시 사절단은 물론 상주 대사들조차 부임지가 본국에서 그리 멀지 않기 때문에 자신의 영지나 재산

---

10) Hamilton & Langhorne, *The Practice of Diplomacy*, p.38.

을 충분히 관리하면서 접대 여행 정도로 외교관으로서의 역할을 수행할 수 있었다.[11] 그러나 절대왕정 시기에는 상주 대사의 부임지가 본국에서 상당히 떨어져 있는 곳이 많았고, 상대국에서 오랜 기간 머물면서 관찰·보고·협상을 하다 보니 본국내 자신의 재산을 돌볼 시간적 여유가 부족하였다.[12] 이런 이유로 상주 대사들의 재정적 어려움을 염두에 두지 않을 수 없었다. 이에 따라 대사 봉급이 책정되었는데 부르군디 공국의 외교관이자 작가인 꼬뮨(Philippe de Commynes)은 봉급에 관하여, "주교나 명망 있는 귀족의 수입 정도는 아니지만 번창하는 사업가나 지방 유지로 정착된 젠트리 계급 정도의 수입은 된다."고 언급하였으나[13] 실제로는 달랐다. 단편적인 예를 들자면, 1620년대에 영국에 많은 공헌을 한 프랑스 대사 바솜브레(M. de Bassompierre)가 고국으로 돌아갈 때, 제임스 1세는 상당한 값어치가 있는 보석을 그에게 주었다. 당시 영국 해협을 통과할 때 수화물 이동이나 배 삯이 많이 들었기 때문에 이에 융통하라는 왕의 배려였다.[14] 만약 바솜브레가 재력가 정도의 봉급을 받았다면 제임스 1세가 그렇게까지 배려해 줄 필요는 없었을 것이다. 재정적 문제는 외교관이라는 '실체'가 '봉급을 받는다'는 의미와 결합되면서 한층 직업 외교

---

11) Hamilton & Langhorne, *The Practice of Diplomacy*, p.238.
12) Hamilton & Langhorne, *The Practice of Diplomacy*, p.148.
13) Philippe de Commynes, *M moires* (Paris, n. d) VI, pp.198-199: Hamilton & Langhorne, *The Practice of Diplomacy*, p.32 재인용.
14) F. Bassomperre, *Memoirs of the Embassy of the Marshal de Bassomperre to the court of England in 1626: trans.*, (London, 1819).

관으로서의 정체성이 구체화하는 조짐을 드러냈다.

다음으로 외교관의 '역할 분담 문제'이다. 공적 의식 행사(Ceremony)에 참석하는 것이 주목적이던 초기 상주 대사의 역할과[15] 달리, 프랑스를 비롯한 절대왕정 국가들에게는 관찰·보고·협상이 외교관의 주된 역할이 되다보니 이에 관련된 문제가 생겨났다. 사실 협상이나 보고를 위해서는 공적 기록 보고서가 중요한 위치를 차지한다. 그러나 상주 대사들은 공적 보고서와 사적 보고서에 대한 구별을 하지도 않았고, 보고서 작성의 필요성에 대한 의식도 없었다. 그러므로 정부가 원하는 대답을 쉽게 얻어내지 못하게 되자 상주 대사들을 질책하는 사례가 자주 발생하였고, 상주 대사들은 본의 아니게 거짓말과 속임수를 써서라도 해당 국가들과 협상하고 그에 따른 보고서를 본국에 올리게 되었다. 이에 대한 불평들이 대사들 사이에서 나왔다. 제임스 1세 때의 주영 스페인 대사인 곤도마르 백작(Count Diego Gondomar)은 "거짓말을 해야 하는 임무가 합쳐지면서 대사라는 직업이 더러워졌다"라고 신랄한 비판을 하였다. 헨리 워튼(Sir Henry Wotton)은 "대사란 선한 사람인데 자국의 이익을 위해서 거짓말을 하도록 외국에 파견된다"고 불평을 토로하였다.[16] 이런 문제점이 제기된 이상, 변화는 필요하였고, 결국 국가 간의 협상을 전담하는 특명 대사(Ambassador extraordinary)가 생겨났으며 전권 대

---

15) Commynes, M moires VI, pp.227-29; Hamilton & Langhorne, *The Practice of Diplomacy*, pp.71, 251-52 재인용.

16) Hamilton & Langhorne, *The Practice of Diplomacy*, pp.220-21, note 7 to chapter 24.

사(Ambassador plenipotentiary)라는 의미와도 동격으로 사용된다.[17] 결국 외교관의 역할 문제가 대두되면서 외교관의 계급분화가 생겨나기 시작했다. 대사의 역할들도 다양해져서 기술적이며 직업적으로 될 필요가 있다는 인식이 커졌다.

세 번째는 '조직 문제'이다. 외교관이 계급화 되고 역할이 복잡해지기 시작했다면 왕명을 대신하여 전문적으로 통제할 관료가 필요함은 당연하다. 리슐리외(Armand Jean du Plessis de Richelieu, Cardinal-Duc de Richelieu) 때의 한 프랑스 논평자는 "국가 간의 변화가 지속적인 이 시기에, 리슐리외는 국제 관계의 원칙들을 잘 다루어서 유럽의 평정을 갖고 온 분이다"라고 하였다.[18] 이 표현은 외교관 리더로서의 리슐리외 모습이 다뤄진 것이다. 리슐리외는 특명 전권 대사의 역할을 잘 활용하였지만, 이들만으로 외교가 되지 않는다고 생각하였기에 일반 상주 외교관들에 대해서도 깊이 관여했다. 특히 그 자신은 국내 장관들과 외교관들의 마찰들을 중재하는 역할을 수행했는데[19] 여기에서 외무장관의 필요성이 크게 대두되었다. 그러나 리슐리외는, 왕의 자문처럼 독단적으로 모든 일을 처리했기에 스스로가 외무장관으로서의 위치를 보여주지는

---

17) 전권 대사라는 표현은 1818년 엑스라-샤 펠 회의에서 결정된다. 결정된 계급 명을 보면 대사(ambassadors), 공시사절(legates), 특명공사(envoys extraordinary), 전권공사(ministers plenipotentiary), 변리공사(ministers resident) 그리고 대리공사(charge d' affairs)이다.

18) Hamilton & Langhorne, *The Practice of Diplomacy*, p.71.

19) Jocelyn Woodley, *The development of the French Diplomatic system under Richelieu* (Cambridge: M phil., dissertation: Seeley Library, 1989).

못하였다. 루이 14세의 친정 시기가 되면서 왕은 참사원(Conseil d' tat)의 명망 있고 경험 많은 사람에게 외무장관 직책을 맡겼다. 이로써 외무장관은 대혁명 전까지 정부의 최고 지위를 장악하였다. 결과적으로 조직 문제에 결부되어 생성된 외무장관은 직업 외교관을 조직적이고 행정적으로 다루기 위한 실질적인 구심점이 되었음을 의미한다.

영국의 경우는 입헌왕정 이후 월폴에서 대(大)피트 그리고 노스 총리 등으로 이어지면서 내각과 총리의 실질적인 힘을 만들어 가는 시점이라서 프랑스만큼 외무장관의 의미가 뚜렷하지 못했음도 주목해볼 필요가 있다. 영국에선 1660년부터 국내외 문제를 함께 다루지만 세부적으로는 북잉글랜드와 스코틀랜드 그리고 북유럽의 개신교 국가들과의 관계를 책임진 북 국무부(state for northern department)와 남 잉글랜드, 웨일즈, 북미, 그리고 가톨릭 국가들과 유럽 내 모슬렘 국가를 관장하는 남 국무부(state for southern department)가 있었다.[20] 이들 두 기관이 1782년에 대내외 문제로 분리되어

---

20) 고대영국왕실에선 군신 간의 전달자로 존재한 비서관(clerk)이 튜더왕조 때 장관(secretary)으로 발전하였다, 헨리 8세 때 장관은 대내외문제를 통괄적으로 관리하고 왕에게 건의하는 추밀원(the privy council)의 한 명뿐이었다. 왕정복고 후인 찰스 2세 때, 추밀원은 단지 왕실의 자문기관 이상의 역할을 하지 못하는 축소된 형태로 남았고, 추밀원의 이전 역할은 세분화되는 근대 내각(Cabinet)의 형태로 바뀌면서 다수의 장관의 필요성이 요구되게 되었다. 이후 1660-1782년까지 역할을 담당한 북국무부와 남국무부가 이런 요구에 부합된 모습이다. R. Brazier, *Ministers of the Crown* (Oxford University Press, 1997), p.199, n.109.

외무부(Foreign Office)와 내무부(Home office)가 탄생하였다. 이때부터 외교의 구심점으로 외무장관이 주목되었다.

네 번째 문제점은 '정보 입수 및 보존에 관한 것'이다. 이 시기에 외교관들이 어떻게 관찰하고 보고해야 하는지에 대한 구체적인 목소리를 내는 사람들이 있었는데 영국 사람들이 주류를 이루었다. 영국은 강력한 프랑스의 절대왕권과 대립하고 있었기에 누구보다도 많은 자료 수집 및 정보가 필요했다. 그러므로 사소한 보고 하나라도 보존하고 분석할 필요성을 느끼고 있었다. 1685년 프랑스 대사로 부임하려는 텀불(Sir William Tumbull)에게 주어진 정부 지침서는 이를 잘 말해주고 있다.

> "귀하는 다른 나라에 가 있는 자국 외교관들과 긴밀하게 정보교환을 하시기 바랍니다. 그런 정보들이 협상이 필요한 시기에 귀하게 쓰일 것입니다. 또 그곳에 있는 다른 나라 외교관들과도 친밀한 관계를 유지하면서 필요에 따라서는 정보를 교환하십시오. 프랑스 고관들과도 좋은 관계를 맺어서 그들 내부에 깊숙이 침투한 후 그곳 정보를 입수하여 우리 쪽에 넘겨주기 바랍니다."[21)]

빈번히 오가는 정보들은 일반적인 서신들과 구별할 필요가 있으며, 이를 어떻게 보관할 것인지도 신경을 쓰게 되었다. 영국은 크롬웰 시대 때에 이미 일반과 비밀 서류를 분류하고,

21) P. Fraiser, *The Intelligence of the Secretaries of State and their Monopoly of Licensed News, 1660-1688* (Cambridge, Cambredge University press, 1955), p.65.

복사본을 만드는 작업을 시작하였다. 그런 역사가 뒷받침이 되어서 1730년 총리인 뉴캐슬 공작은 우체국장에게 주요 유럽 수장들과 정부 각료들의 서신들을 분류하라는 명령을 내렸다. 이렇게 하여 112명의 명단이 분류되었다. 이것이 계기가 되어 1765년부터는 외교 관계로 오가는 모든 서신들은 5명의 전담 요원들에 의해서 분류되었다. 영국 외에 이런 정보 보호에 신경을 쓴 나라는 프랑스였다. 그러나 프랑스의 느와르 케비네(Noir Cabinet)는 국내 정보 수집 및 분류에 중점을 두었지, 대외적인 쪽은 그렇지 않았다.[22] 18세기 중·후반시기에는 외교 기능상 입수·정보의 중요성이 인식되고 보호책이 강화되면서 외교관의 활동이 정보 수집 분야별로 전문화되었다.

다섯 번째는 '외교관 양성 문제'이다. 관찰·보고·협상 등을 복합적으로 다루는 전문외교관의 필요성은 갈수록 절실해지는데 기존의 외교관들은 왕의 명령을 대신하여 전령으로서 또는 협상자로서의 역할 정도에 머무르고 있었다. 이 문제점을 가장 절감하고 있던 국가는 리슐리외에 의해서 외교관들의 위치가 갈수록 안정적이고 체계적으로 정립되던 프랑스였다.[23] 특히 17세기 말에는 루이 14세의 권력이 유럽 곳곳에 미치면서 대사들의 역할이 커졌고, 이와 병행하여 대사들의 짐을 덜어줄 봉급 비서들을 쓰기 시작하면서 문제의 해결점을 찾고 있었다. 반면에, 영국은 외무부가 생성된 18세기 말에 가서야 모든 대사들과 변리 공사(Minister Resident)들이 비

---

22) Hamilton & Langhorne, *The Practice of Diplomacy*, p.76.
23) Hamilton & Langhorne, *The Practice of Diplomacy*, p.77.

서들을 두면서 때때로 그들에게 외교관 자격을 부여하기도 하였다.[24)]

비서들의 필요성에 있어서 일 순위는 통역인이었다. 17세기 말에 이런 통역의 필요성을 가장 절실히 느끼게 만든 국가는 단연 오스만제국이다. 오스만제국이 약해지자 주변 유럽국들은 그곳의 영토에 욕심을 갖게 되었다. 그런 점이 잘 반영된 사례가 바로 오스만 주재 오스트리아 공사들에 의해 콘스탄티노플에 열린 터키 언어학교이다. 이 학교는 프랑스·러시아·빈 등에서 유학 온 학생들에게까지 문호를 확대하여 발전하다가 1773년에는 빈 대학교의 제수이트 칼리지에서 정규 과정으로 운영하게 되었다. 언어 교육으로 시작된 이곳은 터키어 외에 아랍어, 페르시아어와 프랑스어를 가르쳤고, 1812년에 가면 그리스어를 첨가하면서 국제법, 해양법과 상법 등 외교에 필요한 전략적인 과목들까지도 가르치게 되었다. 결국 통역이라는 문제가 앞으로 빈번해질 협상을 풀어낼 직업 외교관을 훈련하는 과정으로 발전하게 된 것이다.[25)]

위에 언급된 외교관의 기능적 변화의 성격을 종합해보면, 절대자의 대리인으로서의 '수동적 행위'에서 민족이나 국가의 대표자로서 행할 '능동적 행위'가 강조되고 있음을 알 수 있다. 특히 후자가 오늘날 직업 외교관의 성격이기도 하다. 언

---

24) D. B. Horn. *British Diplomatic Service, 1689–1789* (Oxford, 1961), pp.45–46.

25) Maurice Keens-Soper, *'The Practice of States-System' in The Reason of States.* ed. Michael Donelan (London, 1978) pp.33–34.

급된 기능의 변화 중, 재정적 해결책, 역할 분담 및 조직 체계의 변화, 후속 양성 문제 등을 보자면 직업 외교관의 출현 조짐이 절대왕정 시기의 정상을 달렸던 '프랑스'에서 가시화되었다고 보아야 할 것이다. 그렇다면 관심의 초점인 영국의 경우에 있어 직업 외교관의 조짐은 어떠한가? 프랑스에 비해서는 상대적으로 가시화되지는 못했지만 조짐은 분명히 있었다.

좀 더 주목해야 할 부분은 영국이나 프랑스에 직업 외교관의 조짐들이 제도로 이어지기에는 '걸림돌'이 있다는 점이다. 정치와 외교의 변화는 비례적이므로 정치의 성격이 어떠한지가 외교의 성격을 결정하는 것이다. 결국 위에 언급된 외교관의 기능적 변화들이 직업 외교관의 등장으로 곧장 이어지지 못한 이유는 절대왕정이라는 정치적 성격 때문이었다. 다시 말해서 능동성을 내포한 기능적인 변화가 아무리 많더라도, 왕의 권한이 절대적인 상황 하에서는 '외교관은 왕의 대리자'라는 수동적 범위를 벗어나지 못한다는 것이다. 이런 상황에 처한 대표적 국가는 절대왕정의 극치를 달리던 프랑스였다.

빈회의 이후인 19세기의 역사적 과정을 보자. 이때는 절대왕권이 쇠락하고 민권이 한층 신장되는 격동의 시간들로 점철되다보니 유럽 전역에서 시민혁명이 확산되었고, 많은 국민국가들이 들어섰다. 특히 영국은 이시기에 여타 국가들과 확연히 구별된 외교 행태들을 보였다. 영국의 정치는 권리장전(1689)이 선포된 이후 입헌군주제라는 새로운 분수령을 맞았지만, 과연 입헌군주제인가 할 정도로 군주의 권위는 여전히 드세었다. 물론 군주의 권위가 드센 이유는 왕을 보좌하는 토지 중심의 귀족 엘리트들이 여전히 의회에서 힘을 갖고 있었던 사실과 관련이 있다. 그러나 1780년대와 1790년대에 미국과 프랑스에서의 시민혁명은 이런 귀족 엘리트들에게 위협의 요소가 되었다. 동시에 산업혁명과 더불어 중산층에 속하는 새로운 신흥그룹들이 그 세력을 얻기 시작하면서 그 위협은 가중되었다. 이때부터 군주는 명실 공히 입헌군주로서의 본연의 영역으로 되돌려지고, 19세기 초에 이르면 의회중심의 민(民)의 정치가 여타 유럽국들보다 강세를 얻게 되었다. 이런 정치적 분위기 속에서 베로나 회의에서 영국이 빈체제를 탈퇴하여 독자적인 외교 행보마저 걷게 되었다. 결국 영국에서의 일련의 정치적 변화는 군주와의 고리를 끊고 시민의 권익과 직결된 새로운 국면에 들어선 것을 의미하며, 능동적인 기능과 역할을 추구하는 직업 외교관의 형성에도 상당한 영향력이 있음을 엿볼 수 있다.

1822년, 캐닝 외무장관 시절, 외무부 직원은 31명 정도였는데, 차관 두 명, 사무 관리인 두 명, 문지기 한 명, 그리고 복사 전문인 한 명이 포함되어 있었다. 1861년에 이르면 외무부서의 역할이 커지면서 청사를 정치 일번지인 화이트 홀 내, 길버크 스코트의 이탈리아식 건물로 이사하였다. 이때는 인원이 총 52명으로 늘어나 있었다. 1782년에 외무부가 독립 부서가 된 이후 외무부의 근대화를 시작한 것은 1855년 노스코트-트레블리안(Northcote-Trevelyan) 보고서에서 제안된 공무원 시험제도로부터였다. 외무장관이던 클라렌던(Lord Clarendon)은 외교관 선출 시험을 외무부 단독으로 치르기를 원했다. 특히 후보 선출과 최종 외교관 선정을 위한 시험을 따로 치르며 이렇게 이원화된 선발권도 외무부가 독자적으로 보유하겠다고 주장했다. 이 제도는 1890년대에 가서 하나의 시험제도로 통합되었다.[26)]

살펴본 바대로 19세기 영국에는 직업 외교관으로서의 체계화된 제도가 분명히 드러나고 있었다. 아울러 이 제도가 영국뿐만 아니라 다른 유럽 국가들에도 존재하고 있었다는 점을 주목해볼 필요가 있다.

프랑스의 경우, 제정(帝政)이 사라진 지 얼마 되지 않아 획일주의적인 성향[27)]이 남아있었지만, 제3공화정 시기인 1877년 2월에 외무상이던 루이 데카제(Louis Decazes)는 케도르세(Quai d'Orsay: 센 강가에 있는 프랑스 외무부)에서 표출되는 외교 종사자와 영사관들의 직능적 차별을 없애고, 민주주의 요소를 가미시키기 위해서 외교 그룹에 들어오려는 모든 사람을 대상으로 시험을 치를 것이라고 선포하였다.[28)] 러시아의 경우는 차르 체제이다 보니 제한적이지만[29)] 1859년 이후의 외교관은 몇몇 외국어들, 그리고 외교 관련학(국제법, 경제

---

26) Hamilton & Langhorne, *The Practice of Diplomacy*, p.102.
27) 1905년의 상황을 보면, 비록 시험을 통과하여 외교관이 되었지만, 처음 들어온 젊은 외교관들은 3년을 무보수로 외교 업무에 의무적으로 봉사해야 하는 일종의 통제를 받고 있었다.
28) Hamilton & Langhorne, *The Practice of Diplomacy*, p.77.
29) 귀족들이 외교관이 되는 것은 '개인적 권리'로 허락되어 있었고, 이들은 때때로 외교 경력이 세습되어지도록 법적 조치를 해놓았다. 또 이민 온 농부들, 부채나 벌금 등을 내어야 하는 부류에 속하는 사람, 의사 직업을 제외한 유대인들은 외교관이 될 수 있는 자격이 없었다.

와 통계)과 작문 시험을 치러서 선출되었다.[30] 독일의 경우도 특정인들(융커귀족들)로만 제한되어있지만 1842년에는 외교관선발제도가 성립되었다. 구체적으로 대학에서 3년 간 교육을 이수한 자이어야 하며, 국가공무원 시험들 중 두 가지에 합격해야하고 마지막으로 8개월 동안 지방정부에서 봉사한 경우에만 시험 칠 후보자 자격이 주어졌다. 또 후보자로 발탁되면 무보수의 외교관 시보가 되어 1년 간 일을 하면서 근대 정치사, 상법, 프랑스어를 배우고, 구술 및 기술 시험을 치러야 했다. 이 과정에서 부족한 모습을 보이면 외교관이 되질 못하였다.[30]

19세기 프랑스나 러시아·독일의 경우를 보면 영국보다 더 구체적인 외교제도 형태를 갖고 있었다. 그럼에도 불구하고 이들 국가들은 절대성, 획일성 등에서 자유롭지 못하였고 정치혁명도 여전히 진행형이다 보니 이미 정치적 안정권에 들어선 영국의 외교관 체제가 상대적으로 돋보였던 것이 확실하다.

*　*　*

영국 외교관의 성장 과정을 살펴보면 영국 직업 외교관의 제도적 탄생의 현주소를 확인할 수 있다. 그러나 직업 외교관 제도가 외교 현장에서 제대로 적용되고 있는지를 분석하려면 직업 외무 공무원들의 기능과 역할들을 일정 기간 동안, 그리

---

30) Hamilton & Langhorne, *The Practice of Diplomacy*, p.92.
30) Hamilton & Langhorne, *The Practice of Diplomacy*, p.98.

고 한정된 지역에서 체계적으로 실천하고 경험하며 후대에 귀감(龜鑑)이 된 그런 인물을 주목해서 분석해 볼 필요가 있다.

영국에서 위의 조건에 만족될 인물로는 해리 파크스(Sir Harry S. Parkers)가 두드러져 보인다. 파크스는 1차 아편전쟁이 시작되던 1842년에 외교의 길에 접어들어 1885년 타계할 때까지 40여 년 간을 동아시아에서만 머물다보니 이곳 지역에서 자신의 외교 행동을 일관되게 경험하고 이를 체계적으로 펼치면서 외교관의 한 형태를 뚜렷이 보여주었기 때문이다.

파크스의 생애와 외교활동

영국은 베로나회의(1823)를 기점으로 빈 체제에서 탈퇴한 이후, 자국의 독자적 외교 방향을 잡아 나가고 있었다. 이 시기에 해리 스미스 파크스(Harry Smith Parkes)가 사업가의 집안에서 태어났다.[1] 그는 청년으로 성장하여, 1856년에 영국의 최초 대법관인 토마스 플러머의 손녀 페니 플러머(Fenny Plumer: granddaughter of Sir Thomas Plumer - the first Vice Chancellor of England)

파크스 동상: 1890년에 코너트 경(Duke of Connaught)이 상하이에 세웠으나, 일본의 침략으로 소실됨.

1) 파크스의 조부인 존 파크스(John Parkes) 목사는 웨스트 미들랜즈(West Midlands)의 스태퍼드(Stafford)와 우스터셔(Worcestershire) 접경지에 있는 헤일소언(Halesowen)에서 목회를 하였다. 그에게는 두 아들이 있었는데 큰 아들(파크스의 큰 아버지)인 존(John)은 해군에서 직업군인(대위)이었으며, 작은 아들이자 파크스의 아버지인 해리(Harry)는 울버햄프턴(Wolverhampton)에 있는 한 은행에 다니다가 "파크스 오트웨이 & 컴퍼니(Parkes Otway and Co)" 라는 철제품 제조공장을 운영했던 사업가였다. 존은 두 딸, 그리고 해리는 두 딸과 아들인 파크스를 두었다: Stanley Lane-Poole, *The life of Sir Harry Parkes I* (Methuens & Co, 1901), pp.5-7.

과 결혼하였고, 두 명의 딸을 두었다. 1828년에 태어나 1885년 3월 22일에 세상을 떠나기까지 그는 활발한 외교 활동을 펼쳤다. 그의 경력을 연대별로 간단히 정리하면 다음과 같다.

1845-48년 청국에서 통역관 대행
(Acted as Interpreter in China)
1848-51년 청국에서 정식 통역관
(Appointed Interpreter in China)
1854년 아모이 영사(Consul at Amoy)
1858년 광조우 대리영사 (Acting-Consul at Canton)
1856-58년 광조우 전시지방행정관
(British Commissioner of the Allied Commission at Canton)
1858-61년 주청특별대사관 서기관
(Joint Chinese Secretary to the Special Embassy in China)
1865-83년 주일공사 겸 총영사
(Envoy Extraordinary and Minister Plenipotentiary and Consul-General in Japan)
1883-85년 주청공사 및 주조선 공사
(Envoy Extraordinary and Minister Plenipotentiary to the Emperor of China and also to the king of Corea)

아편전쟁 후, 파크스는 난징조약(南京條約) 체결이 한창 진행되던 1842년에 청국 파견 전권대사의 통역사인 모리슨(J. R. Morrison)[2] 사무실에서 일을 도와주면서 외교와 인연을

2) 런던 선교회(London Missionary Society)에서 청국에 파견한 최초의 선교사이다. 1807년에 장로교 목사 안수를 받고 곧바로

귀츨라프 목사(Rev. Charles Gutzlaff, 1803-1851)

맺었다. 그 후 1885년 세상을 떠나기까지 40여 년을 청국·일본·조선에서만 근무한 동아시아 외교에 정통한 인물이었다. 동아시아 지역에서 이렇게 오랜 기간 외교 활동을 한 인물은 역사적으로 찾아보기 힘들다.

파크스가 평생을 보낸 동아시아 지역들과 처음 인연을 맺게 된 것은 언제부터인가? 1834년, 파크스의 사촌누나와 결혼한 귀츨라프 목사(Rev. Charles Gutzlaff: 탐험가, 언어학자, 청국무역부 감독)[3)]와의 만남에서 비롯되었다. 일찍이 부모를 여읜 그는 마카오에 살고 있던 사촌누나와 그 남편 귀츨라프의 초청을 받았을 때 별 망설임 없이 그곳으로 건너갈 수가 있었다. 10대 초반인

선교회에 의해 광저우로 파송되었으며, 1809년 동인도회사의 통역관이 되어 죽을 때까지 이 직책을 맡았다. 그는 귀츨라프의 조선 선교여행시 한문 성경을 주어서 산둥(山東) 해안뿐 아니라 조선에도 성경이 배포되도록 하는 데 직·간접적인 영향을 미쳤다.

3) 칼 프리드리히 어거스트 귀츨라프(Karl Friedrich August Gutzlaff)와 동일인물로 확신: 그는 1832년에 영국동인도회사 소속 선장으로 선교에 많은 관심을 갖고 있는 린제이(H. H. Lindsay)의 배 로드 암허스트(The Lord Amherst)호에 의사 겸 통역관으로 승선하여 조선을 탐방했다. 귀츨라프가 조선을 찾은 2번째 개신교 선교사라는 점과 최초의 한글 성서 번역자라는 점에서 조선개신교 전래 사상 중요한 위치를 차지하고 있다: 파크스와 관련된 귀츨라프의 인적 사항은 국내에는 처음으로 소개되는 부분이다.

파크스는 새로운 언어를 쉽게 배울 수 있는 좋은 환경 속에서 지내게 된다. 특히 동아시아 지역 외교관의 길로 나아가는데 큰 역할을 한 중국어를 자연스레 배우게 되었다. 외교관이 되기 위한 중요한 조건 중의 하나가 통역인데, 바로 중국어 습득이 외교관 파크스에게는 걸림돌이 아니라 오히려 발전의 디딤돌이 될 수 있었다.[4)]

파크스와 청국

파크스가 청국으로 올 즈음의 영·청 간의 관계는 어떠한가? 영국의 동인도 회사는 1600년 12월 31일에 엘리자베스 여왕의 특허를 받아 조직되었다. 점차 독점적인 무역기구로 발전했으며 나중에는 인도에서 영국 제국주의의 첨병 역할을 하는 정치적 성격까지 띠게 되었다. 구체적으로 동인도 회사는 1612년까지 투자가들로부터 자금을 모아 개별 무역 업무를 하다가 잠정적으로 주식회사가 되었고, 1657년에 영구적인 주식회사로 발족했다. 1757년에 동인도회사가 벵골 통제권을 손에 넣자 인도에 대한 정책은 점차 정부의 개입을 초래했다. 노스정부의 규제법(1773)과 소(小)피트 총리의 인도법(1784)은 정부가 동인도회사의 정치적 방침에 대해 통제를 가할 수 있도록 했다. 이후 동인도 회사는 점차로 통상 부문과 정치적 영

4) Stanley Lane-Poole, *Sir Harry Parkes in China* (London: Methuen & Co, 1901), pp.12-14.

역에서의 통제권을 상실했다.

아편 거래로 청국과의 관계를 활성화시킨 동인도 회사도 1838년에 자체의 통제권이 약해지자, 정부에서 직접 청국무역에 개입하면서 청국에 전권대사(Ambassador plenipotentiary)와 무역부 감독(Superintendent of Trade) 파견을 하게 되었다. 이즈음 청국의 아편 수입 금지 문제가 발생하면서 영국의 대청외교의 현장이 '무역에 걸림돌이 될 때는 간섭정책을 펼치겠다던' 파머스턴 정책의 시험장이 되었다. 청국의 아편 수입금지 문제는 결국 1차 아편전쟁으로 확대되었는데, 10대 초반의 파크스는 1841년 6월 13일 사촌누나 식구와 함께 마카오로 건너가 그 역사의 현장 속에 있게 되었다. 그리고 이미 언급한 전권대사의 최초 통역사이며 무역부 감독이던 모리슨을

동인도 회사 건물은 1799-1800년 경 런던의 레든홀 가(Leadenhall Street)에 건축됨.

도와주면서 당시 상황들을 판단할 기회를 갖게 되었다.

이때부터 시작된 파크스의 외교 활동은 동아시아에서 이어지는 굵직한 역사적 사건들과 연결되면서 19세기 중·후반에 정립된 영국 외교관의 자세를 가늠할 중요한 사례들을 남기게 되었다.[5] 첫 사례는 1856년 애로우호 사건으로 시작된 2차 아편전쟁 전후의 상황 때이다. 1856년 10월 8일 광저우(廣州: Guangzhou) 앞 주강(珠江)에 정박하고 있던 범선 애로우호에 청국 관헌이 올라가서 청국인 승무원 12명을 해적혐의로 연행해갔다. 광저우의 주영 대리영사(Acting Consul)인 파크스는 승무원을 즉각 송환하고 배에 걸려 있던 영국기를 함부로 내린 데 대해 공개 사과할 것을 요구했다. 특히 그는 광저우를 개항하기를 요구하였는데, 청국 측은 승무원들을 모두 영국 영사관으로 보내는 것으로 끝내려 하였다. 그러나 파크스는 개항하지 않는 상황에서 승무원만 접수하는 것을 거부하는 단호함을 보였다. 그의 단호함을 통해 청국 측은 애로우호 사건을 외교 전략으로 이끌고 가는 주요 인물로 파크스를 지목하였다.[6]

애로우호 사건과 광저우 개항은 어떤 관계가 있으며 파크스는 왜 이 문제에 단호한 모습을 보였던 것인가? 광저우는 1차

---

5) 파크스의 주요 자료들은 캠브리지 대학, 대학 도서관의 자료실에서 보관하고 있는 48종류의 "Parkes papers" 파일 중에서 4번째 파일인 "Despatches from Parkes: China, 1849-1865", 5번째 파일인 "Despatches concerning Parkes: China, 1860", 6번째 파일인 "Despatches from Parkes: Japan, 1865-1882", 그리고 21번째 파일인 "Korea" 부분을 통해서 살펴볼 수 있다.
6) Lane-Poole, *The life of Sir Harry Parkes I*, p.249.

아편전쟁 후 1842년에 맺은 난징조약에서 개항을 약속한 5개 항구 중의 하나이다. 특히 광저우가 개항되어야 청국 남부지역으로의 무역이 활성화되기 때문에 각국들은 광저우 개항의 중요성을 알고 있었다. 그런데 광저우 주민들의 저항과 청국 정부의 안이한 대처(영국의 입장에서 생각하기)에 의해 애로우호 사건 당시까지 개항이 되지 않고 있었다.[7] 파크스는 이런 광저우 상황을 확실하게 파악하고 있었기에, 애로우호 사건을 빌미로 광저우 문제까지 해결하려는 의지를 보인 것이다.

당시의 파크스 행보에서 특히 주목되는 부분이 있다. 그는 광저우지역 외교관, 그것도 영사였던 알콕(R. Alcock)이 상하이로 재발령이 나서, 공석 중인 상태에서 참여한 대리영사의 신분이었다. 더군다나 당시의 청국문제 전반은 전권대사 보우링(Sir John Bowring)의 관할 하에 있었으며, 그 외에도 해군 소장 시모우어(Sir M. Seymour)의 영향력도 있었다. 그럼에도 불구하고 청국 정부 측에서 파크스를 애로우호 사태의 반발 주동자로 보고 있었다는 점이다. 당시 상황 전개를 보더라도 광저우 문제는 거의 파크스의 일방적인 주장들이 받아들여지고 있었다. 한 예로 보우링이 파크스에 보낸 편지를 보면, 파크스의 위치를 짐작할 수가 있다. "아직 결정은 내리지 못하고 있지만 당신의 결정을 받아들이는 쪽으로 생각을 굳히고 있습니다. 현재로는 당신에 의해서 이 중요한 문제를 풀어나가는 발판이 놓인 것은 분명합니다."[8] 이 내용을 보면 파크스가

---

7) 김경창, 『동양외교사』, 집문당, 1995, pp.29-36.
8) Sir J Bowring to Parkes, October 16, 1856; Lane-Poole, *The life of Sir Harry Parkes I*, pp.244-45.

현지 상황을 얼마나 잘 파악하고 있었으며, 자신의 행동 가능 범위에 대하여서도 충분히 인식하고 있었음을 알 수 있다. 본국의 전령에 따라 움직이는 전권대사나 해군 제독 등의 모습이 당시의 영국 및 유럽 제(諸)국의 통념화된 외교관의 위치였다. 청국 측에 대한 단호함과 주동자로 보이는 파크스의 행적은 자의적이면서도 능동적인 행동을 취하는 새로운 외교관(1860년 이후 성립된 직업 외교관)의 자세를 보여주는 것이어서 주목된다.

1856년에 시작된 애로우호 사건은 1858년 텐진조약으로 매듭지어졌다. 파머스턴 총리의 강력 대응 의지와 외무부에서 파견된 엘긴(J. Elgin)이 이뤄낸 결과이다. 조약 내용 중에는 무역의 이권에 큰 무게가 실린 것은 물론, 영사의 지위, 영사의 임무, 그리고 영국민의 활동 범위 등에 이전보다 큰 변화가 있음을 알 수 있다.[9] 파크스는 애로우호 사건을 정치적인 문제로 다루기 쉬운 상황에서 광저우 개항 문제를 연결시켜 자국민 보호에 힘써 큰 몫을 해냈다. 그렇다면 파크스도 파머스턴이나 엘긴처럼 '주인공'의 반열에 올라서기에 부족함이 없어 보인다. 그러나 보다 더 큰 의미는 파크스가 영사로서의 자신의 위치와 소임을 다한 '모범 사례'로 그의 역할이 증명되었다

9) 영국 무역의 이익상 필요하다고 인정되는 어떤 개항장에라도 주재할 자유를 가지며, 그는 청국 영국영사는 관헌으로부터 상당한 예우를 받을 것이다(7조): 영국인은 오락 또는 상업상의 목적을 위해 영국 영사가 발급하고 지방 관헌이 서명한 여권으로 내지(內地)의 어디라도 여행할 것이 허용되며 …….(9조): 영국인 사이의 재산상 또는 신분상의 권리에 관한 문제는 영국 관헌의 재판관할에 속하며 …….(15조, 16조); 김경창, 『동양 외교사』, pp.46-47.

는 점이다.

파크스의 외교 행보에 관한 두 번째 사례로는 베이징조약체결 전의 긴박했던 영·청 관계 속에서 그가 보인 움직임을 들 수 있다. 톈진조약이 체결되던 당시는 이 조약은 분명 지켜질 것으로 보였지만 실제는 그렇지 않았다. 무엇보다도 외국인에 대한 청국인들의 반항이 계속되었고, 특별히 광저우 주변에서는 외국인에 대한 습격 사건이 더욱 빈발하였다. 1859년에 영국군은 반항하는 이들 주변인들을 토벌하게 되었다. 이것이 문제가 되어서 청국 정부는 톈진조약에서 맺은 내용 중에서 외교사절의 베이징 왕래, 외국인의 내지(內地)여행, 양자강의 통상, 배상 후의 광둥 반환 등 4가지를 취소할 것을 강력히 주장하였다. 다시 양국은 전운이 감돌게 되었고 외무장관인 맘스버리 백작(Earl of Malmesbury)은 브루스(F. Bruce: 엘긴의 사촌동생, 청국에 상주하는 최초 외교관)를 특명 전권 공사로 임명하여 이 문제를 해결하려고 하였다. 브루스의 노력에도 불구하고 청국과의 문제는 평화적으로 풀리지 않았다. 결국 전쟁으로 치닫게 되어 엘긴도 특명 전권 대사로 다시 파견되었다.

엘긴은 청국을 제대로 파악하고 있는 파크스와 또 다른 영사인 웨이드(Thomas F. Wade)를 새로운 조약을 맺기 위한 주요 멤버이자 통역으로 불러 들였다. 협상의 주요 멤버가 된 파크스는 청국 정부와 조약에 관한 지루한 입씨름을 하였고 조약의 내용들은 이 과정에서 대부분 정리되었다. 그러나 다른 부분에서 문제가 발생하였다. 엘긴의 요구 사항 중 “조약 체결 후 영국 대사가 호위병 1천 명과 함께 베이징에 들어가 청국 황제를 알현하고 영국 왕의 국서를 전달한다"는 부분을 청국 쪽에서 거부한 것이다. 파크스는 이 문제를 다루면서 호위병 문제는 우여곡절 끝에 해결을 보았지만, 국서 전달 문제는 해결하지 못했다. 국서 전달 문제가 계속 풀리지 않자, 파크스는 "영국 대사가 국서를 전달하는 것은 영국 여왕이 청국 황제에게 우의를 보내는 것인데 이를 거절하는 것은 예의가 아니며, 두 국가 사이에 또 다른 불행이 생길지 모른다"는 강력한 표현을 청국 측에 전하였다.[10] 파크스의 이런 행동은 정부의 표현만 전달하던 외교관의 생리를 넘어서는 모습으로, 필요에 따라서 '현장에 선 외교관이 얼마나 신축적으로 상대를 대해야 하는지'를 보여주는 외교관으로서의 행동 사례가 되었다.

관련 협상이 지지부진해지자 양국은 전쟁 상태에 들어갔고, 그 와중에 파크스는 포로가 되는 상황에 놓였다. 결국 영국이 베이징을 점령하면서 영국측 요구가 모두 수용되었고 파크스도 풀려났다. 주목되는 것은 파크스가 포로로 잡힌 충격이 가시질 않았을 텐데 베이징에 영국 외교 공관이 세워지는 문제에 적극 참여한 후에 고국으로 돌아가서 휴식을 취한 점이다. 이는 앞으로 체계화될 새로운 외교관의 모습으로 비춰졌으며, 외교관이 가져야할 행동 지침으로써 모범적 사례가 되었다.

---

10) Sir H. B. Loch, *Personal Narrative of Occurrences during Lord Elgin's Second Embassy to China* (London: Murray, 1869) pp.131–238; FO 17/320, FO 17/340.

파크스와 일본

일본과 관련한 파크스의 행보 중 주목할 사례는 주일공사 부임과 메이지유신 전후의 상황에서 찾을 수 있다. 영국은 1858년에 일본의 바쿠후(幕府: Bakufu Shogunate)가 맺은 안세이(安政) 5개국 통상조약의 한 국가로서 일본과 정식 수교를 하게 되었다. 그러나 안세이 조약으로 일본 내에는 존왕양이(尊王攘夷) 운동이 더욱 격화되는 결과만 초래하였는데, 그런 와중에 1862년 영국과 직결된 사건이 일어났다. 그 해 행차에 나선 사쓰마번(薩摩藩: Satsuma Shone)의 영주가 요코하마 교외 나카무기촌을 지나치다가 행렬을 방해했다고 영국인 4명 중 한 명인 리차드슨(C. L. Richardson)을 살해하고 일행 3명을 부상시키는 사건이 발생하였다.[11] 영국 정부는 사쓰마번의 사과를 받기를 원했고, 이에 사쓰마번이 불응하자 영국 동양함대 7척이 포격을 가하게 되어, 결국 사쓰마번에게서 2만

사쓰마번의 위치

11) 피해를 입은 4명은 비단 포목상인 영국인 마샬(Marshal), 같은 종류를 파는 허드(Heard) 상회의 영국인 클라크(Clark), 홍콩 주재 영국 상인의 처인 보로다일리(Borrodaile), 그리고 상하이에서 관광 온 리처드슨(Richardson)이다.

5천 파운드 배상을 받는 것으로 사건은 마무리되었다.[12] 이 사건에서 사쓰마번은 서구의 힘 앞에 자신의 위치가 얼마나 나약한지를 알게 되었고, 영국은 바쿠후 내에서 사쓰마번의 독자적인 능력을 파악하는 계기가 되었다는 점이 주목된다. 이후 둘은 서로 접근하여 바쿠후 시대를 마감하고 일본을 개국시켜야 한다는 공감을 갖게 된다. 그 증거는 1865년에 파크스가 공사로 부임한 다음, 메이지유신에 지지를 보낼 때 가장 긴밀히 접촉한 곳이 바로 사쓰마번이라는 사실이다.[13]

영국 정부는 19세기 중엽의 일본 상황과 자국의 정책 사이에 직·간접으로 관련된 몇 가지를 주시하고 있었다. 첫째 서양인을 배척하는 존왕양이(尊王攘夷)론이 거세지고 있는 일본의 정치 상황 중에도 무역과 민간 교류 등 영일 관계는 점차 폭이 커지고 있었다는 점이다. 1863년을 기준으로 요코하마에 거주하는 32개의 외국인 회사 중에 16개가 영국 소유였으며 주변에 정착해있던 300여 명의 외국인들 중 140명이 영국인이었다. 그리고 한 해에 영국 국기를 달은 상선 170여 척이 항구로 드나들고 있었으며, 무역량도 14만 달러에 이르고 있었다.[14] 둘째, 영일 교류가 활발한 요코하마에 낭인들(Ronins)의 횡포로 인해 여러 어려움이 생겨나고 있다는 소식이 접해지면서

12) Lane-Poole, *The life of Sir Harry Parkes II*, p.23.
13) 요코하마에서 1866년 10월 31일 자로 상하이 영사인 윈체스터(C. A. Winchester)에게 보낸 파크스의 편지에 분명하게 밝히고 있다: Lane-Poole, *The life of Sir Harry Parkes II*, p.69.
14) Lane-Poole, *The life of Sir Harry Parkes II*, pp.29-30.

1858년 조약보다 더 구체적인 조약이 필요했다는 것이다.[15] 셋째, 1864년 주일 공사였던 알콕(Sir R. Alcock)은 외무장관 러셀(Lord J. Russell)에게 서한을 보내 사의를 표명했다.[16] 영국 정부는 알콕의 의견을 받아들여 그를 청국 공사로 발령했는데, 그는 이임하기 전인 12월 24일 외무부에 보낸 편지에서 일본의 상황이 생각보다 심각함을 자세히 보고하였다.[17]

일본에서의 상황들을 접하면서, 영국 정부는 청국에 취한 외교 정책의 연장선상에서 일본을 다뤄야한다는 결정을 내렸다. 외무부는 우선 청국에 있던 상하이 영사 윈체스터(C. A. Winchester)를 대리공사(Charge d' Affair)로 보냈는데, 파크스의 오랜 친구이기도 한 윈체스터가 부임지로 가서 보니 일본 상황을 다룰 적격 인물이 자신보다 파크스임을 알게 되었고 이를 간접적으로 본국에 타전하였다.[18] 사실 영국 정부

---

15) 1864년 1월 4일자 요코하마 내 선교사와의 인터뷰 내용을 보고 내용으로 보냄: Lane-Poole, *The life of Sir Harry Parkes II*, p.30.

16) 알콕이 러셀에게 보낸 1864년 11월 19일자 보고서(명칭: apologia): Lane-Poole, *The life of Sir Harry Parkes II*, pp.31-32.

17) 1864년 2-6월에 바쿠후 대회의가 개최되어 바쿠후는 자신의 지위를 회복하려는 시도를 하였다. 이에 대해 열국들은 위협을 느끼고 영·미·불·네덜란드 4국이 공동 행동 결의 의정서를 제기하였다. 또 알콕이 본국에 가 있던 중 육군 대령 니일(Edward St. J. Neale)이 살해 위협을 받기도 하였다: Yokohama to Foreign Office, Dec.23. 1864: Lane-Poole, *The life of Sir Harry Parkes II*, p.38.

18) 윈체스터는 일본 측에 손해배상 청구와 확실한 개항이라는 두 과제를 놓고 저울질하게 되었다. 그리고 결론은 개항 쪽을 택하

도 애로우호 사건이나 1860년 베이징 조약이 맺어지기까지 파크스가 협상의 선봉에 섰고, 포로가 되어 죽을 고비를 넘기면서 조약들을 성사시켰던 사실들을 잘 알고 있었다.[19] 그에 관한 정보가 충족되자, 영 정부는 1865년 3월 7일자 공문을 통해 상하이에 머물던 파크스를 공사로 임명하였다.[20] 공사로 부임한 파크스는 청국에서 쌓은 외교적 경험을 일본에서 실질적으로 펼칠 수 있게 되었다. 외무장관이던 러셀은 "일본 상황을 성공적으로 다룰 인물은 파크스밖에 없다"는 [21] 표현을 사용하였다. 그러한 언사는 고유성과 전문성을 지닌 외교관의 필요성과 당시 영국의 동아시아 외교 정책이 '얼마나 현지 외교관에 의지하고 있었는지'를 함축적으로 보여준다.

일본에 부임한 파크스의 행적을 따라가 보자. 파크스가 바쿠후의 에도 정부를 방문하는 것은 1865년 11월이었고, 일본에 들어온 것은 6월 24일이었다.[22] 그 사이 공백 기간에 파크스는 무엇을 하였는가? 그는 일본도 이미 개항은 했지만 무역

여 정부에 이를 추진할 것을 보고하였다. 이런 배경에는 청국에서 광저우 개항이나 베이징조약 등 굵직한 사건들을 다룬 파크스가 이곳 상황을 풀 수 있는 적임자라는 것을 염두에 둔 결정이었다. 김경창, 『동양 외교사』, p.99.

19) 파크스는 청국정부와 협상을 시도하다가 1860년 9월 18일에 장기아완(張家灣: Chang-kia-wan)에서 포로가 되었다가 10월 8일에 영국 측으로 송환되었다: FO 17/340.

20) 高梨建吉, 『パークス伝』, 平凡社, 1989, pp.43-55.

21) Russell to Parkes, March, 27, 1865; Lane-Poole, *The life of Sir Harry Parkes I*, p.509.

22) From Mr. Winchester and Sir H. Parkes, 1865 May-June, FO 46/55.

확대 및 통상 항구 이용 등 이권을 갖기까지의 과정은 그리 쉽지 않다고 판단하고 있었다. 그는 경험상 청국에서 난징조약 이후 톈진조약을 거쳐 베이징조약으로 이어진 과정이 필요했던 것과 같은 논리가 일본에서도 전개되리라 보았다. 그는 일본의 정치형태가 황실보다는 바쿠후가 더 강한 힘을 소유한 독특한 체제임을 파악하고 있었다. 그러면서도 바쿠후의 세력이 미치지 않는 곳에서는 각 지역 영주들의 세력이 더 강한 곳도 있을 수 있다는 판단을 했다. 이런 생각의 배후에는 1862년 사쓰마번과의 충돌사건이 역할을 하고 있었다. 그렇기에 파크스는 정책 수행을 위한 좌·우를 나눌 필요를 느낀 것이다. 그리고 이를 실행에 옮겨서, 에도 정부에 들어가기까지 몇 달을 해안선을 따라 지방정부들에 순례하면서 그곳 수장들과 접촉을 했었다.[23] 여기서 파크스는 철저히 정보를 입수하고 상황에 따라 신축적으로 대응하는 외교를 펼쳐나가며 새로운 외교관의 모델을 보여주었다.

파크스의 이런 외교적 행동은 궁극에 가서 바쿠후 정부를 무너뜨리고 황실을 세우는 것이 영국의 이권에 도움이 된다는 결론으로 나아간다. 그는 그동안 주목해 둔 사쓰마번, 조슈번(長州藩: Choshu Shone) 등의 몇몇 지방과 긴밀하게 접촉하면서 1867년에 천황 체제로의 복고를 시도한 대정봉환(大政奉還)[24]을 지지하였다.[25] 여기서 다시 한 번 파크스의 외교 전

---

23) Lane-Poole, *The life of Sir Harry Parkes II*, pp.43-45.

24) 바쿠후의 전제정치를 비판하며 1867년 사쓰마번과 조슈번이 바쿠후 타도를 위한 동맹을 결성하였다. 국가가 최악으로 치닫는 것을 경계하던 다른 세력 도사번(土佐藩)이 도쿠가와 바쿠후의

략을 엿볼 수 있다. 청국에서와 같은 강한 대립보다는 주변을 활용하여 이권을 얻어내려는 '신축성'을 중시하는 타협정책을 취했던 것이다. 이런 외교정책은 파크스만의 독특한 것이었으며 앞으로 형성될 새로운 외교관들 앞에 제시된 하나의 방법이었다.

파크스와 조선

파크스의 행보에 있어 조선과 관련하여 주목할 사례는 조영수호조약체결과 관련된 사항이다. 1882년 4월 4일에 미국의 슈펠트 제독이 조선과 수호통상을 맺자,[26] 영국 정부는 해군

실권을 황제에게 봉환한 후 이를 통해 새로운 통치권을 행사하는 방법을 타협안으로 내놓았다. 이 방안이 수용되어 1867년 10월 14일 바쿠후는 천황에게 통치권 반환을 신청하였고 그 다음날 천황이 이를 허가하였다. 바쿠후의 이런 계획은 수포로 돌아가고 타도하려고 동맹을 맺은 세력들이 왕정복고와 함께 바쿠후 폐지를 선언하였다. 이로써 가마쿠라 바쿠후 이래 675년 동안 계속 되어오던 일본의 봉건제도는 끝나고 천황을 중심으로 한 중앙집권적인 근대국가가 탄생하게 되었다. 박경희, 『일본사』, 일빛, 2000, pp.376-77.

25) Parkes to Winchester, January, 31, 1866; *Sir Harry Parkes in China,* pp.309-11.

26) 슈펠트는 미국 공사 홀콤(Holcombe)의 도움을 받으면서 조선에 영향력이 있던 청국의 북양대신(北洋大臣) 리홍장(李鴻章)에게 통상조약을 알선해줄 것을 요청하였다. 이로 인해 슈펠트는 82년 3월 청국사신 마건충(馬建忠)·정여창(丁汝昌)과 함께 인천에 들어와 조선 측 전권대관(全權大官) 신헌(申櫶), 부관 김

제독 윌리스(George O. Willes)를 통상 책임자로 파견하여 같은 해인 6월 6일 조미수호조약과 동일한 조약 원안을 조인하고, 별도로 세 항목을 조회형식(照會形式)으로 인정·설명하도록 약정했다. 그러나 윌리스가 맺은 조약이 영국 정부에 보고되었을 때, 정부는 아편금수, 고율의 관세(최고 30%) 규정 그리고 애매한 치외법권 규정 등에 대하여 거부감을 갖고 최종비준을 거부했다. 동시에 영국의 이권이 충분히 반영된 수정조약을 원하였다. 영국 정부의 수교 방침은 1881년에 영국에 머물던 파크스와[27] 외교 차관보 포운스포오츠(Sir J. Paunceforts) 사이에서 이미 논의된 내용이었다.[28] 그러나 원안대로 맺어지지 않았기에 조처를 취한 것으로서, 새롭게 조약 수정교섭이 이뤄질 경우는 일본주재 공사로 있는 파크스의 몫이 됨이 자명하다. 여기서 파크스가 동아시아 지역의 영국 외교를 담당하는 외교관으로 자리를 얼마만큼 구축하고 있는지를 잘 알 수 있다. 더불어 일본에 파견된 수신사 박영효(朴泳孝) 등이 파크스와 고베(神戶) 주재 영사 애스턴(W. G. Aston)과 접촉한 이후 조약 수정 교섭이 본격화되었음도 그의

홍집(金弘集)과 4월 4일 전문 14관(款)으로 이루어진 조미수호통상조약을 체결하였다. 최문형, 『제국주의 시대의 열강과 한국』, 민음사, 1990, p.73.

27) 파크스는 1879년 10월 11일에 일본을 출발하여 미국을 거쳐 영국으로 돌아갔다. 2년 여를 본국에 머문 파크스는 1881년 12월 7일에 빅토리아 여왕의 초대로 윈저 궁에 들러 기사 작위(G. C. M. G: Grand Cross of St Michael and St George)를 수여받고, 이튿날 출발하여 이듬해인 1882년 1월 말에 요코하마에 돌아왔다.

28) 최문형, 『제국주의 시대의 열강과 한국』, pp.72-73.

박영효

위치가 조선 정부쪽에서조차 어떠한 지를 확실하게 보여주는 부분이다.[29)]

파크스가 조선과의 통상 교섭이 있던 즈음, 일본에서 함께 근무하였고 당시는 청국에 가 있는 독일 공사 브란트(Herr von Brandt)에게 보낸 서신의 일부를 주목해 볼 필요가 있다.

"사실은 조약(윌리스에 의한 수호통상조약)이 맺어진 얼마 후인 6월 21일에서 7월 2일 사이, 나는 서울에 있었습니다. 나는 이곳을 보면서 조선은 정치·외교적으로는 변방에 위치해 있다는 결론을 단숨에 내렸습니다. 다시 말해서, 내가 청국과 일본에서 협상을 주도하던 때처럼 신경을 쓰지 않아도 될 정도란 말입니다. 백성들은 너무 점잖고 조용했고, 질서도 잘 잡혀있었으며 …… 하지만 청국의 영향력이 무척 큰 곳이기도 합니다 …… 이점은 주목해야 할 부분입니다."[30)]

이 서신 속에서 주목하고자 하는 것은 그동안 청국과 일본

---

29) 파크스의 장녀의 서신 속에 "오늘 일본 왕자님들의 방문이 있을 것이다. 40명 정도가 참가하는 큰 테니스대회가 7시까지 열릴 것이다 ……. 젊은 조선 청년과 점심을 했다 ……. 아빠는 일요일 늦은 시간까지 집무를 보시고 계신다"라는 내용에서 당시 조선 외교관과의 접촉을 알 수 있음: Miss Parkes to Miss Plumer, Tokio, June, 4, 1882: Lane-Poole, *The life of Sir Harry Parkes II*, pp.331-32.

30) Parkes to Herr von Brandt, Tokio to Peking, August 14, 1882: Lane-Poole, *The life of Sir Harry Parkes II*, p.334.

과의 교섭 시도 때 보였던 긴장된 모습보다는 이제는 "어떤 위치에서 어떻게 다뤄야한다는 것"을 단숨에 그리고 확고히 이해하고 있는 자신감에 찬 표현이 나오고 있다는 것이다. 여기서 파크스는 이미 동아시아 국가들의 속성을 모두 파악하고 이를 총괄적으로 다루는 외교관의 위치에 올라있다고 해도 과언이 아닐 듯싶다.[31] 결과적으로 보더라도 그를 거쳐 수정된 조영조약은 예상된 대로 영국 측 주장이 크게 반영되었다.

파크스는 베이징 공사로 있던 1885년 3월에 외교 공관에서 세상을 떠나기까지 자신의 57년의 삶 중에 40여 년을 동아시아 지역에서만 외교관으로 보낸 인물임을 앞선 내용에서 확인하였다. 또한 그는 외교관으로 보낸 평생의 삶을 통해 역사적으로 동아시아에 관련된 굵직한 외교 사건을 접하고, 또 그 사건의 중심에 선 역사 인물이었음에 분명하다.

---

31) 예를 들면 거중 조정은 "필요하다면 법을 만들어 한다"라고 고쳐졌고, 치외법권을 철폐한 애매한 문구도 삭제되었다. 또한 관세율은 5~20%로 낮추어 조정되었고, 영국 수출품의 대종을 이루고 있는 면제품은 관세율이 7.5%로 정해졌다.

1부　중국영사와 일본공사 시절의 파크스

2차 아편전쟁과 파크스의 대청 외교

파크스의 생애를 살펴보면, 굵직한 삶의 변화들이 모두 청국과 연관이 되어 있다. 첫째 부모를 일찍 여읜 파크스는 사촌누나와 매형인 귀츨라프 목사(Rev. Charles Gutzlaff)[1]가 있던 마카오로 1834년에 건너가면서 청국과의 길고 긴 인연이 시작되었다. 둘째 1차 아편전쟁의 정리 단계인 난징조약(장닝조약 江寧條約)체결이 진행되던 1842년, 파크스는 청국에 파견된 전권 대사의 통역사인 모리슨(J. R. Morrison)[2] 사무실에서 통역 일을 도와주면서 외교에 입문하였다. 셋째는 1856년에 광저우에서 발생한 애로우호 사건과 이어서 터진 2차 아편전쟁 때 주청영국 영사이자 통역사로서의 임무와 역할을 감

---

1) Gutzlaff, Charles. *Journal of three voyages along the coast of China in 1831, 1832, & 1833, with notices of Siam, Corea, and the Loo-Choo islands.* To which is prefixed, Rev. W. Ellis, *An introductory essay on the policy, religion, etc. of China,* 2nd ed. (London: Frederick Westley and A. H. Davis, 1834).

2) Andrew Gosling, *Religion and rebellion in China: the London Missionary Society collection,* National Library of Australia News, 8(10), July (National Library of Australia, 1998), pp.3-6.

KCB (Knight Commander, Order of the Bath)

당하고 있었다. 넷째는 외교관으로서 또 외교 능력이 절정에 다다른 시점에 그가 있던 곳이 청국이었다. 즉 1883년에 영국의 동아시아 외교를 총괄하는 베이징 주재 영국 공사(British Minister)로 부임한 때이다. 마지막으로 1885년 3월에 그의 삶을 마감한 곳도 바로 베이징 공관이다.[3)]

주청 외교관 시절의 파크스 공적이 인정되어 1862년에 국가로부터 기사 작위인 KCB(Knight Commander, Order of the Bath)를[4)] 받는 등 청국과 깊은 관계가 있음에도 불구하고, 그에 대한 연구로 가장 많이 다룬 부분은 주일 영국 공사로 있던 18년간(1865-83)이다. 파크스 자신이 청국에서 정립해 놓았던 외교를 일본이라는 현장에서 잘 응용하여 실질적인 효과들이 나타난 때문이다.[5)]

앞서 언급한 바와 같이 파크스의 능력이 일본에서 제대로 발휘되기까지는 청국에서의 그의 외교 활동이 어떠했나가 말

3) Correspondent, Death of Sir Harry Parkes, From correspondent, "The Times", by Eastern Company's cable, Peking, March, 22.

4) Gordon Daniels, *Harry Parkes; British Representative in Japan, 1865-1883,* (Ricimond Surrey: Curzon Press, 1996), p.13; Hugh Cortazzi, ed. *British Envoys in Japan, 1859-1972* (Kent: Global Oriental, 2004), p.40.

5) 『영국연구』 17, pp.315-37 & 『영국연구』 19, pp.89-116.

해주는 만큼, 이때의 행적도 반드시 연구되어야 한다. 그러나 청국 부분은 파크스 외교 활동에 대한 집중적 연구보다 역사적으로 잘 알려진 애로우호 사건과 2차 아편전쟁을 검토하는 과정 중에 그의 행적이 일부 언급되는 정도였다.[6)]

파크스의 청국에서의 행적을 제대로 이해하자면, 그의 외교 행적을 중심에 놓고 애로우호 사건과 2차 아편전쟁을 검토하는 방법의 전환이 필요하다.

애로우호 사건과 파크스

1842년에 1차 아편전쟁이 끝나면서 청국 근대사의 최초의 불평등 조약인 난징조약이 영·청 간에 맺어졌다. 이때 청국은 홍콩을 영국에 할양하는 것은 물론, 광저우(廣州)·푸저우(福州)·샤먼(厦門: 아모이)·닝보(寧波)·상하이(上海)의 5개 항구를 통상항(通商港)으로 개항했다. 그러므로 난징조약의 원칙이 그대로 지켜진다면, 5개 항구에는 무역 및 상거래가 활성화되고 외국인들의 정착이 자유로워야 한다. 1848년에 광

---

6) W. C. Costin, *Great Britain and China, 1833-1880* (Oxford; Clarendon Press, 1937); M. Banno, *China and the Wast, 1858-1861* (Harvard: Harvard University Press, 1964); D. Bonner-Smith & E. W. R. Lumby, ed. *The Second China War, 1856-1860*, The Navy Records Society, vol. XCV; M. Mann, *China, 1860* (London: Michael Russel Press, 1989); Hu Sheng, *From the Opium War to the May Forth Movement,* vol I, trans. Dun J. Li (Beijing: Foreign Language Press, 1991).

예밍첸(葉名琛): Yeh Mingchen

둥성(廣東省) 상황은 달랐다. 그곳 총독(Viceroy)으로 부임한 예밍첸(葉名琛: Yeh Mingchen)은 광둥성 수도인 광저우 내에 영국 상인들이 들어와 정착하는 것을 막으면서 영국과의 외교적 충돌을 야기했다. 영국 측에선 광저우는 이미 난징조약에서 통상항으로 인정받은 곳인 만큼 '있을 수 없는 일'로 보고 강력한 항의를 하였다. 이때 광둥성 총독의 주장은 통상항에 머물 수 있는 지역은 항구에, 그것도 임시로만 가능하다고 주장했다. 이는 난징조약을 통해 영국측이 이해하고 있던 도시 내 머문다는 내용과는 상당히 거리가 있었다. 페어뱅크(J. K. Fairbank)는 양측의 이해가 다른 것을 영어와 중국어로 된 조약 내용이 처음부터 다르게 해석된 때문이라고 지적했다.[7)]

1852년에 예밍첸 총독은 좀 더 조직적이고 합법적으로 광저우에서 배외 정책을 추진하고자 그곳 지방행정관(Commissioner)을 겸임하면서 '광저우내 외국인 거주불가'로 외교적 압박을 가했다. 영국은 예밍첸 총독의 등장으로 점차 외교 협상의 폭이 좁아짐만 확인하게 되었다. 그런 상황 중에 1856년 10월 8일에 광저우의 주강(珠江)에 정박하고 있던 범

7) J. K. Fairbank, Trade and Diplomacy on the China Coast: The Opening of the Treaty Ports, 1842-1854, vol.1, (Harvard: Harvard University Press, 1953), p.201f.

선(Lorcha) 애로우호에 청국 관헌이 올라가서 청국인 승무원 12명을 해적 혐의로 연행해 간 사건이 발생하였다.[8] 청국 측은 범법자가 있어 이를 색출하기 위해 취한 조처라고 했지만 영국 측에선 이 사건을 다른 측면에서 항의하였다. 즉 애로우호에 있던 영국 국기가 함부로 내려졌고 영국 국기 아래 있던 청국인이라면 영국 책임의 범위에 있으므로 난징조약에 의거해 광저우 지방행정관은 영국영사와 이를 먼저 상의했어야 한다는 주장이었다.[9] 그러면서 영국 측은 광저우 지방행정관이 승무원을 즉각 되돌려 보내고 배에 걸려 있던 영국 국기를 함부로 내린 데 대해 공개 사과할 것을 요구했다.

이런 외교적 요구를 전면(前面)에 서서 누구보다도 강력하게 수행한 인물이 바로 광저우 영사인 파크스였다. 더군다나 특이한 것은 광저우의 청국 관리들이 애로우호 사건과 관련한 영국 측 책임자로 파크스가 실세임을 인식하고 있었다는 점이다.[10] 파크스가 영사로 있던 당시에 이미 홍콩엔 다섯 개 통상항을 통괄적으로 관리하던 전권대사인 보우링이 있는데도 영사의 위치에 있던 파크스가 부각된 것은 어떤 배경 때문인가?

파크스의 개인적인 환경에 주목해 볼 수 있다. 첫째 1차 아편전쟁 때인 1842년에 통역사인 모리슨을 도와 통역 지원을 하기 시작한 파크스는 그해 8월에 콘월리스호(H. M. S. Cornwallis) 갑판에서 이뤄진 난징조약 체결 장면을 직접 보

---

8) Costin, *Great Britain and China,* p.206.
9) Costin, *Great Britain and China,* pp.207-08.
10) Lane-Poole, *The life of Sir Harry Parkes I*, p.249.

았다. 파크스 관련 저서를 쓴 다니엘(Gorden Daniel)은 이때를 파크스가 자신의 외교적 시각을 형성한 때로 보고 있다. 즉 영국의 외교가 위협적인 해군의 태도, 거칠고 완고한 협상, 최전선에서 임한 강인한 제국 정신이 혼합된 모습, 즉 포함외교(砲艦外交)를 그가 그려내게 되었다는 주장인데 설득력 있는 표현이다.[11]

둘째 아편전쟁 이후, 파크스는 홍콩에서 중국어 시험에 합격하여 그의 언어적인 능력을 입증케 되었고 덕분에 1844년에 통상항의 한 곳인 아모이에 알콕(R. Alcock)영사의 통역관으로 임명받게 되었다. 그의 외교관으로서의 삶은 이때부터였다. 파크스는 아모이에서 18개월을 보낸 뒤, 알콕 영사를 동행하여 푸저우를 거쳐 상하이로 임명지를 옮겼다. 그는 상하이에 머물면서 이전 두 곳보다 이곳 지역인들에게 적대감을

에로우호 사건의 한 장면 삽화

11) Diniels, *Sir Harry Parkes,* p.3.

받지 않으면서 무역항으로 급속히 발전한 모습을 보았다. 상하이의 상황은 충분한 협상을 통해 얻어낸 '외국인들의 자유로운 거주'가 비결이었던 것이다.[12] 파크스는 이곳에서 새로운 외교적 시각을 갖게 되었다.

파머스턴(the 3rd Viscount Palmerston) 외무장관 및 총리

셋째는 21살 되던 1849년에 10달간 머문 영국 생활을 주목해 볼 필요가 있다. 아모이에서 시작된 알콕과의 인연이 계속 이어지면서 그를 따라 본국에 갈 기회가 생겼다. 이때 자신의 멘토가 될 외무장관 파머스턴(the 3rd Viscount Palmerston)을 만났다. 파머스턴을 만난 청년 파크스는 패기 있게 자신의 청국 정책에 대한 견해를 그에게 폈는데, 둘은 지위와 나이가 다름에도 불구하고 청국에서 영국이 경제적 이익을 얻을 곳은 바로 광저우라는 점에 서로의 생각이 일치해 있음을 알게 되었다.[13] 파머스턴은 자신의 외교노선을 분명하게 정해 놓고 있었다. 즉 자국의 경제나 무역에 방해가 되면 어느 나라건 타협치 않고 간섭하고 그 외엔 어떤 외교적인 접촉을 배제하는 고립정책이었다.[14] 특히 이런 외교노선 때문에 그는 "경제제국주의자"라고

---

12) Diniels, *Sir Harry Parkes,* pp.3-4.
13) Lane-Poole, *The life of Sir Harry Parkes I*, p.v.
14) Donald Southgate, *The Most English Minister ……; The Polices and the Politics of Palmerston* (London: Macmillan, 1966) pp.7-8, 13-15.

불린다. 서로의 만남을 통해 공통점을 알게 된 뒤에 파크스의 외교 시각이 파머스턴의 위의 외교 노선과 닮은꼴이 된 것은 당연한 이치일 것이다.

외교관으로서의 파크스 위치가 어떠했는지도 주목해볼 필요가 있다. 사실 개인적 환경 하의 세 가지 점이 그의 외교적 소신으로 자리 잡았다고 하더라도 자신의 위치가 외교관으로서 능력을 발휘 할 상황이 아니었다면 외교적 목소리를 낼 수 없었을 것이다. 애로우호 사건이 터졌을 때 광저우에 영사로 활동을 하고 있던 외교관은 알콕이었다.[15)]

알콕은 " 광저우 지방행정관의 지휘 하에 1855년 한해에 7만 건의 공개 처형이 있었지만, 1856년에 접어들어 처형이 잦아든 것 같다"고 정부에 보고하면서 잠시 본국에 돌아가 쉬었으면 하는 의견을 비쳤다. 이 보고가 영정부에 받아들여져서 파크스가 1856년 6월에 대리 영사로 임명되다.[16)] 그로부터 넉 달 뒤인 10월에 애로우호 사건이 터졌다. 때문에 파크스 자신이 이 사건을 다룰 적당한 외교적 위치를 점하고 있었을 뿐 아니라 그의 외교적 소신을 발산하기에도 기회가 주어졌다고 볼 수 있다. 하지만 대리 영사의 자격일 뿐인 파크스가 애로우 사건과 관련하여 영국정부의 대변인 역할을 했다고 주장하기엔

---

15) P. D. Coates, *China Consuls; British Consular Officers, 1843-1943* (Oxford: Oxford University Press, 1988), p.104.

16) 외교 문서의 여러 곳에서 보임: FO 228/165, sup. 128, 1854; FO 228/172, Canton 87, 1854; FO 228/179, sup. 130, 1855; FO 228/182, sup. 297, 1855; and FO 228/212-13, Canton 18, 37, and 73, 1856.

보우링(Sir John Bowring) 전권대사

설득력이 낮다. 앞서 표현했듯, 홍콩엔 청국내 5개 통상항구를 전체적으로 관할하는 보우링(Sir John Bowring) 전권대사가 있기 때문이다.[17] 그렇다면 이런 빈약한 논리성이 애로우호 사건초기에 파크스가 취한 외교 활동을 다룬 기록들을 통해서 반박될 수 있는지 먼저 살펴볼 필요가 있다.

10월 8일에 사건이 터진 후 이틀 뒤인 10일자에 파크스가 보우링에게 보고하기를 "애로우호가 벨파스트에 사는 영국인 토마스 케네디(T. Kennedy) 소유이며, 1855년 9월 27일자로 홍콩에서 재등록된 증명서에 나오는 배의 등록인은 케네디의 고용된 청국인 매판임이 확인되었다"고 하였다.[18] 다음날인 11일 보고에 이런 사실로 보아 "광저우 지방행정관의 이번 처사는 영국 정부의 권위를 완전히 무시하는 행위라고 본다"라고 정리한 후, 세부적으로 자신의 의견을 피력하였다.

첫째 애로우호는 분명 영국 소유이므로 영국깃발이 내려진 것은 전혀 타 국가에 대한 존중의 자세가 없다는 의미이고, 둘째 배가 영국소유인 만큼 범법자를 수색하기 전에 영국 영사관에 협조를 요청해야 했으며, 셋째 애로우호가 9월 27일에 재등록된 사실을 모르고 오직 등록 기간이 끝난 사실만으로

17) Coates, *China Consuls,* p.103.
18) Consul Parkes to Sir J. Bowring, Canton, October 10, 1856; Bonner-Smith & Lumby, *The Second China War,* p.15.

영국 소유의 선박이 아니라고 주장하던 지방행정관은 등록 파기 된 시점을 기다려 사건을 의도적으로 진행시킨 것이 아닌지, 마지막으로 청국 정부도 아닌 지방행정관이 독자적으로 영국 배를 점거하고 선원들을 연행한 사실들은 분명 난징조약에 위배된다는 점 등이다. 파크스는 이런 의견을 피력하면서 지방행정관은 모든 사실에 대해 사과수준이 아닌 명확한 해명이 있어야 한다고 하였다. 그리고 "영국 정부가 이번 일을 단호히 처리하지 않으면 앞으로 비슷한 사건이 재발될 때 아무런 제제의 근거를 가질 수 없을 것이라는 표현"으로 자신의 보고를 마쳤다.[19]

사실 보우링 전권대사가 파크스에게 보낸 10일자 서신은 일시적으로 있는 외교적 사건의 전모를 그에게서 보고받을 생각에서 쓴 것이다.[20] 하지만 파크스의 11일자 서신에선 사건에 대한 보고 형식보다 외교적으로 취할 방향이 논리 있게 정리되어 보고되었다. 기대 이상의 내용을 손에 쥔 보우링 전권대사는 이를 전격 수용하고 행동으로 옮겼음이 12일자 그의 서신에서 확인된다. 12일자 서신은 보우링이 난징추가조약의 9조항[21]의 위배를 지목하면서 지방행정관 예밍첸에겐 강한 해명

19) Consul Parkes to Sir J. Bowring, Canton, October 11, 1856; Bonner-Smith & Lumby, *The Second China War*, pp.16-18.

20) Sir J. Bowring to Consul Parkes, Hong Kong, October 10, 1856; Bonner-Smith & Lumby, *The Second China War*, pp.15-16.

21) "영국 상선들에 머물던 모든 청국 범법자들(malfeasants)은 영국의 영향력 하에 다뤄져야 한다"는 부분이 있는 조항; P. C.

을 요구하는 내용이었다.[22] 다음날인 13일엔 보우링이 11일자의 파크스 견해를 '최대한 신속히 진행시키고 있다'고 파크스에게 상기시켰는데 이는 대사가 영사에게 역으로 보고하는 상황이었다.[23] 이어서 그가 외무장관 클라랜든에게 보낸 주례 보고에서도 파크스의 의견대로 진행 중임을 알리는 선에 머물렀다.[24] 애로우호 사건이 터진 뒤 며칠간에 급박하게 오고 간 외교관련 서신들만 보더라도 파크스의 의견이 전권대사의 외교정책 결정에 얼마나 깊이 관여되어 있는지를 확인할 수 있다.

파크스의 계속된 주장에 지방행정관 예밍첸은 일단의 무마를 위해 체포한 9명만 돌려보내고 나머지는 죄를 더 묻겠다고 했다.[25] 파크스는 행정관에게 보내는 21일자 서신에 그에게

Kuo, *A Critical Study of The First Anglo-Chinese War with documents* (Taipei: Cheng Wen Publishing Co. 1970), p.167.

22) Sir J. Bowring to Commissioner Yeh, Hong Kong, October 12, 1856; Kuo, *A Critical Study of The First Anglo-Chinese War with documents,* p.21.

23) Sir J. Bowring to Consul Parkes, Hong Kong, October 13, 1856; Kuo, *A Critical Study of The First Anglo-Chinese War with documents,* p.21.

24) Sir J. Bowring to Earl of Clarendon (Foreign Secretary), Hong Kong, October 13 (Received December 1), 1856; Kuo, *A Critical Study of The First Anglo-Chinese War with documents,* p.22.

25) Consul Parkes to Commissioner Yeh, Canton, October 14 (7 A. M), 1856; Kuo, *A Critical Study of The First Anglo-Chinese War with documents,* pp.22-23.

24시간의 기한을 주고 12명을 모두 돌려보낼 것과 동시에 사건 전반에 대해 공식적인 해명을 재차 요구하였다. 특히 이를 어길 땐 무력 시위를 할 것이라고 하였다.[26] 결국 광저우 지방행정관은 파크스의 압력에 일정 부분 물러서는 조처로 22일에 12명을 모두 돌려보냈지만 공식 해명만큼은 끝까지 하지 않았다.[27] 주목해 볼 부분은 광저우 지방행정관의 반응이 있던 같은 날인 22일에 보우링이 파크스에게 보낸 서신부분이다. 내용의 요지는 파크스가 20일에 홍콩에 내려와 회담한 내용, 즉 광저우 지방행정관에게 24시간의 시한을 주고 해답을 얻겠다는 시도와 이를 어길 땐 무력 시위를 할 것을 공식적으로 허락한다는 내용이었다. 특히 지방행정관과의 협상이 결렬되면 자신에게 허락을 받지 말고라도 시모우어 해군 소장(Rear Admiral M. Seymour)에게 무력 시위를 직접 지시하라고 파크스에게 명하였다.[28] 파크스는 이 서신

시모우어(Admiral Sir Michael Seymour) 해군소장

26) Consul Parkes to Commissioner Yeh, Canton, October 21 (7 A. M), 1856; Kuo, *A Critical Study of The First Anglo-Chinese War with documents,* p.33.

27) Consul Parkes to Sir J. Bowring, Canton, October 22, 1856; Kuo, *A Critical Study of The First Anglo-Chinese War with documents,* pp.37-38.

28) Sir J. Bowring to Consul Parkes, Hong Kong, October 22, 1856; Kuo, *A Critical Study of The First Anglo-Chinese War with documents,* p.40.

이 있기 전에 이미 시모우어 해군 소장과 무력 시위에 대한 준비와 절차를, 즉 전권대사의 명령 없이도 준비를 끝낸 상태였다.[29] 때문에 보우링의 서신은 대사의 역할이 그저 허락만 내리는 허수아비 같은 존재로밖에 보이지 않음을 의미할 뿐이다. 모두가 애로우사건의 초기 단계에선 파크스의 역할이 청국 내 영국 정부를 대표하고 있음을 충분히 확인할 수 있는 대목이다. 결국 파크스가 주장한 지방행정관의 공식 해명이 결렬되자 23일에 시모우어 해군 소장의 명령으로 무력 시위를 시작하게 되었다.[30] 이는 2차 아편전쟁의 서막이 그로부터 시작되었음을 알게 해준다.

짚고 넘어가야 할 의문점이 있다. 전권 대사보다 영사가 단독으로 정책을 결정하는 것은 외교 행정 절차상 납득이 가느냐는 점이다. 상황을 보면 가능한 듯싶다. 영국의 청국 외교를 총괄하는 외교 정식 공사관이 청국에 개설된 것은 1860년 베이징조약부터이므로 그 이전은 현대에 이해되는 조직적인 외교 행정을 기대하긴 무리라 본다. 그렇다면 베이징조약 이전의 영국의 청국 외교 현장은 어떻게 운영되었나? 영국 정부는 1842년 난징조약으로 열린 5개 통상항에 영사들을 배치하였다. 이들 통상항만 놓고 보면 당시에 가장 비중있게 다뤄지

---

29) Consul Parkes to Rear-Admiral Sir M. Seymour, Canton, October 22, 1856; Kuo, *A Critical Study of The First Anglo-Chinese War with documents,* pp.38-39.

30) Rear-Admiral Sir M. Seymour to Sir J. Bowring, Coromendel, off the Barrier Forts October 23, 1856; Kuo, *A Critical Study of The First Anglo-Chinese War with documents,* p.41.

는 항구가 광저우이기에 그곳 영사의 위치는 좀 더 권위가 있다고 해도 틀린 말은 아니다. 한편 영국정부는 이들의 원활한 활동을 지원해주는 차원에서 홍콩에 총괄 감독관(chief superintendent)을 배치하여[31] 외교 전반을 담당하였다. 총괄감독관은 말 그대로 감독관이며 영사들을 지원해주는 역할 정도를 벗어나지 못했다. 냉정히 보면 현장에선 영사보다 권력 순위가 높다고 볼 순 없다. 그러나 1856년의 보우링의 경우는 총괄 감독관과 더불어 전권대사(plenipotentiary) 직책을 함께 수행하였기에 사정이 다르다. 전권대사라는 말 그대로 영정부를 대표하여 전권을 책임지고 있기에 그의 외교적 위치는 영사보다 순위가 높은 것은 당연하다. 그럼에도 불구하고 광저우 통상항의 영사인 파크스의 활약이 두드러지자 보우링 전권대사는 자신의 역할과 위치를 제대로 찾지 못하고 이전의 총괄 감독관으로만 돌아간 듯 보인다. 보우링의 경우가 영국 외교 정책이 확고히 세워지지 않은 상황에서 발생할 수 있는 한 사례임을 이해할 수 있다. 보우링의 정책 결정 미숙의 책임은 1857년에 영정부 및 의회를 통해서 확실하게 지적되었고 영정부는 파견 대사인 하이커미셔너(High Commissioner)로[32] 엘긴(James Bruce, 8th Earl of Elgin)을 보내어 사태를 수습하기에 이른다.[33] 그러나 이런 과정 중

---

31) Coates, *China Consuls*, p.7.

32) 외교 사절의 한 형태인데 외교관으로서의 특권, 조세·관세의 면제 등에 관해선 대사와 동등한 대우를 받지만, 외교관 명단에 기재되지 않고 대사처럼 한 국가의 대표로는 인정되지 않는다. 그는 주로 특별 업무를 위해 외무부에서 파견되는 관리이다.

에 흥미로운 사실은 외교의 절차를 무시한 파크스인데도 영정부와 의회는 보우링에 대한 질책과 달리 그에 대해선 관대하였다. 오히려 파크스의 외교 능력에 주목하는 계기가 되었다.[34] 여기서 청국에 대한 외교 전문가가 절박했던 영정부의 입장을 확인케 된다. 동시에 파크스가 동아시아 외교의 전면에 본격적으로 부상할 것임을 예견하게 해주는 대목이기도 하다.

결국 파크스가 애로우호 사건의 초기 단계에서 영정부의 대표자처럼 부각된 것은 당연히 그가 갖고 있던 명확한 외교적 소신들이 빛을 발휘했기 때문이다. 하지만 그보다도 이런 외교적 소신을 발휘할 수 있는 외교관으로서의 위치에 그가 서 있었을 뿐 아니라 상급자의 능력 부족으로 그의 능력이 상대적으로 드러나게 되었음도 확인된다.

2차 아편전쟁과 파크스

영국정부가 광저우 문제(해군 군사 작전건, 평화 협상 가능건, 조약 수정안 제시건)를 풀기 위해 1857년 3월에 엘긴을 하이커미셔너로 파견했다. 그가 홍콩에 도착한 것은 그해 7월이었다. 엘긴이 도착하기 전에 보우링은 계속 총괄 감독관으로 역할은 수행했지만 전권대사로서의 외교 행정 및 결정 사

---

33) Coates, *China Consuls,* p.106.

34) Lane-Poole, *The life of Sir Harry Parkes I*, p.262; Bonner-Smith & Lumby, *The Second China War,* pp.157-59.

엘긴(James Bruce 8th Earl of Elgin) 하이커미셔너

항은 모두 정지된 상태였다.[35] 파크스의 경우는 영정부가 외교 능력에 대해선 주목했을지 모르지만 광저우 지역에서 일어나고 있는 외교 문제의 대표자로 역할을 하는 것은 더 이상 허락지 않았다. 때문에 그는 청국에서 발생한 급작스런 외교 사태로 인해 잠시 주목받던 지방외교관 정도로 전락하는 처지에 놓이게 되었다. 앞서 언급한 "파크스가 동아시아 외교의 전면에 본격적으로 부상할 것임을 예견하게 된다"는 멘트도 의미가 없어진 듯 보인다.

보우링과 달리 영정부의 직접적인 명령 하에 청국 문제를 다룰 대표자로 엘긴이 특파됨으로 파크스가 외교적 전면에 부상할 기회가 과연 사라진 것인가?

홍콩에 도착한 엘긴 대사는 베이징의 청국 정부와 직접 담판을 생각하며 북진을 준비하던 중인 1857년 11월에 파크스 영사의 안내로 광저우 외곽의 북쪽으로 나흘간 탐색차 여행을 하게 되었다.[36] 파크스는 광저우 문제에 대처하는 외교보다 베이징과의 외교가 열려야 영국의 청국 외교가 안정된다는 지론을 갖고 있었다.[37] 엘긴 대사와 함께 한 파크스가 북진을

35) Coates, *China Consuls,* p.106.
36) Lane-Poole, *The life of Sir Harry Parkes I*, p.267.
37) Lane-Poole, *The life of Sir Harry Parkes I*, p.259.

위한 탐색 여행에서 최선의 모습을 보이는 것은 자연스러울 수밖에 없었다. 이를 엘긴도 눈여겨보게 되었다. 엘긴의 이런 심중을 읽은 사람은 파크스의 능력을 이미 알고 있던 해군 소장인 세이모어였다. 세이모어는 파크스를 앞으로 베이징 진격을 위한 참모진 준비회의에 공식적으로 참가할 수 있게 조처했다. 엘긴도 비공식적이라는 전제를 달아서 이를 허락하였다.[38] 그리고 1857년 12월 17일 엘긴은 광저우문제를 담판을 짓기 위해 프랑스의 글로(Baron Glros) 대사와 함께 광저우 지방행정관에 보내는 마지막 협상안을 만들고 있었다. 엘긴은 파크스를 입회시켜 자신의 의견을 피력하도록 했는데[39] 이때가 다시 파크스가 외교현장 전면에 나오게 되는 시점이다. 동시에 새로운 외교 능력의 기회가 그에게 주어짐을 확인케 된 시점이다. 당시 프랑스는 크리미아 전쟁 때부터 영국과 우호 관계를 유지하면서 나폴레옹 3세의 동방 정책 일환으로 광저우 협상안에 참가하였다.[40]

영 · 프 대사가 광저우 지방행정관에게 보낸 마지막 협상안에 대한 거절이 확인되자, 12월 28일에 광저우에 대대적인 함포사격이 시작되었다. 이어서 영 · 프 연합군이 육지에 상륙하게 되었다. 점령군을 따라 들어간 파크스는 예밍첸 지방행정관 생포에 앞장서게 된다. 파크스는 에로우호 사건이 발생하게 한 인물이며 광저우가 통상항의 역할을 못하게 한 그를 직접 생포하고 싶었던 것이다. 뿐만 아니라 영 · 프 연합군들은

38) Lane-Poole, *The life of Sir Harry Parkes I*, p.268.
39) Lane-Poole, *The life of Sir Harry Parkes I*, pp.258-69.
40) 김경창, 『동양 외교사』, p.40.

그의 인상 착의나 예상 도주로를 잘 알지 못하고 언어 소통에도 문제가 있기 때문에 파크스가 반드시 앞장서야 할 상황이었다. 다행히 파크스가 예밍첸 지방행정관의 자화상(自畵像)을 입수해 있었기에 생포된 청국인들 사이에서 예밍첸 지방행정관을 1858년 1월 5일에 찾아내었다.[41]

파크스 앞에서 자신을 지방행정관으로 시인한 예밍첸은 그에게 "우리말을 그렇게 잘 하는 당신은 누구인가?" 라고 묻자 "내가 당신을 잘 알고 있는 만큼 당신도 나를 잘 알고 있습니다" 라고 파크스는 대답했다.[42] 에로우호 사건은 파크스와 예밍첸의 한판 대결이라 해도 과언이 아닌데, 결국 파크스가 예밍첸 지방행정관을 생포하는 것으로 그 막을 내리게 되고 광저우도 영・프 점령군 하에 들어가게 되었다. 광저우 점령 후, 엘긴은 파크스의 능력을 확실하게 인정하게 되었다. 엘긴은 점령된 광저우의 영국 측 치안을 담당하고 안정을 되찾게 하는 전시 지방행정관으로 파크스를 임명하였다. 더군다나 그가 청국 황제와 난징조약의 수정을 위해 떠날 때 광저우의 외교행정 전권을 파크스에게 위임하는 신뢰의 모습도 보였다.[43] 파크스의 외교적 위치가 새롭게 확인되는 시점이다.

엘긴 대사는 파크스를 만난 후 신뢰를 갖게 되었지만 엘긴에 대한 파크스의 생각은 좀 달랐다. 1857년 7월에 청국에 도착할 즈음, 파크스는 엘긴을 '여의치 않은 외교적 환경 때문에 청국 정부를 강압적으로 대해야 하지만 청국의 입장을 이해한

41) Lane-Poole, *The life of Sir Harry Parkes I*, pp.272-74.
42) Lane-Poole, *The life of Sir Harry Parkes I*, p.274.
43) Lane-Poole, *The life of Sir Harry Parkes I*, p.277.

다는 동정론도 갖고 있는 사람'으로 인식하며 탐탁찮게 생각하고 있었다. 이런 판단의 근거는 엘긴의 애로우호사건에 대해 갖고 있는 기존의 생각 때문이다. 그는 '외부인이 침탈해오면 자기방어를 취하는 것은 당연하며 청국이 그런 입장에서 취한 행동이다'라고 보고 있었다.[44] 파크스는 엘긴의 이런 생각을 이미 간파하여, "그가 추구하는 온건적 태도는 영국 의회나 정부, 세계, 또는 공공 부분에선 높이 살 수 있다. 하지만 영국의 이익을 창출해야하는 현장이나 위기 대처가 필요한 외교적 상황에선 별로 맞지 않는 태도인 것 같다"[45] 고 생각한 것이다.

파크스의 생각이 단지 편견적이지 않다는 것이 엘긴이 주도한 1858년 6월의 텐진조약에서 확연히 드러났다. 엘긴은 비록 무력으로 청국을 압박하여 얻어낸 조약이지만 청국이 끝까지 거절하던 외교공관(外交公館: a legation)의 베이징 상주와 내지(內地)의 자유로운 왕래 건은 관철시키지 못하였다. 심지어 엘긴은 협상의 진전을 위해 청국 측이 주장하는 '영국 외교공관이 베이징이 아닌 다른 지역에 머물며 수시로 베이징을 드나드는 형식'을 받아들였다. 그리고 영국 외무장관인 맘스버리(Earl of Malmesbury)에게 직접 이 협상안을 청하여 그의 찬성을 받아내기까지 하였다.[46] 결국 파크스는 엘긴이 끝까지 베이징을 고집하지 못한 당시의 조처들에 무척 실망스러울 수밖에 없었다.[47]그는 베이징에 입성하여 외교 채널을 열

44) Lane-Poole, *The life of Sir Harry Parkes I*, p.265.
45) Lane-Poole, *The life of Sir Harry Parkes I*, p.283.
46) 김경창, 『동양 외교사』, p.49.
47) Lane-Poole, *The life of Sir Harry Parkes I*, p.284.

어야 한다는 소신을 갖고 있었기 때문이다. 더군다나 엘긴이 정부를 대표하는 하이커미셔너이므로 보우링 때처럼 자신이 관여할 수도 없으니 파크스의 실망감은 더욱 컸었다.

텐진조약에서 언급된 외교 관련 주요 조항으론 첫째 영국의 대사·공사의 베이징 거주, 둘째 사신들의 자유 행동에 대해 방해 말 것, 셋째 외교 문제를 전문 외교관 사이에서 대등하게 다룰 수 있도록 조처해줄 것, 넷째 영국 영사는 영국의 이익이 되는 어떤 항구에도 주재할 자유를 갖게 할 것이다. 그러나 이 모두가 텐진조약이 조인된 이후에도 지켜진 것이 없었다. 더군다나 광둥성에선 외국인에 대한 청국인들의 습격 사건이 연이어 발생했다. 청국 정부는 이를 방관시 하고, 습격한 청국인들을 직접 토벌한 것은 오히려 영·프 연합군들이었다. 이 때문에 광둥성 민심엔 더욱 배외사상이 팽배해져만 갔다.[48] 이런 어수선한 상황을 수습하려면 청국 정부의 개입이 절실했다. 결국 영국과 프랑스는 거론되었던 베이징에 자국 외교관들이 거주하며 정부나 황실과 긴밀하게 협의해야 하는 길밖에 없었다.

앞서 언급한 바처럼 외교 현장에 있는 파크스는 사태를 충분히 짐작하고 있었다 하지만 영국 정부는 엘긴의 말을 듣고 외교공관을 베이징에 주재하는 것을 배제시켰다가 뒤늦게야 사태의 심각성을 파악하였다. 이즈음 엘긴도 심각성을 파악했다. 그는 아직 비준서가 오가지 않은 텐진조약의 비준교섭을 통해 베이징에 자국의 외교공관을 개설할 의도를 갖

48) 김경창, 『동양 외교사』, pp.49-50.

브루스(Frederick Wright-Bruce) 특명전권공사

게 되었다.[49] 하지만 그는 베이징엔 외교 공관이 들어가지 않는 조건을 청국 정부에 허락한 장본인이기에 현 사태를 풀 수 있는 새로운 외교관, 즉 특명 전권 공사(an envoy extraordinary and minister plenipotentiary)의 파견을 대안으로 정부에 제의했다. 영정부는 엘긴의 제의를 받아들여 그의 형제인 브루스(Sir Frederik Wright-Bruce)를 1959년 3월 1일에 청국에 파견했다.[50] 청국은 처음부터 베이징에 사신이 들어오지 못하도록 지연시키면 그만큼 조약의 비준이 늦어질 것이며 궁극엔 조약을 무효화시킬 수 있다는 의도를 갖고 있었다.[51] 때문에 브루스 특명 전권공사의 등장은 다시 청국과의 충돌만 예견되었다.

총괄 감독관의 직책까지 겸한 브루스 공사가 1859년 4월 26일 홍콩에 도착하였다. 그는 베이징 외교공관 개설때까지 홍콩에서 상하이로 외교 거점을 옮겨 교섭을 주도하라는 본국의 명령에 따라 6월 6일에 상하이로 갔다. 그곳에서 다음날에 도착한 프랑스의 부르봉(Alphonse de Bourboulon) 공사와 비준 교섭을 위해 베이징에 갈 준비를 하고 청국 정부의 영접을 알렸다. 그러나 베이징으로 향한 영 · 프 공사 일행이 베이징 근처에 도달하자 청국 정부는 이들의 영접은 간 곳 없고 더 이

49) Bonner-Smith & Lumby, *The Second China War,* p.390.
50) Costin, *Great Britain and China,* p.287.
51) 김경창, 『동양 외교사』, p.46.

상 이들이 전진하지 못하도록 조처했다. 청국 정부는 청군을 파견하여 베이징 가는 길 초입에 있는 페이호 입구(白夏口: the Mouth of Pei-ho)를 폐쇄하였다. 영・프 공사는 청국 정부가 텐진조약을 심각하게 위배하는 이런 사태는 전쟁을 의미한다고 보았다. 양국공사는 영국 함대 사령관인 호프 제독(Admiral Sir J. Hope)에게 양국 공사의 공동 명의로 청군이 막고 있는 페이호를 무력으로 풀도록 명령하였다.[52] 포함외교를 시도한 것이다. 막상 영・프 연합군이 페이호를 공격하자 이곳에서 이미 준비하고 기다린 청군이 포대 포격을 가해 연합군이 패배했다.[53] 이 때문에 조약의 비준을 위한 영국 정부의 일차적인 계획은 수포로 돌아갔다. 패배 사실이 영국 의회에 전해지자 의회는 청국 정부에 강력히 항의를 해야 하며 필요에 따라선 전면전 수준의 무력 응징을 해야 한다고 한 목소리를 내기에 이르렀다. 의회의 의결이 총리인 파머스턴에게 전해지자, 총리는 엘긴을 파견 대사로 재기용하고 원정군을 다시 보내게 되었다.[54] 본국의 소식을 접한 파크스는 "엘긴을 다시 선택한 것은 영정부의 큰 실수"라고 표현하였다.[55]

정부의 파견 대사로 1860년 6월 6일에 청국에 다시 돌아온 엘긴은 그달 22일에 파크스를 찾았다. 그는 이전에 광저우에

---

52) Bruce to Malmesbury, 14 June 1859, *Parliament Paper. 1860,* lxix, no.8.
53) Bruce to Malmesbury, 5 July 1859, *Parliament Paper. 1860,* lxix, no.9.
54) Costin, *Great Britain and China,* pp.315-17.
55) Lane-Poole, *The life of Sir Harry Parkes I*, p.333.

서 보여준 파크스의 활약상에 대하여 기억하고 있었다. 때문에 그는 스스럼없이 "파크스를 대단한 에너지와 용기와 능력을 지닌 가장 뛰어난 외교관"이라고 칭찬하였다. 엘긴은 자신의 측근에서 통역을 포함하여 외교적으로 도와줄 것을 파크스에게 부탁하였다.[56] 당일에 나눈 둘의 대화로 파크스는 그동안 엘긴에 대해 갖고 있던 자신의 편견을 버리는 계기가 되었다.[57] 6월 30일 엘긴은 파크스에게 자신과 함께 베이징 진격에 동참해 달라고 서신을 보냈다. 파크스는 자신이 원했던 베이징 외교공관 개설을 향한 의지를 현실화시킬 수 있는 과정에 자신의 동참이 가능해지자 엘긴을 따르기로 결심했다.[58]

1860년 4월부터 베이징으로 진격을 시작한 영·프 연합군은 8월 25일에서 9월 5일 사이에 텐진에 입성하였다. 그 과정 중에 파크스는 최전선에서 열정적으로 자신의 맡은 임무를 수행하였다.[59] 텐진을 점령한 뒤, 파크스는 1857년의 광저우 때처럼 텐진의 정무(政務)를 관리했다.[60] 점령된 텐진에 들어온 엘긴은 청국정부에서 파견된 흠차대신(欽差大臣)[61]과 텐진조

56) Lane-Poole, *The life of Sir Harry Parkes I*, p.339.
57) Coates, *China Consuls,* p.107.
58) Lane-Poole, *The life of Sir Harry Parkes I*, p.343.
59) Lane-Poole, *The life of Sir Harry Parkes I*, pp.342-72.
60) 김경창, 『동양 외교사』, p.53.
61) 청국 때 임시로 만들어진 관직인데, 현직 관료 중에 황제의 칙명으로 특정한 임무를 수행하는 3품 이상의 대관(大官)을 말한다. 흠차대신은 내란토벌·외교교섭 등 중요 사건 처리를 위하여 중요한 현장에 파견되었다. 서양의 외교 사절도 자신들을 청국의 흠차대신과 대등한 자격임을 표시하기 위하여 흠차대신이라고 자칭하였다. 청국도 외국에 파견하는 사신을 대청흠차출

약의 비준을 추진하였으나 9월 8일에 무산되었다. 엘긴은 지난번 때와 달리 어떤 타협보다 무력이라는 방식이 최선이라 확신하고 베이징으로 반드시 들어가 황제와 단판을 짓겠다는 결정을 하게 되었다. 엘긴의 결정으로 다시 군이 움직이자 청국 측에서 흠차대신으로 시친왕(始親王: Prince of I)과 병부상서(兵部尙書: President of Board of War) 무윈(穆蓺: Muh-yin)을 다시 임명하여 퉁조우(通州: Tungchow)에서 다시 협상을 하자는 제의를 했다. 엘긴은 파크스에게 이들과 협상을 하도록 했다. 파크스는 베이징 입성을 늘 생각하고 있었다. 때문에 퉁조우에서 있던 회담 중, 청국 측의 강한 반대에 부딪친 국서봉정 건, 즉 영국대사가 베이징에 들어가 국서를 직접 황제에게 전달해야한다는 내용을 끝까지 주장하였다.[62] 그 결과 협상은 완전히 결렬되고 전쟁이 계속 진행되게 되었다. 어쩌면 엘긴이 파크스를 내세운 것은 협상보단 베이징입성을 처음부터 구상하고 행한 고도의 전략인지 모른다.[63] 이유야 어떠하든 파크스의 외교적 명성은 광저우를 넘어서 점점 청국전반에 확대되었다.

9월 18일에 청군이 대규모 전비를 갖추고 영국군이 있는 쪽으로 접근해왔다. 파크스가 이를 파악하고 그랜트(General Sir H. Grant)장군에게 군사적 대비를 취할 것을 귀띔했다. 이어서 자신은 퉁조우로 가서 흠차대신들에게 철군 할 것을

사대신(大淸欽差出使大臣)이라 불렀다.

62) Costin, *Great Britain and China,* p.327.

63) 엘긴이 텐진에 만족하지 않고 계속 베이징으로 전진을 원한다는 내용이 보임: Costin, *Great Britain and China,* p.325.

영프 연합군에 파괴되기 전의 웬밍웬

요구하는 외교적 행동을 취하였다. 그러나 그의 뜻이 제대로 받아들여지지 않았다. 퉁조우에서 되돌아오던 그와 일행은 장기아완(張家灣: Chang-kia-wan)에 있던 청군에게 포로가 되었다.[64] 이로부터 10월 7일 베이징을 연합군이 점령할 때까지 파크스는 베이징의 북서쪽 교외에 있는 황제의 여름별장인 웬밍웬(圓明園)에 포로로 강금되어 있었다.[65] 포로로 있던 기간 중에 청국 측은 그와 일행을 놓고 연합군과 협상을 시도했다. 청국 측 계산과 달리 그와 일행의 강금은 연합군 측이 베이징을 거침없이 함락하는 자극제가 되었다. 연합군은 파크스 일행이 강금되어 있던 웬밍웬을 영군이 불살라버리면서 진격의 마침표를 찍었다.[66] 특히 엘긴은 파크스와의 남다른 인연이 있기에 포로기간 동안 그의 구명에 대한 최선을 다하였다.[67] 엘긴은 파크스의 능력의 평가는 물론 왜 그를 구해내야 하는지를 영국 정부에 수차례 보고하였다. 이로 인해 파크스에 대한 외교 능력이 영정부에 확고하게 심어지는 계기가 되어 그간의 모든 외교 능력이 기대 이상으로 알려지게 되었다. 결국

64) Costin, Great Britain and China, pp.327-32.
65) Elgin to Russell, 25 October 1860, *Parliament Paper. 1861,* lxvi, no.103.
66) Costin, Great Britain and China, p.334.
67) Lane-Poole, The life of Sir Harry Parkes I, p.392-93.

엘긴은 파크스를 청국 내 '중심 외교관'으로서 우뚝 서게 해주는 최대의 조력자가 되었다.

1860년 10월 24일에 베이징조약이 체결된 다음, 일찍이 상하이에서 만나보고 호감을 갖고 있던[68] 베이징 공사 브루스가 도움을 요청했다. 파크스는 포로 시절의 악몽을 딛고 청국 수뇌부, 특히 공친왕(恭親王: Prince Kung)과 협상을 하는 장소에서 통역관 역할을 하면서 베이징의 외교 공관이 세워지는데 동참하였다.[69]

* * *

동아시아의 외교의 중심에 서있던 파크스가 갖추게 된 외교 능력의 근원은 어디서부터인가? 그가 외교 능력을 갖춘 시기는 바로 1856-61년 사이의 애로우호 사건과 2차 아편전쟁 때였다. 새로운 사실은 이 시절에 스스로가 외교적 능력을 갖춘 것이 아니라 몇 명의 인물들과 깊이 관련됨으로써 외교적인 능력이 인정받고 결실을 맺게 되었다는 점이다.

먼저 알콕 영사를 주목할 수 있다. 파크스가 알콕 영사와 인연을 맺게 된 것은 1844년에 통상항의 한 곳인 아모이에서 영사이던 그의 통역관으로 함께하면서부터이다. 이후 알콕과 함께하는 외교 생활이 지속되었고 그의 덕분에 젊은 나이에 영국을 방문하였다. 외무장관이던 파머스턴을 만나고 그의 외교 철학을 배우는 계기도 이때였다. 파크스의 결혼 역시 알콕의

---

68) Lane-Poole, *The life of Sir Harry Parkes I*, p.329.
69) Lane-Poole, *The life of Sir Harry Parkes I*, p.405.

친구인 홀랜드 부인(Mrs. R. Holland)의 소개로 이뤄졌으니 파크스의 삶에 알콕의 비중은 기대 이상이었다고 볼 수 있다.[70] 그러나 알콕이 파크스에게 준 가장 큰 선물은 광저우 영사로 있던 그가 개인 사정으로 자리를 비우면서이다. 파크스가 엘긴을 대신하여 광저우 대리 영사로 임명된 것이다. 파크스에게 이런 기회가 주어지지 않았다면 애로우호 사건 때 그의 외교적 능력이 발휘될 수 있었을까 되짚어보게 된다.

다음은 보우링 전권대사이다. 보우링에겐 이미 청국에서의 모든 영국 외교 문제를 다룰 권한이 있었다. 하지만 그는 애로우호 사건이 터지자 앞서가는 파크스의 외교 방법에 따라가는 입장이 되어버렸다. 물론 당시까지 청국에선 외교 행정 절차가 제대로 성립되지 못한 점도 있겠지만 애로우 사건 때의 그의 행동은 외교적 미성숙이 만들어 낸 결과임은 분명하다. 그리고 보우링의 미숙한 외교 행정 때문에 가장 큰 수혜자가 된 인물이 바로 파크스이다. 보우링이 능력 있는 외교관이었다면 파크스는 단지 상황 보고만 충실한 지역(통상항) 외교관의 범위를 벗어나지 못했을 것이기 때문이다.

마지막은 엘긴 파견 대사이다. 파크스는 엘긴의 미온적인 외교 방식에 대하여 늘 불만이 있었지만 보우링 때와 달리 그의 명령 체계를 잘 지켰다. 물론 엘긴의 베이징 원정 땐 그의 강한 면이 보여 파크스는 자신의 불만을 털어버리고 전심으로

---

70) 홀랜드 부인의 소개로 만난 여인은 플러머(Sir Thomas Plumer)의 손녀인 페니 플러머(Fenny Plumer)이다; Diniels, *Sir Harry Parkes,* p.7.

그를 돕는다. 엘긴의 경우는 파크스에 대하여 처음부터 끝까지 대단히 만족하고 있었던 것을 알 수 있다. 파크스가 광저우 점령 당시 보여준 행동에 대하여 깊은 인상을 가진 그는 텐진 점령에서 다시 한 번 그의 능력을 확인하는 계기가 된다. 그리고 공교롭게 파크스가 청군에 의해 포로가 되자 그의 외교 능력을 제대로 알고 있는 엘긴은 적극 구명 운동을 펼쳤다. 이때 엘긴은 파크스의 외교 능력을 영정부에 제대로 알리는 역할을 하였다. 파크스가 포로에서 풀려난 후에 광저우 만이 아닌 청국 전반에 영향을 미치는 전문 외교관으로의 입지를 확고히 갖게 된 것도 엘긴의 영향과 무관하지 않아 보인다.

메이지유신 전의 파크스의 대일 외교

17세기에 정권을 장악한 도쿠가와(德川) 바쿠후(幕府)는[1] 서구문화의 유입을 막은 쇄국(鎖國)정책을 수세기 동안 고수하였다.[2] 하지만 19세기 후반, 다른 아시아 국가들처럼 일본

---

1) 1603년에 도쿠가와 이에야스(德川家康)가 세이이타이 쇼군에 임명되었을 때를 무로마치·에도바쿠후의 시작으로 본다. 바쿠후의 정치 체제: 1. '쇼군'은 명목상 천황의 군사 대리인이지만 사실상 통치자임. 2. '천황'은 도쿠가와의 연금 수령자이며 사실상 궁전안의 수인(囚人)임. 3. 쇼군 직은 세습이지만 대부분의 정책 결정과 전국의 번(藩, 다이묘)들을 감독하는 책임은 막부의 최상부 관리인 4-5명의 '로주(老中)'가 진행함. 4. '번(藩)'은 도쿠가와 가문의 친족관계에 따라 분류됨, 이들은 대부분 관직에서 배제되지만 그들 밑에 있던 후다이(譜代)가 주요관직에 충원됨으로 실질적으로 권력 행사를 한다고 볼 수 있다(150인 정도). 부와 출생 때문에 막대한 영향을 행사함. 단 외부로부터 임명된 「도지마(外樣)」라는 다이묘들도 있는데 이들은 천황의 위임으로 쇼군이 명하는 권력행사 외에는 독립적이다. 동시에 중앙 정부의 직으로부터는 배제된다(100인 정도). 다이묘의 영토는 10개 이상의 무라(村)에서 하나의 완전한 번(藩)에 이르기까지 여러 개의 형태가 존재: W. G. Beasley, 장인성 옮김, 『일본근현대사』, 을류문화사, 2004, pp.18-24.

2) 1620년대에 바쿠후 통지자들은 유럽인들이 반 바쿠후 세력과 결탁하며, 기독교가 일본을 개방하여 타락시켰다고 보았다. 이 때문에 기독교는 금압당하고 대외 무역도 금지되었다. 오직 나가

페리(Matthew Calbraith Perry) 제독, 1852년 모습

도 서구 열강들의 제국주의 관심에 놓이게 되자 상황은 달라졌다. 1853년에 미국의 동인도 함대 사령관 매튜 페리(Matthew Calbraith Perry) 제독은 함대를 이끌고 와 일본의 항구를 개방하라고 무력시위 하였다. 바쿠후는 페리의 무력 시위에 굴복하여 가나가와(神奈川, 요코하마)에서 화친조약(1854. 3)을 맺고 쇄국을 포기하였다.[3] 미일화친조약을 시작으로 그해 10월에 영국, 1855년 2월엔 러시아, 1856년 1월에는 네덜란드가 각각 일본과 화친조약을 맺었다.[4]

화친조약에서 미국이 일본의 개항을 요구한 목적은 무엇인가? 첫째 대일무역의 창구보다 상선의 중간 기착지 활용 때문이다. 미국은 면화제품(영국에 이어 생산 2위)을 주력 상품으로 보고 무역의 활로를 청국 쪽으로 찾고 있었는데, 태평양 항

사키 항에 들어오는 청국 범선과 네덜란드 상관을 통한 소규모 대외 무역만이 허락되었다; 장인성, 『일본근현대사』, p.48.

3) 미일화친조약(美日和親條約) 또는 페리 협정이라고도 함. 이 조약은 1853년 7월 페리가 4척의 군함을 이끌고 우라가[浦賀]에 입항하여 미국 함선이 연료·식량 등의 물자를 보급 받을 수 있도록 일본의 항구들을 개방할 것을 요구하며 압력을 가한 결과로 1854년 3월 31일에 체결된 것이다. 이때 바쿠후는 시모다(下田)와 하코다테(函館) 2개 항구를 개항하고 시모다에 미국 영사의 주재를 허용한다는 데 동의하였다.

4) 김경창, 『동양 외교사』, pp.68-80.

로가 너무 멀어 중간 기착지가 반드시 필요했다. 둘째 표류난파선 보호 때문이다. 포경업이 성행하던 19세기 중엽, 캄차카나 오호츠크 해 주변에서 미국 소유의 포경선이 자주 난파하자, 이들 난파선이 보호받을 곳이 필요했다.[5)]

하지만 미국의 궁극적인 목적은 양국 간의 통상에 있었기에 미정부는 에도 도쿄 정부를 압박하여 1858년 7월 29일에 바쿠후와 미영사인 해리스(Townsend Harris) 사이에 통상조약(해리스 조약이라고도 함)을 다시 체결하였다.[6)] 이번에도 화친조약 때처럼 미일통상조약이 체결된 다음 달인 8월에 영국, 러시아, 네덜란드가, 10월에 프랑스가 바쿠후와 각각 통상조약을 맺었다. 1858년에 일본이 서구 5개국들과 집중적으로 체결한 위의 통상조약들을 통틀어 안세이(安定) 조약이라 한다.[7)] 일본은 안세이 조약으로 대내외에 완전히 문호개방을 하였다.

안세이 조약 이후, 일본의 정치·외교엔 서구 열강의 외교관들이 자주 등장한다. 그중에 주목할 인물은 주일 영국 공사인 파크스로, 그가 주목받는 데는 몇 가지 이유가 있다. 첫째는 재임 기간이다. 파크스는 19세기 일본주재 외국공사로선

---

5) 장인성, 『일본근현대사』, pp.54-58.

6) 통상조약 체결 주요내용은 1. 미국 공사는 에도에 주재 2. 협정에 명시된 관세적용(수입관세율 5%·20%·35%의 3단계) 3. 영사재판권 4. 기존의 개항지인 시모다, 하코다테 이외 5개의 항구(나가사키, 가나가와. 니가타, 효오고를 개항 등이다. 최혜국조약을 설정했으며 개정 기한이 없다; 장인성, 『일본근현대사』, pp.62-63.

7) 각국의 통상 조약내용은 미국과 별 차이가 없었다. 모두 최혜국조약이 추가되었다; 장인성, 『일본근현대사』, p.66.

장수한 인물(1865-1883)로[8] 일본을 충분히 알고 간섭할 수 있는 외교적 준비가 되었음을 의미한다. 둘째는 일본의 정치 상황이다. 파크스가 재임하던 18년 동안에 일본은 정치적으로 근대화가 모두 생성되고 정립되었다. 셋째는 파크스의 외교 역량이다. 1850년대에 그는 동아시아에서 주목되는 태평천국 운동과 애로우호 사건, 2차 아편전쟁을 겪으면서 외교 능력을 쌓았고, 청국의 근대화와 개방이 본격적으로 시작된 베이징조약을 체결에 주요 역할을 한 외교관이었다.[9]

이런 파크스의 주일 외교관으로서의 활동을 보려면 메이지유신 이전인 1865~68년에 자료가 집중되어 있다. 이 기간 내에 연관된 그의 주요 활동으로 두 부분이 지목된다. 하나는 안세이 조약의 수정조약인 개세약서(改稅約書)인데 이 약서가 체결되는 과정 중에 파크스의 외교가 개입된 기록들이 보이기 때문이다. 다른 하나는 메이지유신으로, 바쿠후와 천황 지지파를 오가면서 외교적 행보를 드러낸 파크스의 기록들이 남아 있기 때문이다.

---

8) 초대 공사인 R. Alcock(1859-65)은 6년, 2대 공사가 H. Parkes (1865-83)는 18년, 3대 공사인 F. R. Flunkett (1883-88)은 5년, 4대 공사인 H. Fraser (1888-1894)은 6년, 5대 공사인 P. Trench(1894-95)은 1년, 6대 공사인 E. M. Satow (1895-1900)는 5년이다. 프랑스는 초대공사인 Duchesne de Bellecourt (1859-64)가 5년, 2대 공사 Leon Roches (1864-68)가 4년이다. 여타 국들도 이와 비슷하다.

9) Loch, *Personal Narrative of Occurrences*, pp.131-238; FO 17/320, FO 17/340.

파크스 공사 부임 전, 영국의 대일외교

최초로 영국에 알려진 일본인은 1587년 스페인 범선을 타고 여행하던 크리스토퍼(Christopher)와 코스마스(Cosmas)라는 크리스천 이름의 두 인물이다. 이들은 스페인을 괴롭히던 캐번디시(Thomas Cavendish)에게 자신들이 탄 범선이 나포되어 영국으로 갔다.[10] 반면에 일본에 처음 알려진 영국인은 켄트 지방의 어부였던 애덤스(William Adams 1564~1620)이다. 그는 도쿠가와 바쿠후에서 고문으로 활동하였고, 미우라 안진(三浦按針: the pilot of Miura)이라는 이름으로 귀화하였다.[11] 일본인으로서 영국에 귀화한 첫 인물은 1832년에 무역을 하다가 오토손(John Matthew Ottoson)이라는 이름으로 영국 시민권을 획득한 오토키치(山本 音吉)이다. 그는

---

10) Richard Hakluyt, *Voyages and Discoveries: Principal Navigations, Voyages, Traffiques & Discoveries of the English Nation, Voyage of Thomas Cavendish* (Penguin Books,1972); Francis Pretty, *The admirable and prosperous voyage of the Worshipfull Master Thomas Candish of Trimley……, in: Hakluyt Voyages,* vol.8 (London: Everyman's Library, 1907) p. 237; Richard Davis, ed., *Hakluyt's Voyages* (Boston: Houghton Mifflin, 1981), p.559.

11) Giles Milton, *Samurai William: The Adventurer Who Unlocked Japan* (Sceptre; New Ed edition, 2003); William Corr, *Adams the Pilot: The Life and Times of Captain William Adams: 1564-1620,* (Surrey: Curzon Press,1995); Anthony Farrington, ed., *The English Factory in Japan 1613-1623,* (London: British Library, 1991).

일본인이 그린 1849년의 오토손(John Matthew Ottoson)의 모습

후에 영국해군 소속 통역관으로 일본에 다시 오기도 하였다.[12)]

1854년 10월 14일, 양국 간에 최초의 조약인 영일화친조약(The first Anglo-Japanese Friendship Treaty)이 바쿠후와 스털링 제독(Admiral Sir James Stirling) 사이에 맺어졌다.[13)] 이어서 1858년 8월 26일엔 안세이 조약으로 알려진 영일수호통상조약(The Anglo-Japanese Treaty of Amity and Commerce)이 전권 특명대사 엘긴과 바쿠후 대표 사이에서 맺어졌다. 조약 내용은 미일통상조약(해리스 조약)과 동일하지만 세부 지침의 일부는 달랐다. 영국 대표부가 조약 체결 직후부터 에도에 거주토록 할 것과 영국인들은 1862년 1월 1일까지 거주 가능토록 할 것, 하코다테, 가나가와, 나카사키는 1859년 7월 1일까지 개항할 것, 영국인들이 개항지로부터 25마일 내까지 여행 가능토록 할 것, 효오고(현 청소재지는 고베임)와 오사카는 1863년 1월 1일에 개항할 것 등이다.[14)]

---

12) 오도키지 관련 책자는 신초사(Shinchosha)에서 이가리시(Mr. Yuzo Igarashi)가 구술한 내용을 정리하여 출판한 것, 그리고 그동안 86년 이상 연구되어온 관련 내용들을 총 정리하여 고든(Tei A. Gordon)이 출판하였다.

13) W. G. Beasley, *Great Britain and the Opening of Japan, 1834-1858,* (Japan Library paperback, 1995, first published by Luzac & Co., 1951), p.144.

통상 조약 체결 이듬해인 1859년 6월, 일본 주재 첫 영국 공사인 알콕이 부임하였다. 부임 당시, 알콕은 안세이 조약에 의해 외교적 특권을 행사할 수 있을 것이라 기대했지만 그의 대일외교는 실질적으로 어려움이 많았다. 새로 개항된 가나가와에 도착한 영국 상품들이 일본 관리들의 계략으로 하역할 수 없는 경우가 허다했다. 또 안세이 조약 이후 외국 무역에 따른 물가상승으로 인해 궁핍해진 하급 무사 계급이 반외세를 부르짖으며 서구 외교관들을 위협했다. 그해 8월에 러시아 사관(士官) 1명과 수병 2명이, 이듬해인 1860년에는 네덜란드 상인이 살해당했고, 1861년 봄에는 미국 영사 해리스(Townsend Harris)의 개인 비서인 허스킨(H. Heusken)이 에도 거리에서 살해당했다. 이즈음 알콕은 개항지를 순회하면서 쇼군에 대한 불만이 지방 다이묘들에도 팽배해 있음을 확인하였다.[15)]

1861년 7월에 우려했던 영국 외교공관이 습격당하자 알콕은 요코하마로 외교 공관을 철수하여 영국 해군의 보호를 요청하였다.[16)] 뿐만 아니라 그는 자국의 외교관들을 보호하기 위해

---

14) Laurence Oliphant, *Narrative of the Earl of Elgin's mission to China and Japan, 1857-8-9,* 2 vols, (Oxford: Oxford University Press, 1970); S. G. Checkland, *The Elgins 1766-1917: a tale of aristocrats, pro-consuls and their wives* (Aberdeen: Aberdeen University Press, 1988).

15) Daniels, *Sir Harry Parkes*, p.23.

16) 프랑스, 네덜란드, 프러시아도 같이 철수하였다. 하지만 미국은 바쿠후가 조약 실행을 성실히 지키고 있기 때문에 신뢰를 위해서라도 머물러야 한다고 주장하며 체류했다.

영국인 호위병들의 개항지 상주(常駐)를 일본 정부에 정식으로 요구하였다.[17] 이 과정들은 알콕이 약해진 바쿠후 정권에 대한 불신을 표면적으로 드러낸 것이다. 더군다나 러시아라는 외교의 변수가 등장하자, 알콕은 바쿠후 정권의 약체를 전제로 한 대일 외교 정책을 추진하였다.

당시 영국은 아시아 전역에서 러시아와 외교 정책상 각축을 벌이고 있었다. 러시아는 1861년 3월 13일, 새로운 해군 기지를 만들기 위해 쓰시마를 점령하여 병영을 세우고 바쿠후와 접촉하고 있었다. 영국 정부는 러시아의 쓰시마 진출에 민감할 수밖에 없었다. 외교적 상황을 잘 알고 있었던 알콕은 러시아의 진출을 막기 위해 바쿠후와 모종의 관계 개선을 추진하였다. 먼저 알콕은 직접 런던으로 건너가 외무장관 러셀과 정부 관료들을 설득하였다. 결국 일본에 무역 특혜를 주는 것과 러시아의 팽창을 막는 데 일본이 적극적으로 관여하는 조건을 맞교환하는 런던 의정서(London Protocol)를 1862년 6월 6일에 맺도록 하였다. 알콕의 움직임은 약해진 바쿠후 정권에 영국 정부의 외교적 힘을 보태어 러시아를 막자는 방법이었다.[18]

하지만 알콕의 노력이 돋보인 런던 의정서가 효과를 내기도 전에 영일 양국은 심각한 외교적 소용돌이에 말려들었다. 1862년 8월, 사쓰마번(薩摩藩)의 무사들이 영국인 리처드슨(Charles Richardson)을 도카이도(東海道)변의 나마무기(生

17) Daniels, *Sir Harry Parkes*, p.24.
18) Daniels, *Sir Harry Parkes*, p.24.

麥)촌의 도상에서 살해한 것이다.[19] 알콕이 본국에 가 있던 동안 발생한 이 사건은 대리 공사로 있던 닐(Colonel E. Neale)이 담당했다. 사건을 접한 영국 외무부는 바쿠후가 영국 정부에 대하여 공식적인 사과를 하고, 바쿠후는 10만 파운드를, 사쓰마번은 2만 5천 파운드를 배상금으로 지불할 것을 요구토록 닐에게 지령하였다. 또 바쿠후가 조건을 어길 경우엔 영국 함대가 일본 국내 무역을 차단할 것이며, 사쓰마번이 어길 경우는 번(다이묘)의 영토에 포격을 가할 것이라 전하라 했다.[20] 닐은 그해 6월에 자신이 일본 과격 분자에게 살해당할 위협에 직면했던 기억이 있었기에 바쿠후의 사정을 고려치 않고 오직 영정부의 강경한 요구를 그대로 시행했다.[21]

바쿠후가 영국 정부의 강경한 요구에 직면하여 고민하던 시점에 조슈번(長川藩)을 중심으로 서남지역 유력 다이묘들(존왕양이 급진파)이 결집하여 일본 전역에 반외세 움직임이 커졌다. 문호 개방을 원치 않던 고메이 천황(孝明天皇)도 외세를 몰아내야 한다고 하자, 14대 쇼군 이에모치(家茂)도 부득불 1863년 5월 10일을 외세를 몰아내는 결정적인 날로 정하며 여론에 동참하였다.

이 때 이후, 조슈번은 외국 상선들의 시모노세키 해협을 불

---

19) Ernest Satow, *A Diplomat in Japan* (London: Seeley, 1921)의 'Richardson's Murder', pp.50-60.

20) Daniels, *Sir Harry Parkes*, p.25; Parliamentary papers, Correspondence respecting Affairs in Japan, pp.LXXIV, 1863.

21) 김경창, 『동양 외교사』, p.95.

14대 쇼군 이에모치(家茂, 1858-66)

허하고, 결국 6월 26일에 미국 상선인 펜브로크호(the Penbrock)를 2척의 기선으로 포격하였다. 이어서 7월 8일과 11일에는 프랑스와 네덜란드 군함을 공격하였다. 결과는 7월 16일과 20일에 미국과 프랑스 군함이 조슈번에 보복하는 사태로 문제가 확대되었다.[22] 영국도 리차드슨 살해 사건에 대한 사죄와 배상 요구에 불응한 사쓰마번을 응징하고자 동양 함대 7척을 가고시마에 보내어 포격을 가하며 사쓰에이(薩英) 전쟁을 시작하였다. 다행히 바쿠후의 중재로 영국이 사쓰마번으로부터 배상금과 사과를 받는 조건으로 11월에 강화조약을 맺었다.[23] 하지만 전쟁이 양측에 남겨준 교훈은 컸다. 사쓰마번은 군의 근대화가 절실함을 알게 되었고 영국도 사쓰마번의 군사력이 만만찮음을 확인하였다.

1864년 봄에 일본으로 돌아온 알콕은 다음과 같은 소식을 접하였다. "천황이 무역항인 요코하마를 봉쇄하길 원하자, 쇼군이 이의 없이 받아들였다" 여기서 알콕은 쇼군의 세력이 조만간 붕괴될 것을 확신하였다. 알콕의 확신에는 몇 가지 근거가 있었다.

첫째 쇼군이던 이에모치는 강력한 바쿠후보다 황실과의 결합

22) Daniels, *Sir Harry Parkes*, p.26.
23) Satow, *A Diplomat in Japan* 의 'The Bombardment of Kagoshima', pp.84-94.

(the Kobu-Gattai-"Union of Court and Bakufu"-movement)을 원해서 천황 닌코의 딸과 결혼하였다. 이런 연유로 몇 백 년 동안 쇼군의 보호 아래 있던 천황이 다시 정치적 힘을 얻었다.

둘째 알콕은 정치적으로 성장하고 있는 서남지역 다이묘들을 지켜보면서 그들이 바쿠후 정권을 종식시킬 정치 핵이라는 확신을 가졌다. 알콕은 시모노세키 해협을 봉쇄하고 저항하던 조슈번의 능력과 영국 함대에 손실을 가하면서 저항을 펼친 사쓰마번의 움직임에 강한 인상을 받았던 것이다. 특히 알콕의 부관인 윈체스터가 런던 외무부에 일본과의 관계를 활성화하려면 바쿠후와 별도로 다이묘의 대표들도 독립적인 외교 대상으로 간주해야 한다고 제의한 것이 한 몫을 했다.[24)]

종합해보면 영국 공사는 일본의 대내적 위기 속에서 세 정치세력들(황제, 바쿠후, 다이묘)과 각각 외교를 펼쳐야 하는 상황이었다. 이런 외교적 어려움을 제대로 이해하고 있었던 알콕은 외무장관 러셀에게 1864년 11월 19일자로 편지를 보내어, "자신의 능력으로 가나가와 상황을 개선하기도 어렵고, 새로운 비준을 얻기도 역부족이란" 의견을 표명했다.[25)] 알콕의 생각이 워낙 확고하자, 영국 정부는 그를 청국 공사로 발령하고 후임을 찾았다. 그 결과, 청국에서 외교적 능력을 발휘한 파크스가 일본 공사로 발탁되었다.

---

24) Daniels, *Sir Harry Parkes*, p.29.

25) 알콕이 러셀에게 보낸 1864년 11월 19일자 보고서(명칭: apologia.)

파크스 외교와 개세약서(改稅約書)

파크스가 부임하던 1865년, 일본의 최초 개항지인 가나가와에는 300여 명의 서양인들이 정착해 있었다. 영국인만도 140명 이상이었고, 한 해 평균 영국 국기를 달은 상선 170여 척이 가나가와 항구로 드나들었으며, 무역량도 14만 달러에 이르렀다.[26] 한편 안세이 조약으로 신변 보호를 보장받았음에도 불구하고 영국인들은 신변을 여전히 걱정해야 했다. 이유는 바쿠후의 권력 약화로 신변 보호가 불확실했기 때문이다. 다행히 가나가와에는 자치위원회가 조직되어 있어 이들은 신변 보호를 받을 수 있었으나, 나가사키의 경우엔 무역에 종사하는 64명 정도의 영국인들이 자치위원회도 없이 신변 위험에 거의 노출되어 있었다. 그러므로 후임으로 오는 파크스가 우선적으로 해결해야 할 문제는 바쿠후, 천황, 또는 다이묘 중에 공신력 있는 정치권력과 손을 잡고, 이들로부터 개항지 내 영국인들의 보호와 안전한 무역 활동을 약속받는 일이었다.[27]

1865년 6월 27일, 파크스는 바쿠후의 권력 약화로 일본의 정치 상황이 좋지 않던 시기에 주일 공사로 부임하여 나가사키에 도착했다. 나가사키에 도착한 직후, 파크스는 대리공사인 윈체스터로부터 대일 통상 관련 내용을 보고받았다.[28]

---

26) M. Paske-Smith, *Western Barbarians in Japan and Formosa in Tokugawa Days* (Kobe: J. L. Thompson & co 1930), p.266.

27) Paske-Smith, *Western Barbarians in Japan and Formosa in Tokugawa Days*, p.268.

28) Daniels, *Sir Harry Parkes*, p.34.

윈체스터는 대일 통상의 가장 큰 걸림돌은 쇼군의 독점이며, 지방 다이묘들이 이런 쇼군의 독점에 강한 불만을 품고 있다고 보고했다. 파크스는 이미 청국에서 태평천국 지지자들과 청국 정부의 관계를 경험했기에[29] 윈체스터의 보고를 통해 바쿠후와 다이묘의 관계를 쉽게 이해하였다.

파크스는 입국 초기에 먼저 통역관인 로더(J. F. Lowder)를 조슈번의 반체제 인사들과 접촉하도록 하여 그들의 외세 배척의 움직임이 어느 정도인지 파악하였고, 조슈번과 바쿠후 사이의 반목 상태의 수위도 파악하였다.[30] 이어서 서남 해안을 항해하면서 다이묘들과의 접촉을 시도했다. 외교관이 입국하면 곧바로 바쿠후의 실권자들과 만나는 것이 일반적인 관례였음에도 불구하고 파크스가 지방 다이묘들을 우선적으로 만난 것은 영국의 통상에 이득이 되는 실질적인 정치 세력을 파악하겠다는 의지로 해석된다.

파크스는 일본과 통상 관계에 있던 서구 열강들의 움직임에도 주목하였다. 자신이 외교를 펼치기 전에 경쟁국들의 대일

---

29) 1851년, 청국인들 사이에는 홍수전(洪秀全)이 창시한 배상제회(拜上帝會)라는 그리스도교 비밀 결사를 토대로 청국을 멸하고 새 세상을 만들려는 태평천국운동이 퍼져나가게 되었다. 이 운동의 배경은 중앙과 지방의 행정 이완, 관료와 군대의 부패, 지주제의 착취와 자연재해 등 왕조 말기적인 현상이 그것이다. 이는 일본 다이묘들의 양이 운동 및 바쿠후에 대한 저항과 맥을 같이하고 있다. Samuel C. Chu & Kwang-Chang Liu Li, eds., *Hung-Chang and China's Early Modernization,* (London, An East gate Book, 1991), pp.20-21.

30) FO 46/56, no.11, Parkes to Russell, July 12, 1865.

관계를 파악해 놓겠다는 의도였다. 경쟁국들에 대한 파크스의 제일 큰 관심은 영국이 민감해하는 러시아의 남하정책에 있었다. 윈체스터로부터 홋카이도와 쓰시마가 러시아의 팽창 목적에 가장 노출되어 있다고 보고받은 파크스는 실질적으로 러시아의 움직임이 없는 상황이었기에 예의주시하라고 지시하였다. 다음은 프랑스였다. 새로 부임한 프랑스 공사 로슈(L. Roches)는 바쿠후야말로 일본을 대표하는 정권이라며 쇼군에게 군사 고문과 무기를 제공하였다. 로슈의 움직임으로 보아 나폴레옹 3세의 함대가 일본 해역에 등장하는 것은 시간 문제였으므로 파크스는 이에 대한 대책을 구상하였다. 마지막으로는 일본과 최초로 통상 관계를 연 미국에 대한 점검이었다. 미국은 프랑스의 나폴레옹 3세가 멕시코에 진출할 야망을 갖고 있다고 보았고, 이를 알게 된 파크스는 로슈의 움직임에 대해 영국과 미국이 공동으로 대처할 수 있는 가능성을 발견하였다.[31]

파크스가 일본 정세에 대해 파악하고 있을 무렵, 서구 열강들은 2년 전에 시모노세키 해협에서 조슈번과 충돌했던 사건에 대해 바쿠후에게 요구한 배상금 300만 달러를 조속히 지불하라고 강력히 항의하고 있었다. 영국도 사쓰에이(薩英) 전쟁의 배상금을 받지 못한 상태였다. 하지만 영국 정부는 이미 연체된 배상금의 지불이 쉽지 않다는 것을 알고 있었기에 바쿠후에 새로운 제안으로 접촉하려 했다. 새로운 제안이란 수입

31) FO 46/55, enc. in no.108, Winchester to Russell, June 23, 1865.

관세의 재조정과 이로 인해 수정될 안세이 조약에 대해 천황이 비준할 것, 1863년에 개항을 요구한 것이 미뤄진 효오고와 오사카에 대해 1868년 이전에 개항할 것 등을 바쿠후가 받아들인다면 배상금의 2/3를 면제해 준다는 내용이었다.[32]

영국이 새로운 제안을 내기까지엔 국내 및 일본 관련 차원에서 몇 가지를 상황이 고려되었다. 국내적으론 경제・사회적 문제가 대상이었다. 생산력의 확대로 더 많은 시장이 필요한 상공업자들이 자유 무역 체제의 변화를 정부에 요구하고 있었다. 또 기간 산업 분야도 발달하여 산업 노동자들의 수가 늘어나서 계급의 격차가 점차 세분화되면서 사회적 불만이 커져갔다. 사회적 불만은 물가 상승과 함께 가속화되었는데 1850년을 기준으로 1865년에 물가는 20%나 올랐다.[33] 이런 여러 불만을 잠재우려면 정부로선 자유무역을 더욱 활성화해야만 했다.

일본 관련으로 고려한 것은 첫째 알콕이 주일공사로 있던 때부터 보고받은 바쿠후의 정치적 약화와 천황의 득세를 고려한 것이다. 영국은 안세이 조약이 바쿠후와 맺은 것이지 천황의 비준을 받은 것이 아니어서, 일본 정권의 변동에 따라 자칫 외교적인 문제가 될 수 있다고 보았다. 둘째 천황과 유대관계를 맺었지만 기존의 조약에 전혀 언급되지 않은 서남 지방 다이묘들에 대한 우려로 인한 고려이다. 만약 일본 내부의 정치

32) Satow, *A Diplomat in Japan,* 'Ratification of the treaties by the Mikado' pp.142-44.

33) R. Shannon, *The Crisis of Imperialism 1865-1915* (London, Scholarly Book Services Inc, 1992), p.29.

적 변화 때문에 바쿠후와의 관계가 원만치 못하게 된다면, 영국의 이익을 위해선 개항지 주변의 다이묘들과 직접 협상을 할 필요가 있었기 때문이다.[34)]

위에서 언급된 영국의 의도를 현지에서 소화시킬 임무는 공사로 있는 파크스에게 주어졌다. 파크스는 배상금 문제가 영국만의 문제가 아니므로 관련국들과 공동으로 대처할 방법을 모색해야 했다. 파크스는 영국의 제안에 반발이 심할 프랑스 쪽을 먼저 타진하였는데, 예상했던 대로 거부 반응이 즉각 되돌아왔다.[35)] 로슈 공사는 바쿠후가 계속 정권을 잡아나갈 것을 확고히 믿고 있었기 때문에 천황이나 다이묘의 득세에 대한 영국의 걱정은 기우(杞憂)라고 했다. 하지만 파크스는 일시적으로 배상금 획득이라는 외교성과는 있겠지만, 지속적인 외교성과를 원한다면 상업적 특권을 확고히 보유해야 한다는 견해를 갖고 있었다.

프랑스의 반대에도 불구하고, 파크스는 다른 관련국들에게 영국 정부의 안건을 타전하였다. 특히 영국 정부의 안건을 각국이 받아들인다는 전제하에 후속 조처까지 제시하였다. 후속 조처란 각국의 함대를 에도 앞 바다에 동시에 총집결시킨 후, 단일 대표를 내보내 협상한다는 것이다. 그 결과 시모노세키 포격 시 손해를 입은 네덜란드와 미국을 설득하는 데 성공하였다.[36)] 파크스는 프랑스 공사에게도 재차 안건을 올렸고, 결

34) Daniels, *Sir Harry Parkes*, 'Outbreak of Civil War', pp. 38-39.

35) FO 46/52, no.10, Russell to Parkes, August 23, 1865.

36) FO 46/57, no.59, Parkes to Russell, October 30, 1865.

국 찬성을 얻어냈다. 프랑스가 찬성한 이유는 로슈 공사가 바쿠후에 요구했던 외교 과제들인 해군 본부 조성, 프랑스 학교 개설 등이 이미 이행되어 바쿠후와의 관계가 비교적 자유로운 상태였기 때문이었다.37)

1865년 11월 4일, 파크스는 프린세스 로얄(Princess Royal)호를 타고 각국의 대표자들과 함께 에도에 입항하였다. 당시 각국은 자국의 배들을 에도 근처에 총집결시켜 바쿠후에 무력 시위를 벌였다. 이 장면은 파크스가 청국에서 시도한 포함외교의 방식이었다. 파크스를 중심으로 각국의 대표자들이 일본 대표자들과 마주한 자리에서 5시간 동안 번갈아가면서 협상을 시도하였다. 통역관인 세토우는 대표를 주관하는 파크스의 모습에서 양면(兩面)을 읽었다고 했다. 한 면은 일본의 외교적 모순을 끌어내는 소크라테스 반어법을 능숙하게 구사하는 모습, 다른 면은 불명예스런 폭력과 잔혹함을 드러내는 '배고픈 늑대'와 같은 모습이라 했다.38) 파크스가 일본 외교 현장의 중심에 서있음을 느끼게 해주는 대목이다.

포함외교의 결과는 18일에 나타났다. 바쿠후 관리의 비공식 보고에 의하면, 천황이 쇼군에게 서구 국가들과 타협 선을 찾으라는 명령을 내렸다고 한다. 서구와의 문호 개방을 반대하던 천황으로서는 의외의 결정이었다. 24일에 일본 측의 구체적인 내용이 바쿠후를 통해서 파크스 일행에게 전해졌다. 영국이 주장한 대로 수입 관세를 낮추는 데 동의하며 천황의 조

---

37) Satow, *A Diplomat in Japan,* 'Ratification of the treaties by the Mikado', pp.143-44.

38) P .R. O. 33/15/1, Satow Papers, Diary, November 13, 1865.

약 비준도 있을 것이며, 더군다나 300만 달러도 다 지불할 것이라는 낭보도 함께였다. 단 효오고 만큼은 1868년까지 개항을 미뤄달라는 일본 측의 부탁이 있었는데, 파크스는 이미 기대 이상의 결과를 얻었기에 이를 순순히 승낙하였다.[39] 파크스는 일본에 부임한 지 몇 달 만에 일본 정부는 물론 서구 열강의 외교관들 사이에서도 자신의 외교적 입지를 확실히 굳히게 되었다.

에도에서의 결실을 손에 쥔 파크스의 다음 목표는 다이묘였다. 그는 '프린세스 로얄' 호를 타고 서남부 지역으로 갔다. 주 목표는 반외세를 부르짖는 다이묘의 대표격인 조슈번과 타협하려는 것이었다. 파크스는 '천황의 조약 비준과 쇼군의 동의'라는 사실로 수정조약을 이해시켜 조약 이행시의 걸림돌을 사전에 막으려는 생각이었다.[40] 조슈번의 실세들은 천황의 주도하에 쇼군과 타협할 기회가 될 수 있다는 것과 서방과의 무역로가 열린다는 점에 긍정적으로 반응했지만 지방항구의 개항만큼은 부정적이었다.[41] 하지만 파크스가 얻은 성과는 70퍼센트 이상이었다.

파크스는 해가 바뀐 1866년 1월이 되자 실무적인 회의를 일본에 요청하였다. 파크스가 실무회의에서 가장 중요하게 생각한 것은 수입관세 비율을 얼마로 정할 것이냐는 부분이었다. 그가 상하이 무역상인들(Shanghai Merchants)을 통해

---

39) FO 46/58, enc. in no.69, Parkes to Russell, November 28, 1865.

40) FO 46/58, no.70, Parkes to Russell, December 8, 1865.

41) FO 46/58, no.72, Parkes to Russell, December 15, 1865.

조사한 결과, 지난 8~10년 사이 요코하마의 중산층이 수입한 생필품 관세가 평균 5퍼센트인 것을 알게 되었다.[42] 파크스는 이를 모델로 관세율을 정하려 했다. 하지만 일본의 반대로 한동안 회의자체가 무산될 뻔 했는데 러시아 문제와 얽히면서 해결점을 찾게 되었다. 러시아의 팽창 조짐이 홋카이도에까지 영향을 미치자 파크스는 일본 관리들에게 수정조약 국가들과 함께 대처하면 러시아의 남하를 막을 수 있다고 설득하였다. 파크스의 설득은 '수정 조약국들은 일본에 도움을 주는 국가'로 인식되었고, 동시에 관세율 문제에도 긍정적으로 작용하였다.

1866년 6월 25일, 에도 개세약서(江戶改稅約書)라 불리는 수정 조약이 천황과 정식으로 체결되었다.[43] 체결내용 중 가장 주목되는 부분은 일률적으로 종가(從價) 5퍼센트를 기준으로 한 종량세(從量稅)로, 수입 관세를 개정시킨 것과 자유무역 방식의 채택이었다. 반면 개세약서는 일본이 맺은 대표적인 불평등 조약이 되었으며, 일본 내 무역의 수입 초과와 재래 산업의 쇠퇴 및 몰락을 초래했다.

파크스 외교와 메이지유신

파크스는 개세약서를 체결하면 천황이 조약의 주체가 되어

42) FO 46/65, no.6 & enclosure, Parkes to Clarendon, January 17, 1866.
43) FO 46/68, no.94, Parkes to Clarendon, June 14, 1866.

정치적 입지가 커지고, 천황을 지지하던 다이묘들이 정치전면에 나오게 될 것은 예상했지만, 바쿠후의 붕괴까지는 아니었다. 다시 말해서 파크스가 천황과 조슈번 및 사쓰마번 같은 다이묘를 접촉한 것은 혹시 있을지 모르는 정권 변화로 인한 자국의 무역 및 자국민을 보호하기 위한 조치였지 직접 정권을 바꾸면서 자국의 이익을 챙기자는 것은 아니었다. 이런 파크스의 자세는 자국의 이득에 영향을 주지 않는다면 간섭하지 않겠다는 파머스턴 외교 방식을 따른 것이다.[44)]

개세약서 이후, 일본정계는 스스로 바쿠후 또는 천황이라는 정권 선택을 놓고 양분되었고, 결국엔 바쿠후와 조슈번 사이에 전쟁(1866년 7월)이 터졌다. 전쟁이 터지자, 바쿠후와 공무합체(公武合體, Movement for Union of Court and Shogunate)운동을[45)] 펴던 사쓰마번이 돌연 적이었던 조슈번과 동맹을 맺었다. 파크스는 사쓰마번을 방문하여, 바쿠후에 대항할 것인지 여부를 사쓰마 측에 물었다. 사쓰마 측에서 동맹과 별개로 전쟁에 대하여 중립을 지킬 것이라 하자, 파크스는 안도와 함께 이를 환영하였다.[46)] 파크스가 바쿠후정권의 붕괴 가능성에 민감해져 있음을 읽을 수 있는 대목이다.

그해 8월에 쇼군 이에모치가 세상을 떠나고 요시노부(慶喜)

---

44) Daniels, *Sir Harry Parkes*, p.5.

45) 공(公)은 공가(公家), 즉 교토(京都)의 천황 조정을 말하며, 무(武)는 무가(武家), 즉 에도 바쿠후(江戶幕府)를 말한다. 공무합체는 존왕양이와 대결하는 입장에 섰으며, 1862년 사쓰마번이 바쿠후와 협력하여 존왕양이 파를 교토에서 추방함으로써 한때 공무합체가 이루어지는 것 같았다.

46) FO 46/69, no.107, Parkes to Clarendon, July 18, 1866.

가 15대 도쿠가와 쇼군이 되었다. 요시노부는 전임 쇼군과 달리 강력한 바쿠후를 재건하기를 원했다. 파크스는 그의 행보를 긍정적으로 보았지만 부정적 시각도 갖고 있었다.

15대 도쿠가와 쇼군이자 마지막 쇼균인 요시노부(慶喜)

첫째 요시노부는 바쿠후 재건을 프랑스의 힘을 통해 해결하려 하였다. 로슈와 대립하고 있던 파크스 입장에서는 요시노부의 움직임은 바람직하지 못한 외교적 상황이었다. 둘째 고메이(孝明) 천황이 1867년 1월 30일에 세상을 떠나고 15세의 어린 메이지(明治) 천황이 등극하자 쇼군의 정치적 입지가 이전보다 부각되었다.[47] 파크스는 요시노부의 정치적 부각으로 자칫 천황과 맺은 개세약서의 의미가 희석될 소지가 있지 않을까 우려했다. 1867년 4월, 파크스는 개세약서 체결 국가들의 대표로 요시노부를 만났다. 그는 쇼군에게 개세약서의 이행을 다짐받고, 특히 약속된 효오고와 오사카에 대하여 1868년에 개항이 차질 없이 진행되도록 부탁하였다.[48]

일본 내에서도 쇼군의 정치적 부상(浮上)을 염려하는 분위기가 확산되고 있었다.[49] 쇼군은 정치적 안정을 꾀하려면 일

47) FO 391/14, Hammond Papers, Parkes to Hammond, February 14, 1867.

48) FO 46/80, no.74, Parkes to Stanley, April 26, 1867.

49) 에도 시대 말기에 미토가쿠(水戶學)를 중심으로 일본 민족의 정

단의 제스처가 필요하단 생각에 10월 12일, 니조(二條) 성에서 현 정권을 천황에 돌려주려는 봉환의 결의를 로주(老中: 쇼군 직속으로 정무를 총괄한 직책) 이하에게 전했다. 다음날인 13일에는 모든 다이묘에게도 이 뜻을 알렸고, 15일엔 천황이 대정봉환(大政奉還)을 허락했다.

하지만 쇼군은 대정봉환으로 정권을 포기한 것이 아니라 새로운 정치 체제 아래서 다시 권력을 장악할 구상을 하고 있었다. 1868년 1월 6일, 바쿠후 측 실무자이자 로주인 이타쿠라 카즈키요(板倉 勝靜)가 쇼군의 제안을 파크스에게 전하였다. "정권은 황실로 넘겼지만 쇼군이 일본 정치의 중심 세력임을 인정하는 공식적인 절차를 열강들이 밟아주었으면" 하는 것이었다. 물론 파크스에게 이를 진행하는 대표자가 되어 달라는 부탁도 빼놓지 않았다.[50)]

파크스는 쇼군의 제안을 승낙할 수밖에 없었다. 파크스가 부탁했던 효오고와 오사카의 개항(1868. 1. 1)을 쇼군이 약속한 날짜에 시행했기 때문이다. 1월 9일, 오사카의 독일 외교공관에서 파크스가 개세약서에 참여한 국가들의 대표자들에게 쇼군을 다시 정치의 중심으로 인정하자는 의제를 내었다. 쇼군과 긴밀한 관계에 있던 프랑스 외교관은 한 발 더 나아가, 쇼군에게 정치적 힘을 실어주자면 다이묘의 정치참여를 완전히 차단해야 한다는 안건을 내었다. 그러나 파크스는 정치내

통 지배자는 황실이라고 주장하는 소위 존왕론(尊王論)이 대두하면서 바쿠후의 지배 이데올로기에 대한 강력한 도전 세력으로 등장함.

50) Satow, *A Diplomat in Japan,* p.297.

부에 깊이 관여하여 일본의 정치적 혼란에 빠져 들기를 원치 않았기 때문에 프랑스의 의견엔 반대하였다.[51)]

이즈음 사쓰마번이 바쿠후에 반기를 들자, 1월 9일 모임은 의미가 없어졌다. 사쓰마번은 바쿠후가 다시 정권의 중심으로 복귀하는 것을 원치 않았기에 황실 복고를 부르짖었다. 이를 진압하려는 바쿠후군이 1월 26일에 오사카 북쪽으로 움직이면서 양쪽은 보신전쟁(戊辰戰争)에 돌입하였다. 파크스는 30일에 바쿠후군이 황실 복고를 주창하는 다이묘(사쓰마, 조슈, 도사, 비젠 등) 연합군들에게 수세에 몰렸다는 소식과 바쿠후 측 지방 관리로부터 서양인들을 보호해 줄 수 없다는 소식을 함께 들었다.[52)] 2월 3일에 콜린즈(Collins)라는 영국인은 연합군의 일원인 비젠번(備前藩) 무리들이 자신을 창으로 공격했다고 했다. 이때 파크스는 콜린즈의 추가 진술로 더욱 충격을 받았다. "비젠번 군사들이 거리에서 서양인들에게 총을 겨누고 발사를 했지만 그들이 총을 제대로 다루지 못해 아무도 상처를 입지 않았다. 하지만 자칫 대형 참사가 될 뻔했다"는 것이다.[53)] 콜린즈 진술을 들은 파크스는 사실 여부를 떠나서 일본 체류 자국민 보호와 경제적 이득을 위해 대일 외교를 전면적으로 재검토해야 할 것으로 판단하였다.

비젠번 사건을 계기로 파크스는 영국에 이득을 줄 수 있는 정권이 황실과 다이묘임을 확인하고 대일 외교 방향을 틀었다. 비젠번이 외국인들을 공격했음에도 쇼군은 속수무책이었

51) FO 46/91, no.9, Parkes to Stanley, January 10, 1868.
52) FO 46/91, Telegram, Parkes to Stanley, January 30, 1868.
53) Daniels, *Sir Harry Parkes*, p.76.

고, 더 이상 영국에게 도움이 되지 않는다고 결론을 내렸기 때문이다. 파크스는 비젠번의 습격이 있던 당일에 사쓰마번과 접촉하여 서구 열강들을 보호해줄 것을 요구하였다.

2월 7일에 고베(神戸) 세관에서 서구 외교관들과 황실을 대표하는 다이묘의 대표자 히가시쿠제 미치토미(東久世 通禧) 사이에 회담이 있었다. 회담 시, 히가시쿠제가 서구 열강들과의 대화를 천황의 이름으로 진행하였다.[54] 이 회담의 의의는 적어도 영국 및 서구 국가들이 메이지 천황을 중심으로 결속한 일본 신정부를 인정했다는 것이며, 이들의 대일 외교 정책에 중요한 전환점이라는 것이다.

히가시쿠제와의 회담이 성공적으로 성사됨에도 불구하고, 3월 8일에 오사카 근처 항구인 사카이에서 도사번(土佐藩)의 사무라이들로부터 프랑스 수병 11명이 살해된 사건이 일어났다.[55] 파크스는 이 사건을 통해 비젠번 사건 때의 상황이 전혀 시정된 것이 없다고 판단하였다. 그는 외국인 살해가 반복되지 않으려면 고메이 천황 때부터 갖고 있는 반외세 사상을 메이지 천황이 공식적으로 불식시켜야 한다고 보았다.

파크스는 황실 복고를 주창했던 고토 소지로(後藤象二郎), 야마시나 아키라(山階宮 明), 이와쿠라 도모미(岩倉具視), 산조 사네토미(三条実美) 등에게 이 문제를 건의했다. 이와쿠라로부터 황실은 반외세 저항을 강력히 금지하고 있지만, 잦은 외국인 습격 사건은 일본 국민들이 황실의 의도를 모르고 행

54) Daniels, *Sir Harry Parkes*, p.78; FO 46/92. no.26, Parkes to Stanley, February 13, 1868.

55) Satow, *A Diplomat in Japan,* p.355.

파크스 일행이 습격당하는 장면

한 것이라는 답을 들었다. 파크스는 국민들에게 천황의 뜻을 알릴 필요가 있다고 보고, 반외세는 불가(不可)하다는 성명서를 내도록 주청(奏請)했다. 천황의 성명서가 발표되는 3월 23일 오후, 파크스가 공식적인 외교 복장을 하고 군사의 호위를 받으며 입궁을 시도했다. 입궁 도중에 반외세를 부르짖는 두 명의 무사들로부터 행렬이 습격을 받아 호위군들이 다치고 세토우 통역관이 탄 당나귀 코가 잘리는 사건이 발생하자 파크스는 사건이 수습된 현장에서 되돌아갈 수밖에 없었다.[56)]

천황은 파크스 일행이 습격당한 것에 대해 사과의 문서를 썼고, 젊은 이토 히로부미(伊藤 博文)가 이를 번역하여 파크스에게 전했다.[57)] 이번에도 파크스는 반외세 분위기를 없앨 의지가 담긴 답신을 보냈다. "외교 관계는 국내의 안정 및 번영과 직결됩니다. 천황께서 강력한 정부를 세워 국내를 안정시키려는 노력에 찬사를 드리는 바입니다. 이제 천황의 확고한

56) Satow, *A Diplomat in Japan,* p.359.
57) Daniels, *Sir Harry Parkes*, p.83.

친정을 원하신다면 세계 각국들이 채택하고 있는 국제법에 준한 정치 체제를 세워 국민들에게 공표하셔야 합니다."[58]

4월에 접어들어 메이지군이 도쿠가와 바쿠후가 있는 에도 입구까지 이르자, 6일에 천황이 일본의 통치 원칙으로 5개조 서문(五箇条の御誓文: Charter Oath)을 공표하였다.[59] 한마디로 일본을 근대화하고 서양의 의회제도를 도입한다는 뜻이다. 특히 5조에 "지식을 세계에 구하고 황국(皇國)의 기반을 굳건히 다진다"라는 부분은 앞서 파크스가 보낸 편지의 의도가 그대로 반영된 듯 보인다.

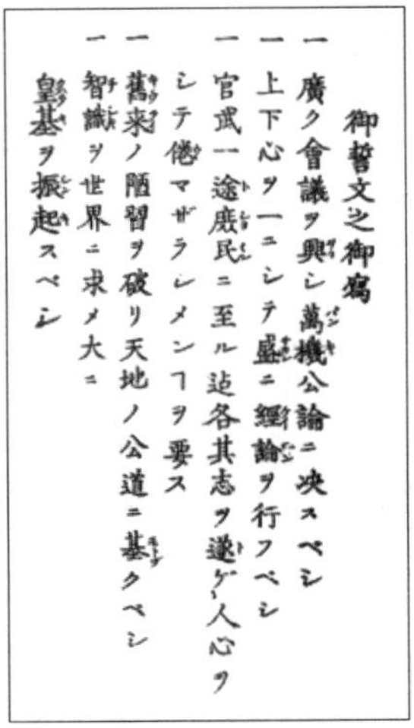
御誓文之御寫
一 廣ク會議ヲ興シ萬機公論ニ決スヘシ
一 上下心ヲ一ニシテ盛ニ經綸ヲ行フヘシ
一 官武一途庶民ニ至ル迄各其志ヲ遂ケ人心ヲシテ倦マサラシメンコヲ要ス
一 舊來ノ陋習ヲ破リ天地ノ公道ニ基クヘシ
一 智識ヲ世界ニ求メ大ニ皇基ヲ振起スヘシ

5개조서문(五箇條の御誓文)

5월에 파크스는 다른 서구열강 외교관들과 함께 일본 천황이 인정하는 외교 신임장을 받았다. 그리고 천황의 친정(親政) 정부가 들어서 공식적인 행사를 할 날을 기다리고 있었다. 그 사이에 파크스는 황실 관료들을

58) FO 46/92, no.26, Parkes to Stanley, March 26, 1868.

59) 신정부 국가 정책을 제시한 것으로 천황이 여러 다이묘와 함께 천황의 조상신에게 맹세하는 식으로 절차를 밟았다. 내용은 ① 널리 회의를 일으켜 제반 문제를 공론에 따라 결정한다. ② 상하(上下) 합심하여 활발하게 경륜(經綸)을 편다. ③ 문무백관으로부터 서민에 이르기까지 각기 그 뜻을 이루고 불만이 없도록 해야 한다. ④ 구래(舊來)의 누습(陋習)을 타파하고 천하의 공도(公道)를 따른다. ⑤ 지식을 세계에 구하고 황국(皇國)의 기반을 굳건히 다진다.

빅토리아 여왕 생일 축하연에 초대하는 단계로까지 두 나라 간의 발전을 도모하였다.[60] 특히 바쿠후를 지원하던 프랑스의 로슈 공사가 임기를 마치고 6월에 떠남으로 파크스 입장에선 천황과의 긴밀한 관계 모색에 있어 걸림돌이 완전히 정리되었다.[61]

1868년 7월 4일, 메이지군이 우에노(Ueno)에 도쿠카와 사당을 지키는 사무라이들을 마지막으로 제거함으로써 보신전쟁은 끝나고 황실 복고 신정부의 행정수도로 에도가 확보되었다. 명실상부한 메이지 유신이 달성된 것이다. 파크스는 더 이상 극렬한 전쟁을 겪지 않고 정권이 창출된 것에 환영을 표시하였다.[62]

1869년 새해, 일본엔 새로운 나라가 만들어졌다. 17세기 이후 수백 년을 통치하던 도쿠가와 바쿠후 정권이 사라지고 천황이 친정하는 신정부가 들어섰다. 홋카이도에서 도쿠가와 지지자들의 마지막 저항이 있었지만 전체적으로 평온하였다. 1월 4일, 파크스도 에도 성의 지지자들을 방문하러 가는 젊은 천황을 100명의 영국 수병으로 보호하며 그와 동행하였다.[63]

* * *

파크스가 공사로 부임하던 1865년, 일본은 황제, 바쿠후, 다

---

60) FO 46/93, no.120, Parkes to Stanley, May 30, 1868.
61) Daniels, *Sir Harry Parkes*, p.87.
62) FO 46/97, no.240, Parkes to Stanley, October 7, 1868.
63) FO 46/106, no.5, Parkes to Clarendon, January 9, 1869.

이묘로 정치 세력들이 분산되고 있었다. 이런 정치적 환경은 외교적으로 문제가 크다. 외교 체제가 제대로 정립되지 못한 19세기 중엽엔 공신력 있는 대표자와 맺은 경우가 아닌 조약은 극단적인 경우에는 무효화될 수도 있기 때문이다. 파크스가 주일 영국 공사로 부임하면서 우려한 점도 바로 여기에 있었다. 때문에 그가 다뤄야 할 외교 과제는 첫째로 현재까지 맺어진 영일 관련 조약들이 공신력 있는 것인지를 판단하고, 그 가부(可否)에 따라 어떤 조치를 취할 것인지를 결정하는 것이다. 둘째로 일본을 대표하는 정치 세력이 누구인지 파악하고 그를 통해 영국의 외교적 이익을 산출해야 하는 것이다.

첫 번째 과제의 경우, 영국 정부가 영일수호통상조약(1858)의 공신력에 문제가 있음을 제기하며 조약의 수정을 시도하던 과정 중에 파크스가 보여준 외교적 조치로 확인된다. 다른 통상 국가들과 단합하여 일본을 위협하는 포함외교 방식, 단일 대표를 세워 공통의 조건을 얻어내는 지혜, 조약 후 반발 세력이 될 다이묘들의 설득 등이 그것이다. 결국, 영국 정부가 수정안을 제시하였지만 파크스의 의지와 외교적 노력이 없었다면 수정안(개세약서)이 성립되고 비준되는 것이 불가능했음을 알 수 있다.

두 번째 과제의 경우, 메이지유신 성립 과정 중에 파크스가 행한 외교 활동에서 엿볼 수 있다. 파크스는 개세약서 때에 조약 비준을 위해 천황의 공신력 있는 비준을 요구하였지만, 바쿠후에서 천황으로 정권이 바뀌어야 한다는 생각은 전혀 없었다. 즉 파크스의 관심은 자국의 경제적 이익 창출과 관련된 외교에 있었던 것이지, 누가 정권을 잡을 것인지는 그리 중요하지 않았다. 하지만 일본의 내란인 보신전쟁이 터지자, 파크스는 하루속히 전쟁이 끝나고 안정된 정권이 들어서야 영국 경제에 도움이 된다고 판단했다. 결국 그는 승기(乘機)를 잡은 천황 쪽을 전폭적으로 지지하는 외교 활동을 펼쳤다. 뿐만 아니라 자국의 이익을 산출하기 위한 과정으로 천황에게 서구 문물을 받아들이도록 하려는 그의 부단한 외교적 움직임도 포착된다.

메이지유신 후의 파크스의 대일 외교

1869년 새해, 일본엔 새로운 나라가 만들어졌다. 1603년 이후 수백 년을 통치하던 도쿠가와 바쿠후 정권[1)]이 사라지고, 그동안 '존재로서의 의미' 그 이상도 아니었던 천황이 친정(親政)하는 신정부가 들어섰다. 신정부의 수장인 젊은 천황 메이지가 정치의 수도인 에도로 입성하던 1월 4일, 영국 공사인 해리 파크스는 천황을 보호하며 동행하였다.[2)]

천황의 신정부가 들어서는 상징적인 날, 다른 서구 열강들보다 영국과 파크스 공사가 천황의 측근에 있었다는 사실에서 두 가지 의문점이 든다. 첫 번째 의문은 미국을 비롯한 여타 서방 국가들을 제치고 영국이 천황의 최측근 외교 파트너로 위치하게 되었는데 과연 그 이유는 무엇인가라는 점이다.

메이지 천황의 50대 시절 사진

1) 1603년에 도쿠가와 이에야스(德川家康)가 세이이타이 쇼군에 임명되었을 때를 무로마치・에도바쿠후의 시작으로 본다.
2) FO 46/106, no.5, Parkes to Clarendon, January 9, 1869.

사실상 천황이 통치 원칙으로 5개조 서문을 공표한 마당에 서구 열강의 도움을 받는 것은 문제가 되지 않는다.[3] 문제가 되는 부분은 천황을 보좌하는 데 영국보다는 미국의 외교관이 동행하는 것이 보편적이지 않나 하는 점이다.

바쿠후가 미국의 동인도 함대 사령관 페리 제독의 포함외교에 굴복하여 가나가와에서 미국과 최초로 화친조약(1854.3)을 맺고 쇄국을 포기한 것[4]과 1858년 8월에도 바쿠후와 미영사인 해리스(Townsend Harris) 사이에 서방 국가와는 최초의 통상조약(해리스 조약이라고도 함)이 맺어진 것 때문이다. 뿐만 아니라 미국의 통상조약을 시작으로 같은 달에 영국, 러시아, 네덜란드가, 10월에 프랑스가 바쿠후와 각각 통상 조약을 맺은 안세이(安定) 조약을 보더라도 미국의 대일 외교 위치가 충분히 가늠된다.[5]

미국을 제외하더라도 문제가 되는 부분이 있다. 안세이 때 일본과 조약을 맺은 서구 열강들 모두가 일본에의 경제적 이익을 확보하려 했다. 때문에 이들이 대일 외교 정책의 중심에서

---

3) Donald Keene, *Emperor of Japan: Meiji and His World, 1852-1912* (New York: Columbia, 2005), p.137.

4) 미일화친조약(美日和親條約) 또는 페리 협정이라고도 함. 이 조약은 1853년 7월 페리가 4척의 군함을 이끌고 우라가[浦賀]에 입항하여 미국 함선이 연료·식량 등의 물자를 보급 받을 수 있도록 일본의 항구들을 개방할 것을 요구하며 압력을 가한 결과로 1854년 3월 31일에 체결된 것이다. 이때 바쿠후는 시모다(下田)와 하코다테(函館) 2개 항구를 개항하고 시모다에 미국 영사의 주재를 허용한다는 데 동의하였다.

5) 각국의 통상 조약내용은 미국과 별 차이가 없었다. 모두 최혜국 조약이 추가되었다; 장인성, 『일본근현대사』, p.66.

역할을 할 가능성도 배제할 수 없다는 점이다. 하지만 천황은 영국을 1순위의 외교 파트너로 선택하였다. 이런 점들로 보아 천황이 파크스로 선택한 타당성 있는 설명이 필요하다.

다행히 위의 의문점은 앞장에서 전개된 주일 영국 공사 파크스의 1865-68년 사이의 대일 외교 행보에서 분석·확인된다.[6] 하나는 파크스가 안세이 조약의 공신력에 문제가 있음을 제기하며 조약의 수정을 시도하던 과정(개세약서) 중에 파크스가 보여준 외교적 능력이다. 파크스는 다른 통상 국가들을 설득하고 상호간 단합한 뒤 일본을 위협하는 포함외교 방식 및 단일 대표를 내세워 공통의 조건을 허락 받아내는 외교 전략, 조약 후 반발 세력이 될 다이묘들을 설득하기 위한 진행 방식 등을 통해 개세약서를 맺고 비준을 통과시키는 외교적 감각을 보여주었다. 특히 개세약서의 해택은 영국뿐 아니라 다른 열강들 모두 수혜를 입었기에 일본 주재 열국들의 외교관들 사이에서 수정안 이후의 파크스의 외교적 신임은 절대적이었다.[7] 여기서 영국이 여타 국가들보다 정치 경제 접촉면에서 일본과의 관계가 앞서게 된 이유가 확인된다.

다른 하나는 파크스의 자국의 경제적 이익을 위한 외교 활동이 메이지유신 성립에 큰 영향을 준 부분이다. 보신전쟁이 터지자, 파크스는 하루 속히 전쟁이 끝나고 안정된 정권이 들어서야 영국 경제에 도움이 된다고 판단하였다. 그는 승기(乘機)를 잡은 천황 쪽을 전폭적으로 지지하고 각국들의 천황 지

6) 『영국연구』 17. pp.315-37.
7) 『영국연구』 17, pp.324-30.

지를 독려하는 외교 활동을 펼쳤다. 이러한 모습이 천황에게 큰 신임을 가져다주었다. 뿐만 아니라 자국의 이익을 산출하기 위한 과정이지만 천황에게 서구 문물을 받아들이는 것이 일본 근대화에 도움이 된다는 파크스의 부단한 설득도 한 몫을 했다. 바로 자신의 생각이 천황의 통치 원칙으로 공표한 '5개조 서문'의 5조에서 유사하게 언급된 부분이 증거이다.[8] 이 모두가 천황이 영국과 파크스에 대한 신임을 갖기에 충분하다는 것을 이론적으로 보여준다.

천황과의 동행에서 가진 두 번째 의문점은 파크스가 동행한 날 이후부터 특혜를 갖게 되어 열강들을 제치고 일본에서 외교적으로 주도적인 역할을 했을 것이라는 추측 부분이다. 사실 파크스가 일본에서 공사(公使)로 있던 기간이 무려 18년이다. 이 기간 동안 정치·경제·사회적으로 일본은 근대화가 거의 정립되었다고 해도 과언이 아니다. 또 일본 근대화를 다룬 당시 기록들을 보면, 1872년 출발한 이와쿠라(岩倉具視) 사절단의 구미 탐방 때부터 본격적이었다는 점, 사절단이 돌아온 이후 전개된 근대화의 방식 대부분이 영국의 방식을 참고했음이[9] 위의 추측을 허황되지 않게 한다. 그러나 파크스가 주도

8) 『영국연구』 17, pp.330-35.

9) 이와쿠라 사절단이 견학한 공장; 다나카 아키라, 『메이지 유신과 서양 문명: 이와쿠라 사절단은 무엇을 보았는가』, 현명철 옮김, 소화, 2006, p.93.

국명	공장수
미국	20
영국	53
프랑스	12

권을 잡기 위해서는 각국들과의 외교적 패권다툼이라는 큰 산을 넘어야 했을 것이다. 또 일본 신정부가 추구하는 정책과의 갈등도 만만치 않았을 것이라는 추측도 가능하다. 이 점을 감안한다면 영국이 주도적이었다고 단정을 지을 수만은 없어 보인다.

이런 불확실성을 해결하기 위해 일본 근대화의 과정과 파크스 대일 외교 행보 모두에 걸려있는 이와쿠라 사절단 구미 방문 전후의 일본 외교 상황을 살펴볼 필요가 있다.

이와쿠라 사절단 영국 방문 이전, 파크스 대일 외교 정책

파크스 관련 기록에 의하면 1871년 5월 22일, 그가 영국으로 돌아가기 위해 미국으로 향하던 우편 증기선을 탔다. 이 기록 부분에서 두 가지의 의문점을 가질 수 있다. 하나는 파크스가 영국으로 왜 귀국하는가이다. 기록을 통해 보면, 1865년에 일본에 부임한 이래 보낸 6여 년 동안, 급변하던 일본 정치 속

벨기에	10
네덜란드	4
프러시아	9
러시아	7
덴마크	1
스웨덴	6
이탈리아	3
오스트리아	5
스위스	1
중국	1

에서 숨 가쁘게 펼치던 대일 외교로 인해 파크스는 자신의 지친 몸을 당분간 휴식하기 위한 조처라는 데 의미를 부여할 수 있다.[10] 다음으로 파크스가 택한 영국행 항로이다. 일반적으로 홍콩을 통하고 인도양으로 넘어 수에즈를 통해 영국으로 가는 항로가 있다. 그런데 그는 영국으로 귀향하는 항로를 태평양을 넘어 미국을 거쳐 대서양을 건너가는 길을 택했다. 무슨 이유에서인가? 그의 여정을 따라가 보면, 그는 미국에서 6주 동안 머물면서 동아시아에 관심이 높아져가는 미국 정치가들을 만났고 그들의 관심 정도를 파악해보았던 사실을 알 수 있다.[11] 파크스가 미국을 여정의 통과지역으로 삼은 것은 동아시아에서 펼칠 외교의 경쟁 상대가 프랑스나 러시아보다 미국이 될 것임을 이미 읽고 있었다는 의미로 해석된다.

한편, 일본을 떠나기 전 파크스의 심신이 무척 지쳐 있는 상태를 좀 더 주목해 볼 필요가 있다. 1869년에 천황과 동행하여 에도에 입성한 그 사건만을 미루어 짐작해 본다면 파크스가 일본에서 자신이 원하는 외교적인 결실들을 많이 맺었을 것이다. 이로 인해 자신감도 얻었을 것이다. 그렇다면 1869년 입성부터 1871년 5월 일본을 떠나기 전의 기간 중에 어떤 외교적 행적들이 그의 심신을 지치게 한 것일까?

예상한 바이지만, 1869년 메이지 정부가 에도로 입성한 이후의 파크스 행적을 따라가 보면 일본정부가 그와 영국에 대해 갖고 있는 신뢰는 여타 열강들과 비교할 수 없을 정도로 깊

---

10) Lane-Poole, *The life of Sir Harry Parkes II*, pp.166-67.
11) FO 391/15, Hammond Papers, Parkes to Hammond, 15 June, 1871.

에든버러 공작 (The Prince Alfred, Duke of Saxe-Coburg and Gotha and Duke of Edinburgh)

어져 있음을 알 수 있다. 메이지 정부는 자신들의 정부를 대외적으로 취할 자세를 정립시켜주는데 주요 역할을 한 파크스에 대하여 감사의 표현을 잊지 않았다.[12] 하나는 일본 정부가 1869년 7월 25일에 도쿄의 하마고텐 가든에서 파티를 열어 그를 환대한 부분이다. 이때 파크스는 일본 각료들에게 환대에 감사한 후, 곧 방문할 빅토리아 여왕의 차남인 에든버러 공작(Duke of Edinburgh)에 대한 특별한 예우를 해준다면 영일 관계가 더욱 돈독해진다는 의견을 내놓았다.[13] 메이지 정부는 그의 의견에 아무런 반대가 없었다. 덕분에 에든버러 공작은 방문 기간 중에 천황으로부터 최고의 예우를 받았으며, 당시의 불안정한 일본 사회의 분위기에도 불구하고 체류 기간 동안 공작은 어떤 무례한 경험도 하지 않았다.[14] 이듬해 가을에 미국의 드 롱공사(Minister De Long)가 전 국무장관인 윌리엄 시워드(William Seward)가 일본을 방문한 때에 에든버러 공작에 준한 대우를 해줄 것을 부탁하였다. 그러나 드 롱 공사는 일본

12) 파크스는 새 정부가 발전하려면 서구 열강들과 긴밀한 관계를 맺어야 한다는 조언을 하였고 천황은 이를 받아들였다; FO 46/92, no.26, Parkes to Stanley, March 26, 1868.
13) FO 391/15, Hammond Papers, Parkes to Hammond, 28 July 1869.
14) FO 46/112, no.181, Parkes to Clarendon, 30 September, 1869.

정부의 협조를 얻지 못했다. 여기서 파크스가 상대적으로 일본 정부로부터 얻은 신뢰가 얼마나 컸는지를 충분히 짐작할 수 있다. 한번 더 주목할 부분은 미 국부장관 건마저 파크스의 대일 외교적 위치가 어떠한지를 증명해주는 역할을 한 부분이다. 파크스가 시워드와 친분이 두터웠기에 그가 일본 정부에 부탁하여 에든버러 공작 때처럼 예우를 받게 해주었기 때문이다.[15]

다음으로 파크스와 일본 정부의 상호신뢰는 경제적인 부분에서 두드러져 보였다. 새로 출범한 메이지 정부는 신무기와 화력을 강화시키는 것이야말로 군사력이 강력한 국가를 이루어 내기 위한 가장 우선순위라고 생각하고 있었다. 파크스는 군사력보다 근대화가 순위상 최우선이며 이를 위해서는 지방재정을 끌어들여 기간산업인 철도와 항구를 확대·건설하는 것이 필요하다고 메이지 정부를 설득하였다. 파크스의 설득은 표면적으로는 일본을 위한 발언으로 보인다. 그러나 실질적으로 파머스턴의 생각과 맥을 같이하는 경제제국주의자로서 자신만의 외교 정책인 '자국의 무역과 상업의 확대'를 겨냥한 기반조성이라는 데 목적이 있었다. 증거는 파크스가 일본에서 활동하는 영국 상인들에게 일본의 근대화가 정부 차원에서 추진되면 어떻게 대처할 것인지에 관한 정보를 이미 정기적으로 전해 주고 있었다는 점이다.[16] 그럼에도 불구하고 일본 근대화를 위한 그의 의견은 이미 그를 신뢰하고 있던 일본 정부에

15) FO 391/15, Hammond Papers, Parkes to Hammond, 8 October, 1870.

16) FO 391/15, Hammond Papers, Parkes to Hammond, 22 April, 1870.

더 큰 신뢰를 주는 역할을 하였다. 덧붙여 그는 청국과 맺은 영국의 통상조약에 준한 일본의 통상 개정 협상도 고려하고 있다는 말을 일본 정부에 흘렸는데, 이 부분도 그에 대한 일본의 신뢰에 한몫을 했다.

한편 파크스의 발언은 일본과 조약을 체결한 다른 서구열강들로부터 반발을 사게 되었다. 대일 통상조약을 제일 먼저 맺었던 미국은 일본의 근대화를 위한 기간산업을 미국의 기업자본으로 세워주겠다고 일본 정부에 제의하는 것으로 파크스의 발언에 대해 반박하였다. 미국의 반박에 대하여 파크스는 일본 정부가 미국의 재정지원을 받아들이는 것이 초기 단계에서는 좋아 보일지 몰라도 곧 일본의 재정적 잠식을 가져오게 될 것이므로 미국보다 자신의 제의에 따라줄 것을 재차 주장하였다.[17] 양측 제의의 결과는 파크스의 말에 신뢰를 갖은 일본정부가 자국의 근대화를 미국에 의존하지 않았음으로 알 수 있다.

이렇듯 1869년 이후의 파크스의 행적을 보면 일본 정부와 신뢰가 쌓여진 가운데 양국의 외교적 관계가 돈독해진 듯 보인다. 하지만 아래에 열거한 굵직한 사건들은 모두가 파크스를 곤경에 빠져들게 하는 것들이다.

첫째 천황은 친정을 시작하면서 자신의 통치 원칙으로 공표한 '5개조 서문'의 5조에서 "지식을 세계에서 구한다"고 하였다. 이를 연결해서 보면 선진열국들의 지식은 기독교를 배경

17) FO 391/15, Hammond Papers, Parkes to Hammond, 22 April, 1870.

으로 하여 출발했기에 일본 정부가 자국의 사회에 기독교가 확산되는 추세를 감안하고 있을 것으로 추정된다. 하지만 메이지 정부는 반 기독교적 움직임을 방치하고 있었다. 1870년 1월, 파크스가 나가사키에 형성된 기독교 모임들이 일본 지방세력들에 의해 위협당하고 있음을 알게 되었다. 그는 지방토호들을 설득하려했지만 그리 만족할 만한 성과를 얻지 못했다. 결국 신뢰의 관계를 쌓아가고 있는 일본 정부와 반기독교 움직임에 대한 해결책을 논의하기에 이르렀지만 뚜렷한 방책을 내지는 못하였다. 오히려 추방되지 않는 정도로 만족하라는 섭섭한 뜻이 일본 측에서 전해졌을 뿐이다.[18)]

둘째 1870년 6월 21일, 텐진에서는 외국인혐오증(Xenophobia)과 선교를 반대하는 감정이 뒤섞인 현지인들에 의해 21명의 유럽인들이 살해당하는 텐진교안(天津教案)이 발생하였다. 사건의 경위는 프랑스 천주교회인 망해루교당(望海樓教堂)에서 어린이들을 속인다는 것에 있었다. 이 소식을 접한 파크스는 일본에서도 텐진에서와 같은 학살이 일어나지 않으리라는 보장이 없다는 우려 속에 청국에 주둔해 있는 영 군함들을 일본으로 증파하려는 움직임을 보였다.[19)] 이는 그동안 일본과 쌓은 우호적 신뢰 관계가 사라진 모습이었다.

셋째 이 무렵 유럽에서 보불전쟁(Franco-Prussian War, 1870.7-1871.5)이 터지자 일본에 머물던 프러시아와 프랑스

---

18) FO 391/15, Hammond Papers, Parkes to Hammond, 15 January, 1870.
19) FO 391/15, Hammond Papers, Parkes to Hammond, 1 August, 1870.

사람들 사이에도 전쟁과 같은 긴장감이 감돌게 되었다. 일본에서는 특히 새 정부가 섰음에도 이전 바쿠후 때처럼 반외세를 줄곧 외치던 부류들에겐 보불전쟁 상황이 호재가 되었다.[20] 파크스는 영국민의 안전을 위해 보불전쟁과 영국과는 무관하며 영국은 중립을 표방한다고 일본 정부에 선언하였지만 일본 내에 퍼져가는 반외세의 기류 속에 영국민이라고 예외는 아니었다. 특히 몇 달 동안 계속된 전쟁으로 인해 무역에 차질을 입어 수입과 수출이 축소되는 가운데 물가가 계속 오르게 되자,[21] 일본 정부조차 반외세에 대한 궁극적인 조처를 취하지 못하게 되었다. 그리고 우려했던 사건이 1871년 정월에 발생하였다. 두 명의 영어 선생인 댈러스(Mr. Dallas)와 링(Mr. Ring)이 호위도 받지 않은 채로 도쿄시내의 밤을 거닐다가 사무라이들에게 상해를 입게 되었다.[22] 호위를 받지 않은 그들 스스로의 부주위로 인해 일어난 사건이지만 영국인이 보호를 받지 못한 상황이 되면서 외교적으로 영국과 일본의 관계가 메이지 정부 이전으로 돌아가 다시 악화된 듯 보였다.

넷째 비록 파크스는 영국의 발전을 위해 경제 발전과 외교에 주력을 다했지만 19세기 초반부터 영국과 러시아가 대립했

20) FO 391/15, Hammond Papers, Parkes to Hammond, 22 August, 1870.
21) FO 391/15, Hammond Papers, Parkes to Hammond, 22 December, 1870.
22) FO 391/15, Hammond Papers, Parkes to Hammond, 28 January, 1871.

던 동방외교 문제도 역시 중요하게 고려하고 있었다. 그리하여 파크스는 1870년 가을, 사할린 진출의 움직임을 눈여겨보던 중에 미국 공사인 드 롱(Charles E. De Long)이 러시아와 일본을 중재하는 것을 지켜보았다. 결과는 미국 공사의 노력에도 불구하고 사할린 문제는 해결되지 못하고 지연되었을 뿐이다.[23] 이 시점에 파크스는 외교적으로 두 가지 문제점을 끌어안게 되었다. 그동안 지속되어오던 영러 각축의 숙제가 전혀 풀리지 못하였다는 점과 미국에게 중재 건을 허락해주어 미일 관계가 이전보다 가까워진 점이다.

다섯째 1871년 초에 일본 정부는 영국 주둔지가 요코하마에서 언제쯤 철수할 것인지를 물어왔다. 천황과 함께 에도에 입성한 지 2여 년 만에 그와 일본 정부와의 신뢰가 무척 위축되어져 있음을 단적으로 알 수 있는 부분이다. 파크스는 일본 국내 정치가 혼란스런 시점에 자국민들의 보호를 위해서라도 영국군은 계속 주둔할 것이라고 답하였다. 동시에 파크스는 일본 정부의 노력 하에 정치가 안정되고 치안이 좋아진다면 철수는 연내에도 가능하다고 단서를 달았다.[24]

사실 메이지 정부는 1869년에 여러 번(藩)들의 토지와 농민들을 정부 소유로 돌릴 것을 각 다이묘에게 명령하였는데 이를 판적봉환(版籍奉還)이라한다. 메이지 정부의 명령에도 불구하고 번의 소유가 실질적으로 정부소유로 반환되지 않자, 정부는 번의 사설 병력들을 축소시켜 권한을 약화시킨 후 중

23) FO 391/15. Hammond Papers, Parkes to Hammond, 5 September, 1870.

24) FO 46/142. Parkes Memorandum,, 7 October, 1871.

앙 정부 차원에서 강제력을 동원하여 토지를 환수하려 하였다. 이에 번에 소속된 사무라이들이 반발을 하자, 정부는 거의 쿠데타 차원에서 번의 해체를 시도하였다.[25] 일본정부가 그에게 주둔군 철수를 물어오던 때가 이때였기에 파크스가 제의했던 정치 안정과 주둔군 철수를 동시에 생각하겠다는 주장에 일본 정부도 동의할 수밖에 없었다. 이 과정에서 파크스로서는 일본정부와의 관계가 더 이상 예전처럼 좋지 못하다는 것을 충분히 확인하는 계기가 되었음에 틀림이 없다.

비록 영일 관계가 신뢰로 시작된 1869년이었지만, 지속되던 2여 년 동안에 중첩된 좋지 못한 대일 관계로 인해 파크스의 심신이 지칠 수밖에 없었고 양국의 관계도 좋지 않게 되었다. 특히 영국 교사 두 명의 상해사건에 대하여 법적 조처와 보상을 해줄 것을 일본 정부에 지속적으로 주장했었다. 그러나 시원한 해답을 듣지 못하고 영국으로 떠나게 되어 그의 무거웠던 마음이 더더욱 가라앉았고 일본 정부에 대한 서운함도 컸다. 파크스가 영국으로 귀환하기 얼마 전, 천황과 대면할 기회가 있었을 때 일본에 대한 자신의 섭섭한 마음을 표현했다. 대부분의 외교관들은 형식적인 인사만 주고받고 해어져야 할 상황인데, 천황에게 그는 “일본의 근대화를 원한다면 일본에 머무는 외국인들과 상인들에게 좀 더 활동의 자유를 주고, 기독교의 확대를 허락하라” 고 간언하였다.[26] 파크스는 이 날의 내용을 우대신(右大臣) 이와쿠라에게도 똑같이 언급한 뒤에

25) 1871년 8월 29일에 단행된 폐번치현(廃藩置県)을 의미한다.
26) FO 46/139, no.2, Parkes to Granville, 22 May, 1871.

일본을 떠났다.[27]

이와쿠라 사절단의 영국방문 시, 파크스의 외교 활동

파크스가 1871년 5월에 일본을 떠나 미국을 거쳐 영국의 리버풀 항에 도착한 날은 두 달 반 정도가 지난 8월 9일이었다. 그는 도착한 그날로부터 한 해 전에 먼저 영국으로 와서 이포드(Iford, East Sussex)에 자리 잡고 있던 가족들과 휴식을 취했다. 두 달 정도 휴식을 취한 그는 본인이 일본에 있으면서 작성한 메모를 일본 외무부에 전하는 일에 바쁜 나날을 보냈다. 그는 외교와 관련된 그룹이나 하원 외교 및 영사분과위원회 등에도 출석하여 동아시아 전문가의 무용담은 물론 경제적 이득을 거둘 방책 등을 피력하곤 했다. 덕분에 일본 외무부는 대리공사로 일본에 있는 애덤스(F. O. Adams)의 보고보다도 영국에 있는 파크스의 정보를 더 선호하고 신뢰할 정도였다.[28]

파크스가 일본을 떠난 그해 12월, 이와쿠라를 특명 전권 대사로 한 사절단은 개화를 주도하던 메이지 정부가 구미(歐美)의 근대문명·문화를 일본에 어떻게 주체적으로 받아들일 것인가를 염두에 두고 미국을 시작으로 유럽을 시찰하러 요코하마 항을 출발하였다. 이와쿠라 사절단의 표면적 목적은 지속

27) FO 46/139, no.7, Adams to Granville, 12 June, 1871.
28) Daniels, *Sir Harry Parkes*, pp.117-118 & p.126.

되어오는 구미 열강들과 일본 사이의 통상조약을 일본 측에 유리한 방향으로 수정하려는 협상에 있었지만 실질적 의도는 선진 문명·문화 시찰에 있었다.

이와쿠라 사절단은 첫 방문지인 미국 정부에 먼저 통상조약의 수정 문제를 구체적으로 제시하였다. 협상의 결과는 '실패'로 끝나고 말았다. 물론 여러 정치가들의 협조로 미국의 북동부 지역 문화를 시찰할 기회를 가졌다. 하지만 협상 실패의 영향으로 사절단의 감정이 좋지 못해서인지 시찰의 정도가 그리 감동적이진 못했다.[29]

파크스가 일본을 떠난 이후 일본 정부와 미국의 관계가 무척 가까워졌고, 이 때문에 미국이 첫 방문지가 되었다. 하지만 미국 방문에서 기대한 것을 제대로 얻지 못하자, 두 정부의 외교적 관계마저 다소 소원해지게 되었다. 일본 주재 영국대

이와쿠라 사절단(岩倉使節団)

29) FO 46/143, Adams to Tenderden, 2 December, 1871.

리 공사인 애덤스는 이를 간파하였다. 그는 미국에서의 협상 상황을 외무부에 통보하며 일단의 조치를 강구하라고 귀뜸했다. 사절단의 다음 목적지인 영국 방문 때 미국에서와 같은 난처한 상황이 재현될 가능성을 우려한 때문이다.

애덤스의 보고를 접한 영국 외무부는 동아시아 전문가이며, 휴식중인 일본 공사인 파크스를 급히 불러들였다. 파크스는 상황 보고를 듣고 방문하는 사절단을 일단 환영한 다음, 그들을 정략적으로 대할 준비를 하라고 정부에 건의했다.[30)]

여기서 파크스가 사절단에 대해 정략적으로 대하라는 의미는 무엇인가? 파크스는 일본 사절단이 통상 조약안 수정을 협상하려는 것을 목적으로 한 듯 보이지만 실은 선진 문화를 시찰하려한다는 사실이 주목적임을 경험적으로 알고 있었다. 때문에 그는 먼저 영국의 선진 문화를 그들에게 충분히 보여주고 이로 인해 영국 측에 불리한 통상조약안의 수정·협상을 요구치 않도록 유도한다는 것이다.

특히 파크스는 경제적인 면을 항상 고려하고 있기 때문에 시찰단이 영국에서 보고 배운 것을 일본에 활용하여 그곳의 근대화가 빨라지면 궁극에는 영국의 해외 시장의 확대로 이어져 이득 산출이 커진다는 계산까지 하고 있었다. 이런 파크스의 정략적 조처가 제대로 이행되었는지를 1872년 8월 17일에 사절단이 도착한 이후부터 영국을 떠난 12월 16일까지의 행보를 통해 알아보면 이러하다.

이와쿠라 사절단이 대서양을 건너 리버풀 항에 도착하였을

---

30) Daniels, *Sir Harry Parkes*, p.122.

때 빅토리아 여왕은 스코틀랜드 밸모럴(Balmoral)성에 머물고 있었다. 여왕이 밸모럴에 머무는 동안에는 공식적인 접견은 할 수 없기 때문에 사절단은 여왕이 윈저 궁으로 돌아올 때까지 기다려야만 되는 사정이 생겼다. 우선 사절단을 맞게 된 외무부 접견단은 왕의 알현 없이도 실질적인 외교

하야시 타다수(林 董): 하야시 도시부로(林 董三郞)라고도 함.

문제를 먼저 협상할 수 있지만 원칙엔 맞지 않는다는 점을 들면서 여왕과 접견할 때까지 잉글랜드와 스코틀랜드를 우선 여행할 것을 건의하였다.[31] 이때 접견단의 핵심인물을 보면, 영국 측의 접견단 단장으로 알렉산더 소장(Major-General George Alexander)과 통역관으로 도쿄 주재 영사인 애스턴(W. G. Aston), 그리고 파크스 공사였다. 이런 접견단 명단을 보면, 여행 주선을 한 장본인은 당연히 파크스라는 것을 알 수 있고, 사절단의 주목적은 선진 문화 시찰임을 간파한 조처로 판단이 된다.

파크스의 의도가 담긴 조치라는 것은 이와쿠라 사절단 내에선 2등서기관이었으며 후에 최초의 주영 일본대사가 된 하야시 타다수(林 董)의 기록에서도 알 수 있다. 하야시는 "사절단과 여행 일정을 거의 동행하면서 일본의 무역과 산업을 발전시킬 수 있는 현장으로 성심껏 안내하고 설명하는 파크스의

31) Ian Nish, ed., *The Iwakura Mission in America & Europe* (Japan Library, 1998) p.42.

모습에서 무척 명확하고 인내심이 강한 인물로 확인케 되었다"고 회고하고 있다.[32] 여기서 파크스가 사절단을 산업 현장으로 주로 안내하고 소개하였다는 점이 바로 의도적인 조치였음을 알 수 있으며 영국에 휴가차 돌아온 뒤에도 대일 외교를 지속적으로 펼치고 있었음을 잘 알 수 있게 해주는 대목이라 하겠다.

사절단의 주요 시찰 내용을 좀 더 세밀하게 정리해보면, 첫째 접견단은 영국의 군사력을 보여주었다. 8월 26일에 도셋 포럼(Dorset Forum)에 초대되어 선진 육군의 모든 것 - 군사 훈련 및 관련 장비들(야외 캠프 장비, 식량 창고, 전신 시스템 등) - 을 참관시켰고, 이틀 뒤엔 왕실 해군의 초대로 포츠머스(Portsmouth)에서 대영제국의 위용을 자랑하는 해군력을 시찰하게 하였다.[33]

둘째 문화 시찰을 최대한 허용하였다. 버킹엄궁전, 의회, 런던 타워, 윈저성 등을 통해 입헌군주의 위용을 보여주었고, 런던 사진스튜디오, 1835년에 열은 마담 터소의 왁스 박물관, 울위치의 대포제조 공장, 그리고 1851년 최초의 만국박람회가 열린 크리스털 궁전도 보여줌으로써 산업혁명이 일구어낸 결실이 무엇인가를 이해하는 시간을 갖도록 하였다.[34]

셋째로 지방을 순회하면서 본격적으로 산업혁명의 심장부들을 보여주었다. 리버풀과 맨체스터(9.29-10.9),[35] 글래스고,

32) Nish, *The Iwakura Mission.* p.42.
33) Nish, *The Iwakura Mission.* p.59.
34) Nish, *The Iwakura Mission.* pp.59-60.
35) [리버풀]: 조선소 방문, 5층 크기의 씨앗 저장소를 오르내리는

에든버러 및 하일랜드(10.9-10.21),[36] 뉴캐슬과 요크셔(10.21-31),[37] 버밍햄과 미들랜드(11.1-11.9)로[38] 여행을 가면서 산업혁명의 살아있는 현장을 체험하였던 것이다. 이와쿠라 사절단은 한 달하고도 열흘 정도의 기간 동안 영국의 모든 핵심부를 돌아보며 경이로워했고 더군다나 전(全) 기간 동안 파크스가 줄곧 동행을 했다.[39]

승강기, 엄청난 양의 담배 보관 창고 견학. [Crewe]: 기차 및 레일공장(9만 명이 종사)견학. [St Hellen]: Pilkington's 유리공장 견학, '맨체스터' 면직공장 및 여러 무기 생산 공장, 고무공장, 방수 직물 공장 견학, 특히 방적 및 천을 짜는 공장에서의 아동 노동 환경 파악. (하루 5시간 의무 노동과 3시간 의무 공부 확인).

36) [글래스고]: 클라이드 강 주변 견학, 면직공장 견학 (하루에 13만 개 손수건 생산), 철 방적기공장, 주식시장, 미술관 견학, 그리녹에 있는 Caird's의 조선소, Walker's 설탕 정재소 견학, 밀을 탈곡하는 증기 기관이 달린 탈곡기도 봄. [에든버러]: 산업 시찰에 앞서 에든버러성과 홀리루드 성, 미술 및 과학박물관 등을 먼저 봄, 견인용 엔진작업 과정 및 고무공장과 종이 분쇄기 작업과정 견학, Bell Rock 등대도 관람하고 석유제련 과정도 견학. 상인들의 자녀들이 다니는 학교도 견학.

37) [뉴캐슬]: Elswick Engine(대포제작 및 개틀링 건 제작 견학), Gosforth Colliery(채광견학). [요크셔]: 양모공장 견학, 셰필드 근처의 상업 부호 저택 방문(Chatworth House), 유명 작가 미술 작품 감상(Titian, Tintoretto, Rambrandt and Van Dyke).

38) [버밍엄]: Chance's Glass Factory(유리공장 견학), 기타 산업 공장 견학(바늘, Walls' 철필, Aston's 단추, Cornworth 전선, Osler's 유리공예, Elkington's 식탁), 기관총 및 각종 소형무기 생산 공장. [웨세스터]: 여우사냥 참관, Minton's 왕실자기 공장견학. [체셔]: 소금 광산 견학.

39) 몇 가지 사례를 보면, 영국 에든버러의 고무공장에서 구메 구니타케(久米邦武)가 온실을 안내해준 사람에게 그 제조 과정을

애초부터 파크스의 정략적인 의도에 의해 시작된 이와쿠라 사찰단의 영국 여행에서의 성과는 런던에 돌아온 뒤에 이루어졌다. 사실 사절단은 런던에 돌아온 후에도 여왕의 윈저성 복귀가 늦어져 좀 더 기다려야했는데 여왕의 접견이 있기 얼마 전인 1872년 11월 27일, 외무장관 그렌빌(2nd Earl Granville)은 사절단을 만나서 외교와 관련하여 상호 간의 의견을 교환하는 자리를 마련하였다. 이 자리에 파크스도 참석하였다. 그렌빌은 일본 사절단이 미국에서 행했던 조약 수정건에 초점을 맞출 것으로 생각하고 이 문제에 관해 먼저 토론을 하자고 언급하였다. 그런데 뜻밖에도 사절단은 "조약을 수정하는 것에 영국 측 의견만 들어보는 것으로 만족한다"고 하였다. 바로 파크스의 의도가 들어맞았다는 것이 증명되는 순간이었다.[40]

그렌빌 외무장관은 경직될 것으로 예상한 토론 분위기가 의외로 활기를 보이자 준비한 몇 가지 의견을 다시 제의하였다. 내용은 파크스가 일본을 떠나오기 전에 천황과 이와쿠라에게

물었으나 그는 듣지 못한 시늉을 했다. 이를 본 파크스는 웃으면서 "그 비밀이 알려지면 그 사람은 봉급이 몰수 될 것이다" 라고 말했다; 아키라, 『메이지 유신과 서양 문명』, p.95: 뉴캐슬의 타인모스 등대 부근에서 난파선 구조 연습을 사절단이 견학한 뒤 ... 호텔에서 파크스는 "오늘 타인모스에서 누군가가 목덜미를 만진 사람은 없는가" 하고 묻자 "나요" 하고 구메가 대답하였다. 그러자 파크스는 목덜미를 만진 사람은 여자인데 그녀는 노란 사람들도 백인처럼 체온이 따뜻한지 확인하고 싶어서 한 행동인데, 그녀는 동네사람들에게 "역시 따뜻했다" 라고 말하고 다녔다고 했다: 아키라, 『메이지 유신과 서양 문명』, pp.121-22.

40) Daniels, *Sir Harry Parkes*, p.134.

이미 언급한 "일본 내륙으로의 무역과 투자를 위해 영국 상인들에게 좀 더 활동의 자유를 주고 일본 내 기독교의 확대를 허락하자"는 것과 "더 많은 무역항을 개방하자"는 것이다.[41] 여기서 외무부가 동아시아에서만큼은 파크스의 외교에 얼마나 의존하고 있는지를 알 수가 있다.

그렌빌(2nd Earl Granville) 외무장관, 1815 - 1891

하지만 사절단으로 참석한 하야시가 회담 당시를 회상한 내용을 보면 파크스의 정략적 의도 및 역할이 얼마나 비밀스럽게 진행되었는지를 확인할 수 있다. 하야시의 표현은 이러했다. "회담 장소에 있던 파크스는 테이블 끝에 침묵으로 일관하며 앉아있었고, 단지 말을 해야 할 때만 잠시 하는 정도였다. 정말 일본에서 보던 파크스와는 너무나 달랐고 그는 영국에서는 너무 보잘 것 없는 이등 관료로 여겨진다."[42]

그날의 회담은 그렌빌 외무장관을 통해 파크스의 세부적인 생각이 모두 전달되었지만 사절단의 어떤 회답을 듣지는 못했다. 하지만 수정 조약을 1882년 초 일본 외무장관 이노우에(井上馨)가 다시 언급할 때까지 잠재울 수 있었던 것은 큰 수확이었다. 또 사절단이 원했던 산업 시찰을 흡족히 해줌으로써 파크스의 일본 내의 위상이 다시 세워진 것도 또 다른 결실

41) FO 46/160, memorandum of the Interview between Granville and Iwakura, 27 November, 1872.
42) Nish, *The Iwakura Mission,* p.42.

이었다. 12월 5일, 윈저 궁에서 빅토리아 여왕을 마침내 알현한 사절단은 16일에 다음 목적지인 프랑스로 떠났다. 파크스는 자신이 원하는 개항지 확대나 문호개방 확대 안건이 계속 미제로 남은 점을 염두에 두고 2년간의 영국 생활을 접고 1873년 1월 16일 인도양을 거쳐 가는 아시아 항로를 따라 일본으로 돌아갔다.[43]

이와쿠라 사절단 영국 방문 후, 파크스 대일 외교 정책

1873년 3월 26일, 파크스는 나무 판잣집들과 멋대로 뻗어있는 열악한 도로, 빈약한 마차들이 오가는 요코하마의 외국인 거주지에 돌아왔다. 일본을 떠나있던 2년이라는 시간을 놓고 봤을 때 별다른 변화가 없는 것처럼 보였지만 적잖은 변화가 있었다. 먼저 시나가와(品川)에서 요코하마(横浜)까지 철도가 놓여 유럽인들의 왕래가 한층 원활해져 있었다. 도쿄의 거리도 1인승 가마가 다니던 길이 정비되어 인력거가 대거 운용되고 있었다. 황제도 영국 상류층들의 복장이나 운동, 산책 등을 즐겨하고 있었다.[44] 더군다나 징병제도와 강력한 서구 무기로 무장한 정부군이 조직되면서 황실 중심의 근대화된 정부는 그 힘을 충분히 얻은 듯 보였다. 반대로 300만에 이르는 유신의 공로자인 사무라이들은 존속 여부가 불투명해지자 이

43) Lane-Poole, *The life of Sir Harry Parkes II*, p.178.
44) Daniels, *Sir Harry Parkes*, p.137.

1873년의 요코하마 전경

들이 정부를 향해 반란의 조짐을 나타냈다.

파크스는 4월 19일에 천황을 만났다. 파크스는 천황이 보낸 황실 마차와 에스코트까지 받으면서 궁으로 갔는데 이는 이전보다 더욱 극진한 대접을 받은 사례로 비춰진다. 이는 이와쿠라 사절단에게 베푼 영국의 친절 및 조력에 대한 답례라고 볼 수 있다. 천황은 20분간 시작부터 끝까지 감사하단 표현뿐이었다. 천황이 이러한 태도를 보이자 일본 정부가 보여주는 파크스에 대한 대우도 이전과는 완전히 달라졌다. 다시 말하자면 파크스가 이와쿠라 사절단이 영국에 있는 동안 보여준 역할이 1869년 초에 형성되었다가 무너진 신뢰에 긍정적으로 작용했다는 것을 알 수 있다. 둘 사이의 다시 시작된 신뢰의 모습들을 정리하면 이러하다.

첫째 외무장관 대행(Acting Foreign minister)이던 소에지마 타네오미(副島種臣)가 파크스에게 "국내 문제도 산적해 있는 요즘 이와쿠라 사절단을 빨리 귀국시키면 어떠한가" 하고 조언을 구하였다. 파크스는 "유럽 남부 지역(로마, 베네치아, 빈, 취리히 베른, 제네바, 리용, 마르세이유 등)의 방문을 하지 않는다면 당장 돌아올 수 있겠지만, 개인적인 생각으로 일정을 다 소화하고 오는 것이 일본의 미래를 위해서 도움이 될 것이다" 라고 하였다.45) 이 제안은 그대로 받아들여져 이와쿠라 사절단은 모든 방문 일정을 마치고 돌아오게 되었다.

둘째 일본 정부는 서구에서 들어오는 수입품들이 재고로 외곽 부두에 점점 쌓여만 가고 이에 비해 수출은 부진하여 자칫 근대화를 정착시키기 전에 사회적 혼란이 닥칠지 모른다는 우려를 하고 있었다. 경제제국주의자인 파크스는 자국의 기업을 통해 일본의 수출을 독점하고 싶은 생각을 밑바탕에 두고 다음과 같이 말하였다. "일본만의 장점인 광물이나 쌀 수출에 주력을 할 필요가 있다. 이에 효과적인 방법은 기존의 경매 방식보다 유력한 외국 기업을 정부가 선정해서 이를 통해 일괄적으로 수출을 담당하게 하는 것이 좋을 것이다."46) 이외에, 파크스는 도쿄에서 나가사키까지 이미 전신 시스템이 완성되어 전보를 주고받을 수 있음에도 불구하고 이를 활용하지 못함을 지적하면서, 그 원인이 선진 산업을 소개하고 지원 해줄 외국인 고문들의 고용을 너무 제한한 결과라고 지적하였다. 파크스는 무역 확대를 위한 기반시설을 활성화시키고 싶은 생각을 전제로 이 지적을 하였다.

셋째 일본 정부는 1873년 토지소유자는 수확의 풍흉에 관계없이 지가(地價)의 3%를 조세로 내는 지조(地租)개정을 감행하였다. 지방엔 상황에 따라 세의 부담률이 커진 곳도 있다 보니 주로 농민들을 중심으로 새로운 세제에 강한 불만을 품

45) FO 46/166, no.12, Parkes to Granville, 28 April, 1873.
46) FO 46/166, no.19, Parkes to Granville, 23 May, 1873.

은 민란이 잦았다. 민란의 피해가 영국조계지에까지 영향력이 미치자, 파크스는 원인 분석에 주력하였다. 그 결과, 영국은 일본 정부가 갑작스런 조세 변경을 하면서 국민들에 대한 고려가 소홀하기 때문이라는 판단을 내렸고 이를 일본 정부에 귀띔해 주었다.[47] 결론적으로 일본정부는 지조개정(地租改正)으로 국가 재정 기반을 확충하겠다는 의지는 확고했지만 세율을 내리는 쪽으로 가닥을 잡았고 1876년에 마에현(合歡県)과 이바라키현(茨城県)의 반란을 계기로 지조를 3%에서 2.5%로 인하하였다.

파크스의 위 지적들은 일본 정부에서 어떤 모양으로든 일본 경제 정책에 수용되고 긍정적인 변화를 보였다. 하지만 1871년에 파크스가 이와쿠라에게 요구했던 일본 내 기독교의 제제 완화 등의 문제가 다시 불거지자 둘 사이의 신뢰관계는 한계성이 보였다.

1873년 7월, 여전히 반기독교 대자보가 도쿄 거리 곳곳에 나붙는 것을 본 파크스는 소에지마 외무대신 대행을 예방하고 일본 내 기독교도들에 대한 탄압의 상황이 이전과 별반 다르지 않다는 점을 지적하였다. 이때 소에지마는 일본인 기독교인들에게 자유롭게 교회를 다니도록 허락하고 있다고 대답하였다. 하지만 기독교인들의 믿음에 의해

소에지마 타네오미(副島種臣) 외무대신

47) FO 46/167, no.39, Parkes to Granville, 8 July, 1873.

발생되는 사태에 대해 국가의 책임은 없다는 말도 덧붙였다. 이어서 대자보 사건은 일부 불온한 자들의 개별적인 소행이니 국가에서 제재를 가하겠다고 하였다.[48] 이후 거리에 나붙은 대자보는 점차 사라졌다. 여기서 소에지마의 말을 되새겨 볼 필요가 있다. 그의 표현을 분석하자면 메이지 정부는 겉으로는 기독교를 허용하는 듯 보이지만, 이는 서구열강들과의 마찰을 피하기 위한 임시방편일 뿐 근본적으로 국가적인 차원에서 기독교를 보호하는 것이 아님을 명백히 보여준 것이다. 파크스도 이 사실을 모를 리 없었지만 대자보가 사라지는 상황에서 더 이상 자신의 주장을 내세울 수 없었다. 또다시 기독교 문제는 미완성의 과제로 남게 되었다.

메이지정부와 파크스 사이의 신뢰가 완전히 무너진 사건은 이듬해 초에 일어났다. 앞서 언급한 사무라이들의 해체에 따른 부작용은 1874년 2월에 에토 심페이(江藤新平)가 이끈 사무라이들이 사가현(佐賀縣)을 중심으로 일으킨 대규모의 '사가의 난'으로 발전했다. 이 난이 성공했다면 메이지정권이 다시 무너질 수도 있었는데 이를 막고자 메이지정부는 근대화된 정부군을 대량 투입하여 이 난을 평정하였다.[49] 이를 두고 파크스는 무자비한 반란 진압은 또 다른 반란을 낳게

사가의 난의 주동자인
에토 심페이(江藤新平)

48) FO 46/167, no.37, Parkes to Granville, 7 July, 1873.
49) FO 46/177, no.38, Parkes to Derby, 2 March, 1874.

되며 메이지가 천명한 '5개조 서문'의 의미가 무색해질 수도 있다고 권고하였다.[50] 파크스의 이런 말 속에는 일본 정국이 다시 경색되어 자국의 무역에 손실을 가져올지 모른다는 생각과 일본 정부는 자신의 충고를 기꺼이 받아들일 것이라는 확신이 있었다. 하지만 결과는 의외였다.

이와쿠라 사절단이 1873년 9월에 일본에 돌아왔다. 일본 정부는 사절단의 근본적인 목표가 선진 산업 시찰이겠지만 통상조약 개정이 궁극적인 결실이 되길 은근히 바랐다. 하지만 사절단은 미국은 물론, 유럽으로 건너가서도 어느 나라와도 조약을 개정하지 못했다. 이에 대해 메이지 정부는 서유럽에 대해 불신의 싹이 트고 있었으며, 동시에 그동안 소원해진 미국과의 관계도 새롭게 개선될 조짐이 보이자 영국 측 조언을 그리 달갑게 생각지 않게 되었다.

뿐만 아니라 메이지 정부는 파크스가 자신의 경제적 이권만을 원한다는 생각에까지 이르게 되었다.[51] 바로 이즈음 '사가의 난'에 대한 파크스의 권고는 역효과였다. 이와 관련하여 파크스는 이와쿠라의 도움과 중재를 요구했지만 그도 사절단의 실패론에 휩쓸려 있는 상황이다 보니 파크스의 요구를 들어주지 못했다. 이제 영국과 메이지 정부와의 관계는 언제 서로 신뢰가 있었냐는 듯 소원해졌고 여파는 곧 영국 조계지에까지 미쳤다.

안세이 조약을 수정한 개세약서의 큰 특징은 관세율 및 영사

---

50) FO 46/177, private, Parkes to Derby, 9 March, 1874.
51) Daniels, *Sir Harry Parkes*, p.142.

재판권(치외법권)이 서구 열강 쪽에 이롭게 전개된 점이다.[52] 그런데 1874년 4월과 5월에 메이지정부는 영사재판권과 관련하여 영국 측에 강압적인 행동을 보였다. 4월 8일에 일본 아시아 협회(Asiatic Society of Japan, 1872년에 창립)를 이끌면서 2등 서기관이던 세토우의 시종인 사다키치(sadakichi)가 영국 조계지를 나서자 일본 경찰에 의해 체포되는 사건이 있었다. 파크스는 영국령에 속한 누구든지를 체포·구금할 경우엔 먼저 영국 측에 허락을 받아야 한다고 일본 정부에 항의하였다. 이에 대한 답신은 "파크스를 보좌하는 인물들에 한해서만 적용되는 내용이므로 항의를 받아들일 수 없다"는 것이었다. 그럼에도 불구하고 파크스는 프랑스 측과 협력하여 항의를 지속하자 결국 그를 풀어준 사건이 있었다.[53]

같은 해 5월 6일, 일본 경찰들이 영국 조계지에 들이닥쳐 조계지내 활동하는 일본인들을 무턱대고 제재하였다. 영국 측 인력관리 서기관(Clerk of Works)인 후퍼(Mr. Hooper)가 항의하자 그를 공무방해죄로 체포하려 하였지만 그를 발견하지 못하게 되자 파크스를 보좌하는 치안관인 우드(Mr. Wood)를 체포해갔다. 이 문제는 이전 4월의 경우와 달리 영국인이 직접 체포된 경우이기에 외교적으로 무척 급박한 상태로까지 진행되었다. 다행히 일본 측에서 사죄하고 우드를 석방함과 동시에 1천 달러를 배상금으로 지불하는 선에서 사건은 무마되었다.[54] 하지만 두 번에 걸친 사법권 문제는 안세이 조약 이

52) FO 46/68, no.94, Parkes to Clarendon, June 14, 1866.
53) FO 46/179, no.79, Parkes to Derby, 5 May, 1874.
54) FO 46/181, no.142, Parkes to Derby, 4 August, 1874.

류큐제도(Ryukyu Islands)

전의 바쿠후(幕府)의 쇄국정치 때로 돌아간 듯 보였다.

두 나라간의 외교적 위기감은 류큐제도(Ryukyu Islands) 사건으로 일대의 전환점을 맞게 된다. 일본 남부 규슈(九州)에서 남서쪽으로 650km 떨어진 지점부터 타이완 북단까지 펼쳐진 군도인 이곳은 독립왕국이 있었지만 14세기 이후 일본과 청국의 지배를 교대로 받던 곳이다. 이곳에서 1871년에 타이완 쪽에 살던 50여 명의 류큐인들이 타이완인들에게 공격을 받고 그중 40여 명이 살해되는 사건이 있었다. 사실 타이완은 1683년 청국이 이곳을 푸젠 성에 병합시켰고 1796년 만주족들이 섬의 동쪽 해안에 정착하기 시작하면서 1842년까지 주민은 약 250만 명으로 증가했다. 다시 말해서 이곳은 청국 땅이라고 볼 수도 있다.

류큐인들이 살해된 지 2년이 지난 1874년에 류큐제도를 방문한 일본 관료들이 당시 상황을 보고 받자 이 사건을 자국의 이권을 되찾을 기회로 보았다. 그리고 정식으로 청국 측에 이의를 제기하면서 외교 문제로 확대시켰다. 이후 두 국가 사이에 대화를 통한 외교의 장이 열렸지만 뾰족한 해결점을 찾지 못하자 청일전쟁의 기운마저 감돌게 되었다.

경제제국주의자인 파크스는 이 사태를 영국의 경제와 관련지어 생각하였다. 일본이 류큐제도를 점령한다는 것은 타이완까지 흡수한다는 의미이다. 그는 타이완을 일본이 점령한다면 이미 영국이 그곳과 상거래 하던 부분이 큰 타격을 입게 될 것이라 보았다. 동시에 황해(The Yallow China)로의 영국 무역선 왕래도 제제를 받게 될 것임을 심각하게 고려하였다. 파크스가 이런 생각을 하게 된 이유는 청국과의 무역 관계는 1860년 베이징조약 이후 거의 안정적인 관계를 유지하고 있지만 일본과의 관계는 최근 사법권 문제 등이 불거지면서 결코 안정된 관계라 볼 수 없었기 때문이다.

일본도 사무라이들의 반란에 시달리고 있던 시점에 대외 전쟁은 무리라는 생각을 일각에서는 하고 있었다. 파크스는 이런 일본 정계의 생각을 읽어낸 뒤 청국에 있는 영국 공사인 웨이드와 긴밀하게 접촉하면서 다시 협상의 장을 주선하였다. 결국 1874년 10월 중순경 청국 측에서 배상금으로 50만 테일(tales)[55]을 지불하는 것으로 이 사건은 평화적으로 해결되었다.

류큐제도 사건이 무사히 해결되자 일본 정부와 파크스 사이의 신뢰는 다시 회복되었다. 천황을 다시 방문한 파크스는 그로부터 외교적 위기를 해결해준 데 대한 감사의 표현을 재차

55) 1테일은 영국에서 청국의 무게나 화폐를 측정할 때 사용되는 단위인데 경우에 따라 여러 종류가 있다. 보통 은(silver) 40그램 정도의 덩어리가 1테일에 해당된다. 참고로 10실버 동전은 1천개의 주석 동전과 동일하다고 한다.

듣게 되었다. 동시에 일본 주재 서구 열강들의 외교관들로부터도 전폭적인 지지를 받게 되었다. 사실 그가 아니었다면 청일전쟁이 터지고 이로 인해 각국의 무역에 치명적인 오점이 남게 될 수 있었기 때문이다.

류큐제도 사건 이후, 일본 정부는 외국인에 대한 탄압을 완화하는 조짐을 보였다. 1873년 이후 일본 정부와 기업에 속해 있던 유럽인과 미국인이 600여 명이 넘었으며 이들은 개항지를 넘어 내지에 살고 있었다. 류큐제도 사건의 외교적인 성과로 이들의 안전이 보장된 것이다. 결국 파크스가 이전부터 주장하던 외국인 활동 및 거주의 확대라는 문제가 자연스럽게 풀리게 된 것이다. 이즈음 파크스는 일본이 원하는 조약 수정을 들어주는 쪽을 자신이 제안한다면 열국들도 동참할 것이라는 이야기까지 한 단계 더 나가게 되었다.[56] 파크스의 활동은 일본 측에서도 무척 고무적으로 받아들여져 서구열강들과 일본 정부 사이의 앙금이 한순간에 사라지는 결과를 안겨주었다.

당시 유럽 열강들은 파크스와 한 목소리를 내었지만 미국은 좀 달랐다. 미국 대표인 빙햄(Bingham J. S) 공사는 거주 외국인들의 사유 재산을 인정하도록 요구하고 여행지를 더욱 개방할 것을 주장하였다. 이와 같은 주장을 빙햄이 펼친 까닭은 파크스의 표현에는 자신과 같이 실용적으로 접근하는 부분에 한계가 있다고 판단했기 때문이다. 일본도 자국이 원하던 국수주의적이며 개척자적인 면을 영국보다는 미국이 더 많이 갖

56) Daniels, *Sir Harry Parkes*, p.148.

고 있다는 판단에서 빙햄의 주장에 주목을 하였다. 당시까지 일본은 영국에 대한 이미지를 보수적이고 지위의 수순에 있어 상위적(superior)이며 독선적인 면이 강하다고 판단하고 있었기 때문이다. 이렇듯 미국의 강한 도전이 있음에도 불구하고 파크스의 그간의 노력과 열정이 있었기에 일본은 영국을 최종적으로 선택했다. 덕분에 영국의 외교가 일본에서 본격적인 궤도에 오르게 되고 당분간의 외교적인 독주를 할 수 있었다.

* * *

메이지 정부는 1875년 초의 몇 달 동안 국내적으로 안정기에 접어들었음을 실감하게 되었다. 그동안 불안했던 정치적인 혼돈이나 여러 내전들을 다룰 수 있게 되었고 경제적인 발전의 기틀도 잡혀가고 있음을 감지할 수 있었다. 청국 내 반외세적 감정의 조짐이 완화되자 일본에서도 같은 효과가 보이기 시작했으며 동시에 일본 내 영일 관계는 물론 열강들과의 관계도 더욱 돈독해져 갔다.[57)]

사절단을 이끌고 구미(歐美)를 순례하고 1874년 9월에 입국한 이와쿠라가 그동안 침묵하던 시간들을 뒤로하고 "오늘의 정부의 안정적 기틀은 영국의 외교적 지원이 만들어낸 결과"라고 서슴없이 표현한 것도 이즈음이다.[58)] 이와쿠라의 발언은

---

57) 1875년부터 메이지 천황은 봄·가을로 모든 외교관들을 서양식의 조찬에 초대하는 행사를 하기 시작했다: FO 46/194. no.23, Parkes to Derby, 23 November, 1875.

58) FO 46/190, no.23, Parkes to Derby, 1 February, 1875.

특히 "정부의 안정적 기틀"과 "영국의 외교적 지원" 사이에 어떤 상관관계가 있어서 함께 거론된 것이다. 파크스의 외교 활동을 에도에 입성한 1869년부터 1875년까지 3단계로 나누어 살펴봄으로써 이를 확인할 수 있다.

첫 단계는 1869년부터 파크스가 안식 차 본국으로 일시 귀국하던 1872년 5월까지이다. 1869년 초에 파크스가 천황과 동행하여 에도에 입성할 수 있었던 주된 이유는 메이지 정부가 원하는 정치 방향과 파크스의 외교 방향이 맞아 떨어졌기 때문이다. 즉 천황의 통치 원칙으로 공표한 5개조 서문 중 5조인 "지식을 세계에 구하고 황국(皇國)의 기반을 굳건히 다진다"는 부분이 파크스의 권유와 무관치 않다는 내용이 그것이다. 하지만 이후 몇 년간의 메이지 정부의 정책 행보는 파크스의 초기의도 및 기대와 다른 면으로 전개된 부분이 다수였다. 결정적인 증거로 1872년에 파크스가 일본을 떠나기 전에 천황에게 "일본의 근대화를 원한다면 일본에 머무는 외국인들과 상인들에게 좀 더 활동의 자유를 주고 기독교의 확대를 허락하라"고 간언한 것이 확인된다. 여기서 메이지 정부와 영국 정부 사이에 발생한 외교 문제점이 무엇이며 어떻게 개선해야 할 지를 파크스가 확인한 단계라 할 수 있다.

둘째 단계는 영국을 방문한 이와쿠라 사절단과 이미 영국에 들어와 있던 파크스가 함께한 1872년의 5개월 정도의 기간이다. 이 기간 동안 파크스는 일본 정부가 원하는 것이 무엇인지를 정확히 판단하고 이를 집중적으로 지원해주는 외교 방식을 취했는데 결과를 놓고 봤을 때 꽤 성과가 있었다. 우선 일본 사절단의 표면적인 방문 이유인 통상조약 수정 안건이 당분간 보류되므로 인해 개세약서 이후 영국이 일본에 대해 갖고 있던 경제적인 이익을 계속 점유하게 되었다. 동시에 자국 내 동아시아 정통 외교관으로서 파크스의 입지가 더욱 굳혀졌다. 그리고 일본 사절단의 실질적인 목적인 경제 및 산업 시찰을 성심껏 지원해줌으로써 일본에서의 그의 외교적인 신뢰도가 이전보다 더 확고해지게 되었다. 사절단과 관계한 파크스의 이런 외교적 성과는 일본으로 다시 돌아온 1873년 초부터 효과가 나타난 것은 자명한 일이다. 즉 둘째 단계에는 파크스가 영국과 일본 상호간의 긍정적인 외교 통로를 발견하게 된 것을 의미한다.

셋째 단계는 파크스가 돌아온 1873년부터 앞서 언급된 이와쿠라와 활동한 1875년 전까지이다. 파크스가 돌아온 초에는 예상한대로 일본 정부와의 신뢰 관계가 돈독해져 일본 근대화를 위한 파크스의 조언이 어떤 형태로든 메이지 정부차원에서 반영되는 듯 보였다. 그러나 근대화가 이루어지는 과정에서 '사무라이들의 해체에 따른 부작용'을 다루는 문제에 있어서는 파크스의 조언이 역효과를 초래하게 되었다. 이로 인해 바쿠후의 쇄국 시절처럼 영국 조계지가 정치적 압박을 받았다.

하지만 파크스는 류큐제도 문제로 반전을 꾀하였다. 류큐제도 문제는 청일전쟁의 조짐으로까지 확대되었지만 파크스는 이를 중재하고 상황을 호전시켜 일본 정부의 신뢰를 어느 때보다 확고하게 만들었다. 동시에 서구 열강에 대한 일본의 정치적 압박과 경제적 문제도 일시에 회복되는 효과까지 보게 되었다. 이런 극적인 변화가 생긴 원인의 배경에는 "사무라이 해체 안건으로 내란의 조짐이 있을 즈음 청일 전쟁마저 터진다면 메이지 정부의 꿈인 근대화는 물론 존재 여부조차 불명확해질 텐데 파크스가 이를 막아준 것"이라는 일본 정부의 이해가 깔려 있었다. 이는 영국의 외교적 지원이 일본 정부의 안정적 기틀과 본격적으로 접목되는 단계를 파크스의 외교 활동을 통해 단적으로 보여준 부분이다.

종합해보면 이와쿠라가 "정부의 안정적 기틀"과 "영국의 외교적 지원"을 표현케 한 배경은 첫째 파크스는 일본의 근대화를 위해 서구열강들과 더욱 돈독한 관계를 맺어야 함을 천황과 일본 정부에 일관되게 주장하였던 점, 둘째 이와쿠라 사절단이 영국에 왔을 때 보여준 산업 시찰이 일본의 근대화의 초석이 되게 한 점, 셋째 결정적으로 일본의 외교적 위기가 정체(政體)의 붕괴로 이어질 수 있었던 사건을 훌륭히 중재한 점이다.

이외에 일본의 근대화에 지원을 아끼지 않은 파크스의 업적은 일본을 동정적으로 대했다기보다 냉정하고 실리적인 의도를 갖고 행한 것임에도 주목할 필요가 있다. 그는 자국의 경제적 이득을 위한 외교를 포기한 적이 없었다. 그는 자국의 이득을 위해 이와쿠라 사절단에게 산업 시찰을 통해 대접을 훌륭히 이행함으로써 통상조약의 수정 협상을 무마시킨 것이 단적인 예이다.

파크스가 대일외교에서 보여준 모습은 다양하지만 결과론적으로 일본의 근대화에 깊숙이 관여했다는 것은 확실하다. 동시에 글 서두에서 의문점을 가졌던 1869년 천황과 동행한 그 사실에 비추어 앞으로 영국이 일본 외교의 주도적 역할을 할 수 있었겠는가 하는 점에 대한 긍정적 해답도 나왔다.

끝으로 1875년 이후에 파크스가 주목한 일본과 관련한 외교를 간단히 살펴보면, 정한론과 조일수호조규(朝日修好條規)체결에 따른 영국의 영향, 일본이 다시 제시한 통상조약 수정요구의 요청을 다룰 문제 등이 그것이다. 이 모두는 메이지 정부의 정치적 도약을 위한 과정이지 영국의 대일 경제적 이익에 영향을 주는 정부의 존폐와 같은 결정적인 사건들이 아니기에 파크스는 이전보다 편안하게 대일 외교를 진행하게 되었다. 더군다나 이 시기의 파크스의 외교적 관심은 이미 조선의 문호 개방으로 향해 있었다.

2부 청국공사와 조선특명공사 시절의 파크스

파크스 재임기의 영정부의 동방 문제

영국 외교와 관련하여 전통적으로 힘을 발휘하는 정치적 요소들은 외무부, 내각, 의회, 왕을 들 수 있다. 1865년 이후부터는 확대일로에 있던 유권자들, 조직화된 정당, 언론 등도 외교의 향방을 결정할 새로운 요소로 부각되었다. 더불어 정당의 당수들이 자신들의 동료뿐만 아니라 우방국들의 충고를 받아들여 외교 상황을 결정하는 사례들도 빈번하였다.[1] 이 시점에 정치·외교적으로 두각을 낸 인물들이라면 글래드스턴(W. E. Gladstone)과 디즈레일리(B. Disraeli)를 지목할 수 있다.

글래드스턴과 디즈레일리는 정당간의 경쟁자일 뿐 아니라 여러 면(정치, 사회)에서 상반되는 인물로 자주 비유되지만 둘의 정치적 특성을 보면 공통점이 뚜렷이 보인다. 1865년 타계한 총리 파머스턴(3rd Viscount Palmerston)의 자유주의 정치 노선을 둘 다 이어받아 중산층들의 이익을 확대하고 근로자의 권익을 보호해주는 절차를 각자의 정책으로 진행했다는 점과[2] 사회의 전통적 질서만큼은 보존되어야 한다는 보

1) Marvin Swartz, *The Politics of British Foreign Policy in the Era of Disraeli and Gladstone* (London: Macmillan, 1985) p.1.

2) 디즈레일리 정권 중인 1867년에 2차 선거법이 개정되어 100만

수적 성향도 함께 보인 점이 그것이다. 그러나 이런 공통점이 묻혀버리고, 차이점만 부각되면서 그들의 관계가 '정치적인 대립'으로 이미지가 굳혀지게 되었다.

둘의 차이점을 살펴보면, 글래드스턴은 때와 환경에 따라 자신이 갈망하는 정치적 주제들을 다양하게 변화시키는 것이 특징이다. 그 배경은 "때때로 상대가 양보하지 않았는데도 억지로 성사시키려는 것을 과감히 포기하는 정치적 지혜가 필요하다"고 그가 믿는 데서 알 수 있다.[3] 디즈레일리는 자신이 생각하는 정치적 원칙에 예외 조항을 둠으로써 어떤 환경에든 융통성을 발휘하지만 기본적인 원칙만큼은 고수하려는 특징이 보였다. 예를 들어, 그는 토지 자산을 소유한 계급들이 국가를 통치해야 한다는 주장이 확고했다. 하지만 토지 소유 계급은 여타 중하층 계급들을 포용하는 자세와 자신의 이익보다 국가의 이익이 우선되게 통치해야 한다는 단서 조항도 잊지 않았다.[4] 이런 둘의 차이점들이 대내적으로 정치를 행사하는 과정에서 대립의 이미지를 도출했음은 이미 학계에서 상당히

도시 노동자들이 선거권을 얻을 수 있었고, 글래드스턴 정권 기간 중인 1884년에는 농업 노동자들에게도 투표권이 주어진 - 700만 성인 남자 중 500만이 선거권 가짐 - 3차 선거법 개정이 실시되었다.

3) Gladstone to Robert Phillimore, 13 Feb. 1865: J. Morly, *The Life of William Edward Gladstone* (London: Macmillan, 1915) vol.I, pp.775-76.

4) Disraeli to Derby, 24 Nov.1865: in Maurice Cowling, *Disraeli, Gladstone and Revolution: the passing of the second Reform Bill* (London: Cambridge University LTD, 1967), p.83.

연구되어 있다.[5] 그렇지만 대내적 부분만으로 둘의 이미지를 가늠하기에 무엇인가 부족함을 지울 수 없다. 이유는 대영제국의 핵심 정책인 대외적인 부분과 그들의 정치 성향의 관계가 있기 때문이다.[6]

---

5) Cowling, *Disraeli, Gladstone and revolution*; Robert Blake, *Disraeli and Gladstone- The Leslie Stephen lecture, 1969* (London: Cambridge University Press, 1969) & *Gladstone, Disraeli, and Queen Victoria: the Centenary Romanes lecture, delivered before the University of Oxford on 10 November 1992* (Clarendon Press, 1993); C. C, Eldridge, *The imperial idea in the age of Gladstone and Disraeli, 1868-1880* (London: Macmillan, 1973); Howard LeRoy Malchow, *Agitators and promoters in the age of Gladstone and Disraeli: a biographical dictionary of the leaders of British pressure groups founded between 1865 and 1886* (New York & London: Garland, 1983); Richard Salter, *Peel, Gladstone and Disraeli* (Basingstoke: Macmillan Education, 1991); Stephen J. Lee, *Gladstone and Disraeli* (London: Routledge, 2005) 외 10여 종이 있음; 김현수, 「영국정책의 딜레마: 글래드스턴 2차 내각과 애틀리 내각의 집권정책 비교연구」, 『영국연구』 5호, 2001; 김현수, 「디즈레일리의 보수주의: 정책 수행과정을 중심으로」, 『현상과 인식』 29권 3호, 2005; 김기순. 「글래드스턴의 리더십」, 『영국연구』 3호, 1999 외 동일 저자의 글래드스턴만 다룬 수 편의 논문; 최현미, 「콥던의 재정개혁 방안과 글래드스턴의 재정개혁」,『영국연구』 12호, 2004가 있음.

6) R. W. Seton-Watson, *Disraeli, Gladstone and the Eastern Question: a study in diplomacy and party politics* (London: Macmillan, 1935); Swartz, *The Politics of British Foreign Policy*; John F. Beeler, *British Naval Policy in the Gladstone-Disraeli era, 1866-1880* (Stanford, Calif.: Stanford University Press, 1997); 김현수, 「글래드스턴과 디즈레일리 내각의 대내·외정책, 1868-1880」, 『사학지』, 32집,

대외 정치에 관심을 두고 글래드스턴과 디즈레일리의 자료들을 분석해보면, 서로의 이미지가 뚜렷한 차이를 보인 사건이 '동방 문제'임을 알 수 있다. 동방 문제란 무엇인가? 19세기에 들어와 오스만-터키(이후 이 책에서는 터키로 씀)제국이 본격적으로 쇠퇴하면서 생긴 권력 공백기에 동유럽에서는 수십 년 동안 민족주의 열풍이 몰아쳤다. 1875년에 보스니아와 헤르체고비나에서 봉기가 일어났고[7] 이듬해 봄에는 불가리아에서도 봉기가 일어났다. 특히 불가리아의 경우, '바시바조우크'로 알려진 훈련이 덜 된 터키의 비정규군들이 잔인하게 불가리아인들을 진압했는데, 그들은 필리포폴리(지금의 플로브디프)에서 1만 5,000여 명을 학살하고 수많은 마을과 수도원들을 파괴했으며, 산악지대에서 개별적으로 일어난 봉기 역시 잔혹하게 진압을 했다.[8] 이를 역사에서는 '동방 문제'라고 한다.[9]

글래드스턴은 1873년 3월 아일랜드의 대학법안이 하원에서 부결되자 그 영향으로 이듬해 총선에서 크게 져서 내각이 보수당으로 넘어갔다. 이후 그는 여전히 그리니치 선거구 의원이었지만 당의 지도자 역할에서 물러나 하워던(Howerden)으로 은퇴했다. 그곳에서 글래드스턴은 교황의 무오류성(無誤謬性)을 공격하는 소책자나 호메로스에 관한 글들을 쓰면서 지

1999.

7) M. S. Anderson, *The Eastern Question, 1774-1923* (Macmillan: St. Martin's P, 1966) pp.178, 183.

8) Anderson, *The Eastern Question,* p.184.

9) Morly, *The Life of William Edward Gladstone,* vol.II, pp.160, 162.

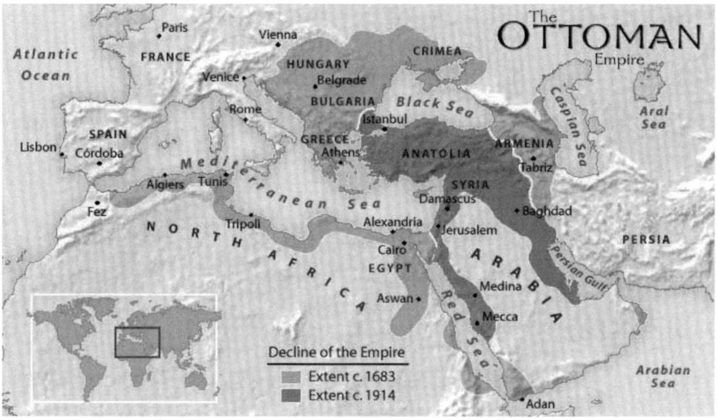

동방문제의 현장인 오스만-터키제국

냈다.[10] 그러던 그가 발칸 반도에서 일어난 봉기 때 터키가 야만적인 진압을 했는데도 디즈레일리 정부가 러시아를 견제하기 위해 터키의 행위를 방관하는 외교 정책을 취한 것을 보자 일단의 정치적 목소리를 냈다. 자신의 소책자인 『불가리아 참사와 동방문제(Bulgarian Horrors and the Question of the East)』에서 그는 터키 비정규군이 스스로 발칸 반도에서 떠날 것을 요구하였다.[11] 글래드스턴의 이런 행동이 디즈레일리와의 관계를 대립의 이미지로 굳혀지게 하였으며, 궁극적으로 둘의 외교정책상 대립의 기준이 동방 문제에 있다는 점도 부각시켰다.

---

10) Osbert Gladstone, *W. E. Gladstone* (London: Constable & Co. 1927), pp.161-62.

11) R. T. Shannon, *Gladstone and the Bulgarian agitation, 1876* (Hassocks: Harvester Press; Hamden, Conn.: Archon Books, 1975). pp.114-17.

동방 문제와 양당의 외교 정책 정립

글래드스턴이 이끄는 1차 자유당 내각(1868~1874) 때, 그가 정립하려던 외교 정책의 성패는 당내에 자유주의 급진파들의 생각을 어떻게 조율해야 하는지가 관건이었다. 글래드스턴의 정책 방향은 국내 문제에 집중한 것은 사실이지만, 그 역시 러시아의 남하 정책에 불만이 있었으며[12] 영국이 경제적 이익을 세계 시장에서 추구하는 것을 반대하지 않았다. 때문에 경제중심 외교정책의 중요성과 이를 추진할 필요성만큼은 느끼고 있었다.

당내의 존 브라이트(John Bright) 같은 급진적 자유주의자들은 국내의 사회·정치적 요구 사항을 만족시켜주는 쪽으로 정부의 정책이 집중되기만을 요구하였다.[13] 특히 1870년 11월에 급진주의자들의 대변인이 된 브라이트가 만약 글래드스턴이 국내 문제가 해결되지도 않은 상태에서 외교 정책을 추진한다면 내각 사퇴로까지 여론을 몰고 갈 것이라고 하였다. 이

---

12) 영국은 1820년 이후 러시아의 남하 정책에 대하여 민감함을 보이면서 줄곧 러시아 혐오(Russophobia)라는 용어를 사용하고 있었다. 동방 문제가 불거지면서 영국의 러시아에 대한 혐오 증세는 더욱 고조되어갔다. 글래드스턴도 예외는 아니었다; 러시아에 대한 글래드스턴의 언급은 Gladstone to Granville, 22 Nov. 1870: A. Ramm, ed., *Gower, Granville George Leveson, Earl Granville, Correspondence with W. E. Gladstone*, vol.1, no.374 (London: Methuen, 1956)에 언급됨.

13) Bright to Gladstone, 17 Nov. 1870: G. M. Trevelyan, *The life of John Bright* (London: new edn, 1925) p.418.

글래드스턴(W. E. Gladstone)
총리, 1809-1898

로써 글래드스턴은 자신의 정권을 유지하려면 급진파들의 요구를 수용하면서도 외교 정책을 정립시킬 방도를 찾아야 했다. 결국 그는 '약소국의 자유와 평등을 침탈하는 행위를 하는 국가는 국제적인 도덕의 원칙에 위배되는 것이므로 해당 국가와 지역에 대해서 영국의 정치적 이념에 따라 합법적으로 간섭을 한다.' 는 외교 정책을 표방하였다. 이 정책으로 인해 정부는 외교문제에 정부가 대외적인 상황 여부에 따라 개입해야 하는 수동적인 외교형태를 갖게 되었지만 국내 문제만 신경 쓰라는 당내 급진주의자들의 눈치를 보지 않고 외교 정책을 추진할 수 있게 되었다.

글래드스턴 정부의 외교 정책 정립시의 진통은 당시 야당이었던 보수당의 경우도 비껴갈 수 없었다. 글래드스턴의 1차 내각시기에 디즈레일리도 외교 정책을 정립하기 위해서 당내의 소리를 하나로 모아야 했다. 많은 보수주의자들은 보불전쟁에서 프랑스가 프러시아에게 항복하는 과정을 보면서 영국도 주변 강대국들에 의한 위기의 가능성을 배제할 수 없다고 생각했다. 보수당의 수석 원내 총무(Cheif Whip)인 제라드 노엘(Gerard Noel)이 디즈레일리에게 "당내에서 영향력 있는 지도자들이 의회에서 국가의 방위와 대외적인 사건들을 강력하게 말하여야 할 때가 지금이라고 의견을 모으고 있다. 하지만 외무장관인 더비(Lord Derby)경은 이를 반대하고 있어 그에

디즈레일리 (B. Disraeli) 총리,1804-1881

대한 당원들의 반발이 만만찮다. 나 역시 더비경의 선거구인 랭커셔 주(Lancashire) 연설에서 그를 집중적으로 공격했다. 한편 정부가 유럽 문제에 능동적으로 개입할 수 있는 외교의 역할을 포기한 지금, 당 내에서 의원들이 우리당의 외교역할이 무엇이냐고 강한 의문을 제기하고 있다"[14]라고 보고하였다. 노엘의 보고가 있자, 디즈레일리는 자신의 외교 정책 방향을 구체적으로 정립해야 할 때가 왔음을 알게 되었다.

외교 정책을 정립하기에 앞서 디즈레일리는 더비의 움직임에 대한 자신의 입장을 일차적으로 정리하려 했다. 당의 리더인 자신의 입장에서는 랭커셔 주에서 큰 영향을 갖고 있는 더비를 잃는다면 다음 총선에서 보수당이 두 번 연속으로 정권을 잡지 못할 수도 있기에 그를 포용할 수밖에 없다고 판단했다. 그 결과 디즈레일리는 당원들이 바란다면 언젠가는 더비를 당수에 올릴 것이라고 공표했다. 이렇게 더비 문제를 정리한 그는 '국내적으로 보수당을 강하게 만들고 대외적으로 영국의 이익을 보호하는' 자신의 기본적인 생각으로 외교를 정립하려고 구상하였다. 그는 해군을 강력히 만들고 군대를 개혁하고 국제 문제에 적극적으로 관여하려는 것을 당원들에게 밝혔다. 1871년 1월, 더비가 "적이 어디에 있는가?" 라고 다시

---

14) G. Noel to Disraeli, 20 Jan 1871: *Hickleton Papers* (in the University Library, Cambridge), BXXI/N/123.

이의를 제기하자 그는 자못 당황하였다.[15] 사실 더비의 질문은 디즈레일리의 생각에는 동의하지만 대외적인 직접적 도전도 없는 현 상황에서 군사력 확장이 필요한가라는 회의론(懷疑論)에서 나온 것이다.

디즈레일리는 더비의 질문에 대하여 피할 수만 없다고 판단하고 직접적으로 그에게 해명을 시도하였다. 첫째 외교 문제를 방치해두면 국내 문제에 치명적인 영향을 주기 쉽기 때문에 이를 예방할 수 있는 외교 체제가 필수적으로 구축되어야 한다는 점, 둘째 해군을 포함한 군 체제의 강화로 더 많은 해외 시장과 식민지를 개척하면 보수당의 주역들인 산업 귀족층에게 유리하게 된다는 점, 이외에 현 자유당 정부보다 대외문제를 원활이 다루게 되면 조만간 보수당의 집권이 가능하게 된다는 점이다.[16] 이로써 디즈레일리는 더비의 이의를 잠시나마 잠재울 수 있게 되자, 국방력 강화라는 기본적인 틀에서 국익의 정도에 준한 대외 문제의 간섭 여부를 정하는 방식을 당의 외교 정책으로 결정했다.

정리해보면 글래드스턴이나 디즈레일리의 외교 정책 정립 내용은 방법에서 차이가 있어 보인다. 글래드스턴은 국제적인 도덕 기준을 정하여 이에 반응하는 수동적 접근 방식이다. 디즈레일리는 국익의 정도를 놓고 참여 정도를 결정하는 능동적 대처 방식이다.

디즈레일리의 2차 보수당 내각(1874-80년)이 출범한 이듬

15) Derby to Disraeli, 22 Jan. 1871: *Hickleton Papers,* XXI/N/866.
16) Swartz, *The Politics of British Foreign Policy,* p.28.

해(1875년)에 보스니아-헤르체고비나가 터키에 대항하여 반란을 일으키자 이 지역이 유럽의 관심 지역으로 떠오르게 되었다. 디즈레일리는 이미 세워놓은 '국익에 준한 간섭'이라는 외교 정책의 틀을 놓고 영국의 이익을 얻을 수 있는 길을 살피고 있었다. 글래드스턴이 은퇴한 뒤 자유당은 하팅턴(Marquess of Hartington)과 그렌빌(Earl Granville)이 이끌고 있었는데 이들도 정부의 외교적 움직임에 그리 부정적이지는 않았다. 하지만 1876년 불가리아 학살 소식이 있자, 급진적인 비국교도들이 정부와 자유당 모두에게 터키에 대한 처벌을 요구했고 양당은 모종의 결단을 내려야만 했다.

정권을 쥐고 있던 디즈레일리는 불가리아 사태가 당장 영국의 경제(제국주의 이익)에 피해를 주지 않기 때문에 감정적으로 사태에 대응할 필요는 없다고 했다. 그러나 좀 더 냉정한 자세를 갖고 분야별(외무부와 식민부)로 해결점을 찾아야 할 필요가 있다고 주장했다.[17] 이런 주장을 하면서도 디즈레일리는 내심 사태의 대응과 조치가 급하였다. 그는 성격상 머뭇거리거나 경직되는 것을 싫어했으며 어떤 환경에서도 자신이 다룰 수 있는 외교 정책이 되어야 한다는 원칙을 갖고 있었다. 그 결과 그는 동방 문제와 직접적 관련이 있는 외무장관 더비와 인도부(India Office) 장관인 솔즈베리(Lord Salisbury)에게 비공식적이지만 이 문제를 집중적으로 조사·분석하도록 지시하였다. 솔즈베리는 전통적인 토리 출신으로 확고한 원칙

---

17) Disraeli to Richmond (private), 7 Apr. 1877: Goodwood (Richmond) Ms (West Sussex R O, Chichester), p.865.

주의자이면서도 실용주의적인 인물이기에 디즈레일리의 성향에 적합한 인물이었다.[18)]

더비(15th Earl of Derby) 외무장관

디즈레일리의 지시로 동방 문제에 관한 점검을 하던 더비는 동방 문제에 직접 관여한다면 불필요한 재정 낭비가 되니 영국은 외교적으로 이 지역 문제에 불간섭하는 것이 좋을 것으로 보았다. 더군다나 자신의 이런 생각을 디즈레일리에게 직접 표현한 것이 아니라 데일리 텔레그라프(Daily Telegraph)의 로선(Edward Levy Lawson)과 폴 몰 가젯(Pall Mall Gazrtte)의 그린우드(Fredrick Greenwood) 같은 외무부 출입 기자들에게 먼저 발설하였다.[19)] 디즈레일리는 총리인 자신이 내용을 언급하거나 결정도 하지 않은 상태에서 비공식적으로 조사만 부탁했는데 특정 내용이 여론화된 사실에 대하여 자못 당황하였다. 이미 여론화된 상황만큼은 수습해야 했기에, 그는 "대영제국의 이익이 창출될 때만 외교적인 간섭을 하는 것이 자신의 외교 방식이며 동방 문제에도 예외가 될 수 없다" 라고 자신의 의견을 제시하였다. 여왕에게도 그는 "만약 외교적으로 터키에게 강한 제재를 가해야 한다면 지중해 지역의 크리스천의 보호가 주목적이 아니라, 여왕의 대영제국이 건재함을 보이기 위함일 것입니다" 라고 보고하였다.[20)] 이로써 사태는 수

18) Swartz, *The Politics of British Foreign Policy,* p.32.
19) Derby Cabinet Minutes and Diary (Earl of Derby, Knowsley Hall), 12 Jan. 1876.

습되었지만 더비와 디즈레일리의 좋지 못한 관계가 더욱 깊어지게 되었다.

동방 문제에 관한 급진주의 비국교도들의 압력은 야당인 자유당에게도 예외가 아니었다. 자유당을 책임지고 있던 당시 인물들은 하팅턴과 그렌빌이지만 실질적인 책임자는 당연히 글래드스턴이다. 글래드스턴은 궁극적으로 급진주의자들의 주장을 거부하였다. 급진적 비국교도인들의 생각대로 움직인다면 국가의 질서가 흔들릴 수 있다는 우려를 했기 때문이다. 그럼에도 불구하고 그는 기독교인 학살을 그대로 방관할 수 없는 (자신을 포함한) 기독교계의 입장을 만족시킬 외교의 방향을 모색하였다. 글래드스턴은 얽혀 있는 동방 문제를 풀려면 불가리아 사태를 자유와 평등을 위협하는 국제적 도덕에 위배된 사건으로 접근하여야 당과 여론을 움직일 수 있다고 보았다.[21] 글래드스턴은 도덕성에 준한 외교적 간섭을 자유당의 외교 정책으로 정했기 때문이다. 글래드스턴은 1876년 9월 9일에 열린 블랙히스(Blackheath) 전당 대회에 참석하여 자신의 생각을 강력히 표현했다. 블랙히스 전당 대회는 자유당의 부활을 다짐하는 기회로 열렸는데 주요 참가당원들은 사회에서 중추적 역할을 하던 자유주의적 중산층들이었다. 글래드스턴은 자신의 소책자인 『불가리아 참사와 동방문제』를 통해 터키에 의한 불가리아인의 학살을 강조하며 도덕적인 부분을 호소하였고 그의 생각은 적중했다. 그 예로 전당 대회가 끝난 며칠 뒤에 있었던,

20) Disraeli to Queen (Confidential), 29 May 1876: *Royal Archives* H7/198.

21) Swartz, *The Politics of British Foreign Policy,* p.39.

디즈레일리가 30년간 아성으로 지키던 버킹엄셔 지역의 보궐선거에서 보수당 후보가 승리는 했지만 불가리아 학살 문제를 들고 나온 자유당 후보도 선전(善戰)하는 결과를 낳았다.[22] 글래드스턴에게 동방 문제는 새로운 기회의 장이 되었음이 분명하다. 그는 도덕적 원칙에 의한 외교적 간섭을 하는 정책이 이번 사태로 현실적 실행이 가능함을 확인했다. 그의 정치 성향을 따르던 중산층들도 당내 중추 세력이 됨으로써 조만간 국내 정치에서 그가 다시 도약할 수 있는 가능성이 엿보였다.

결국 라이벌 관계인 디즈레일리와 글래드스턴은 당을 통합하고 그들 뒤에 있는 주된 여론들을 결속시키려는 데 동방 문제를 관심의 대상으로 두고 있음이 확인된다. 현실적으로 동방 문제는 자유당과 글래드스턴의 도약보다 수권 정당이던 보수당과 디즈레일리의 정치·외교의 시험대에 올라 있었다.

동방 문제와 수권 정당의 고민

1877년 초, 글래드스턴은 불가리아 사태에 대한 뚜렷한 조처가 없던 정부를 공격하면서 자신의 방식인 도덕성에 준한 외교적 간섭을 강력히 주장하였다. 글래드스턴의 움직임에 대하여 외무장관 더비가 동조하므로 총리인 디즈레일리의 입장은 한층 궁지에 몰리게 되었다. 더비는 “현재 중산층을 끌어

---

22) Beaconsfield to Cairns 9confidential), 12 Sep. 1876: *Cairns Paper* (in the Public Record Office). PRO 30/51/1.

안고 있는 자유당이 주장하는 터키 응징론이 여론의 힘을 받게 되면 보수당 정권이 무너지는 것은 시간문제이다. 그리고 무너진 후 재기하기도 어렵게 된다. 차라리 글래드스턴과 중산층이 주장하는 도덕성을 보수당도 받아들여 터키를 응징하는 쪽이 당이 살길"이라고 했다[23] 심지어 1877년 2월, 빅토리아 여왕마저 "외교 문제에 있어 기존 방식과 다른 특단의 조처가 필요하지 않는지" 라고 총리에게 물어왔다. 디즈레일리는 "영국 정부가 분명히 개입할 수 있는 최상의 기회를 엿보고 있으니 여왕께서는 확고한 믿음으로 기다려주십시오"[24] 라고 대답했다. 이제 디즈레일리는 정부의 수장으로서 동방 문제에 대한 결정을 조만간 내려야할 때가 된 것이다.

사실상 디즈레일리가 동방 문제에 관여하기를 주춤했던 것은 개입할 최상의 기회가 보이지 않음에 있었다. 디즈레일리가 생각하는 최상의 기회란 러시아의 움직임을 염두에 두고 있었다. 만약 러시아가 불가리아 학살을 그리스 정교에 대한 박해로 간주하여 터키와 전쟁을 하게 되고, 이로 인해 인도로 향하는 육로인 메소포타미아 상업로에 대한 열국(列國)들의 왕래가 용이하지 않게 된다면 영국은 자국의 무역을 위한 상업로를 보호한다는 명목으로 자연스럽게 간섭을 시도할 수 있다.[25] 디즈레일리 정부는 국익의 정도에 준하여 간섭을 결정

23) Robert Blake, *Disraeli* (London: Prion, 1998), p.630.
24) Beaconsfield to the Queen, 2 Feb. 1877: RA H12/11.
25) Beaconsfield to Salisbury (confidential), 6 Feb. 1877: *Salisbury(3rd Marquis) Papers* (Marquis of Salisbury,

한다는 외교 정책의 원칙을 갖고 있었기 때문이다.

더비와 여왕의 압력으로 디즈레일리가 동방 문제에 개입할 기회를 다시 한 번 조율하고 있던 차, 당 내에는 의견이 크게 둘로 나뉘어졌다. 한쪽은 디즈레일리의 외교에 대하여 회의를 느끼고 있던 더비의 지지자들이다. 다른 쪽은 이들을 강하게 비판하며 디즈레일리에게 충성을 보이는 무리들이다. 상황이 이렇게 전개되자 디즈레일리는 "터키 문제는 불가리아 사태를 넘어선 외교적인 민감한 부분이 있다. 바로 러시아의 발칸과 근동으로의 진출인데 영국 정부는 이를 반드시 막아야 한다. 그동안의 이 지역의 외교적 상황으로 보면 러시아와 터키는 반드시 충돌하게 될 것이며 터키를 지원하는 것이 영국의 입장이 되어야 한다"[26] 라고 자신의 생각을 당내에 확실히 표현하게 되었다.

다행히 둘로 나눠진 보수당 내 상황은 디즈레일리의 결정과 무관하게 정리될 조짐이 보였다. 먼저 여론에서는 "외무부가 동방 문제에 대한 해결책을 내놓아야 하지 않는지, 그리고 외무부의 수장인 더비가 해야 할 일은 전쟁의 위기를 가능한 수습하는 쪽이 되어야 하는데 현재는 전쟁을 부추기는 쪽이 아닌지" 라는 목소리가 커지고 있었다.[27] 다른 하나는 인도부 장관이던 솔즈베리가 디즈레일리의 정책을 강력히 지지하고 나선 것이다. 그는 제국 경제의 중추적 역할을 하고 있는 인도

Harfield House) (formerly at Christ Church, Oxford).

26) Seton-Watson, *Disraeli, Gladstone and the Eastern Question,* p.160.

27) Swartz, *The Politics of British Foreign Policy,* p.53.

내 영국인 산업 귀족들은 자신들의 특권이 유지되기를 원하는데 이들의 특권을 지켜줄 수 있는 정책이 바로 제국주의 이익을 고수하려는 디즈레일리의 외교 정책이라 본 것이다.[28] 솔즈베리는 한 발짝 더 나가 "만약 정부가 원하는 방식으로 동방 문제에 간섭하게 되더라도 러시아를 제제하려는데 목적이 있는 것이지 터키의 행동을 옹호하는 것이 아니다. 결코 자유당이 지적하는 것처럼 현 정부가 도덕적인 부분을 묵살하려는 것은 아니다"[29] 라고 총리를 대변하기까지 하였다. 또 솔즈베리의 친구이자 식민부 장관이던 카나본(Lord Carnarvon)이 "발칸 지역의 기독교인들을 박해한 터키에 대해서는 어떤 이유로도 도와줄 수 없지 않는가" 라고 하자, 솔즈베리는 "터키의 응징이 영국에게 진정 전략적 이득을 줄 수 있는가. 오히려 러시아에 대한 터키 지역 방어가 논리적으로 외교적 승과를 거두는 것이 될 것이다" 라고 그를 설득하였다.[30] 솔즈베리의 지원과 여론에 의해 더비의 입지가 줄어듦에도 불구하고 디즈레일리에 대한 당의 전폭적인 지지는 이뤄지지 않았다. 하지만 1877년 4월 24일에 러시아-터키 전쟁이 터지자 분위기는 달라졌다.

이즈음 글래드스턴은 블랙히스 전당 대회 이후에 자유당의 실권을 다시 쥐고 있었다. 그는 자신이 당의 실권을 쥐게 된 계기가 동방 문제였던 만큼 이와 관련된 정책안을 당내에 내

28) Swartz, *The Politics of British Foreign Policy*, p.53.
29) Salisbury to Lytton(Private), 15 Feb. 1877: *Salisbury Papers* D/40/85.
30) Swartz, *The Politics of British Foreign Policy*, p.54.

놓아야만 했다. 글래드스턴이 생각한 것은 터키의 비도덕적 행동을 비난하는 내용들을 의회의 주요 안건으로 올린 후, 궁극에는 여왕의 도덕적 지지를 이끌어 내어 동방 문제를 풀어 가려는 것이었다.[31] 그의 생각은 의회에 안건으로 상정되었고, 5월 14일부터 나흘 동안 소위원회가 이를 본회의 안건으로 올릴 것인지를 논의하였다. 논의가 진행되는 동안 총리가 하원의장이던 노스코트(Lord Northcote)을 따로 만나 "러시아-터키전쟁이 터진 이상 좋은 결과를 얻어내어야 하는데 글래드스턴에게 위원회 의원들의 투표수가 얼마나 갈 것 같은가" 라며[32] 관심을 보였다. 하원의장은 "수권 정당인 보수당은 의원수로 131명을 거느린 다수당이 아닌가. 더군다나 가장 만족스런 최상의 효과를 러시아의 개입과 관련하여 얻을 것이란 당신의 주장도 터키전쟁의 발발과 함께 현실화하고 있지 않은가" 라고 즉답을 피했다.[33] 총리의 궁금증은 글래드스턴의 안건이 소위원회에서 부결되면서 해결되었다. 반면, 글래드스턴은 소위원회의 결과를 담담히 받아들이고 5월 31일에 버밍엄의 국민자유연맹(NLF)이 주최한 당 대회에 참석하여 외교 쪽보다 국내쪽으로 정치 방향을 돌렸다.[34] 이제 동방 문

---

31) Seton-Watson, *Disraeli, Gladstone and the Eastern Question*, pp.181-188.

32) Beaconsfield to Northcote, with Minute by M. Corry, 14 May 1877: *Hickleton Papers* B/XVI/B/48.

33) Beaconsfield to the Queen, 15 may 1877: *Royal Archives* A51/44.

34) NLF를 실질적으로 이끌고 있던 체임벌린(J. Chamberlain)가 선포한 대회 주제는 "우리당의 격려와 보호"였다; Chamberlain

제는 완전히 디즈레일리의 몫이 되었다. 그리고 국민자유연맹에서 취한 글래드스턴의 행동은 상황에 따라 변화하는 그의 정치 성향이 잘 드러난 예라고 할 수 있다.

디즈레일리는 자신의 외교방식이 글래드스턴의 그것으로부터 승리를 했지만 적절한 외교적 기회가 만들어지지 않는다면 당에 치명적인 손상이 된다는 현실만큼은 이해하고 있었다. 6월에 들어서 콘스탄티노플이 러시아에 함락될 가능성이 보이자, 디즈레일리의 우려는 말끔히 해소되었다. 드디어 그는 기다리던 기회가 왔다고 보았다. 그는 러시아 혐오(Russophobia)에 젖어있는 영국의 여론을 이용하여 '터키의 패배는 영국의 제국주의 이익에 직결된 메소포타미아 상업로(商業路)가 러시아 수중에 들어가는 것'이라는 점을 강조하였다. 그리고 러시아와 전쟁을 해서라도 이 지역의 안정을 추구해야 한다는 자신의 입장을 내 놓았다.[35] 아이러니한 것은 외무장관 더비가 터키를 응징해야한다는 지난번 주장과 달리, 러시아-터키 전쟁에 영국이 관여해서는 안 된다면서 디즈레일리의 외교 방침과 대립한 것이다. 디즈레일리는 당 내에서 다른 의견이 나온다는 것은 바람직하지 못하다고 보고 더비와 타협을 시도하였지만 둘은 타협점을 찾지 못하고 각료들의 의견을 묻게 되었다.[36] 결과는 내각회의에서 우정국장인 매너스(Lord J. Manners)가 러시아가 콘스탄티노플을 함락하는 것을 방치할

---

to J. Collings (copy), 18, Mar. 1877: *Joseph Chamberlain Papers* (in the Birmingham University Library) 5/16/65.

35) Derby Cabinet Minutes and Diary, 3, 4 July 1877.

36) Derby Cabinet Minutes and Diary, 3, 8 July 1877.

수는 없다는 의견을 내놓자, 이를 각료들의 공통 의견으로 모으고 디즈레일리의 손을 들어주었다.[37] 그로부터 일주일 후, 식민부 장관인 카나본을 통해서 디즈레일리는 "러시아가 터키 수도를 점령하거나 여타 지역에서도 즉시 철수를 하지 않으면 영국은 전쟁을 불사할 것이다"라고 공식적인 발표를 하였다.[38]

외교가 이끌어낸 정치의 결실

디즈레일리 정부의 외교 공약들의 진정한 목적이 정부와 당의 운명과 직결되어 있었다. 때문에 그에게는 외교란 확대된 당의 정략(政略)이었다. 사실 1878년에 접어들면서 굵직한 국내 문제들이 터지지 않다보니 동방 문제가 잘못되면 정부에 치명적인 해가 될 수 있음을 그가 잘 알고 전력 투구한 점에서 외교가 정략임을 알 수 있다.

러시아는 터키와 전쟁을 끝내며 산스테파노 평화조약을 1878년 3월 3일에 맺었다. 이 조약에 따라 터키에 속했던 동유럽 속국들이 재편되었고,[39] 터키는 더 이상 발칸 반도에서

---

37) Cairns to the Queen, 15 July 1877: *Royal Archives* H15/22.

38) Cairns to the Queen, 21 July 1877.

39) 이 조약에서 가장 중요한 조항은 독립 불가리아 공국의 수립으로, 마케도니아 대부분 지역을 포함해 도나우 강까지, 그리고 에게 해에서 흑해까지 영토를 정했고 세르비아·몬테네그로·루마니아의 독립을 인정했다; David Gillard, *The struggle for Asia, 1828-1914: a study in British and Russian imperialism*

이전처럼 실질적인 지배력을 행사하는 것이 쉽지 않게 되었다. 더군다나 이 조약은 러시아에게 절대적으로 유리한 조약이므로[40] 슬라브 민족주의의 성장에 반감을 품은 오스트리아·헝가리제국(이후 본 글에서는 오스트리아로 씀)이 조약 내용에 반대했고, 새로 생긴 불가리아가 러시아의 위성국이 되어 콘스탄티노플을 위협할 것을 우려한 영국도 민감한 반응을 보였다.

당내 동료들로부터 소외된 외무장관 더비는 산스테파노 조약 소식에 영국 정부가 전쟁도 불사할 것임을 예상하였다. 그는 『데일리 텔레그라프(Daily Telegraph)』지에 이전에 영국 정부가 맺었던 러시아와의 관계를 조목조목 들어 전쟁 불가를 표명하면서 디즈레일리의 정책을 강하게 비판하였다. 총리는 분명하게 더비에게 대답하였다. "나는 『데일리 텔레그라프』지에 언급된 내용에 대하여 관심이 없다. 국민들도 신문에 나온 내용에 대하여 관심을 가지지 않으리라 확신한다. 내가 관심을 갖는 것은 『데일리 텔레그라프』지가 당신에게 그동안 너무 헌신적이었단 사실뿐이다. 이제는 그런 헌신도 끝이 나리라 확신한다."[41] 디즈레일리가 언급한 마지막 구절의 의미는 더

(London: Methuen, 1977) p.135.

40) 세르비아와 몬테네그로는 서로 국경이 맞닿을 정도로 영토가 확장되었으며, 루마니아는 투르크로부터 도브루자를 받는 대신에 러시아에게 베사라비아 남부를 양도해야 했다. 투르크의 아시아 쪽 영토 일부가 러시아에 할양되었고, 투르크 제국의 술탄은 제국 내의 그리스도교도에게 신변 안전을 보장했다; Gillard, *The struggle for Asia,* pp.136-37.

41) Beaconsfield to Derby, 19 Mar. 1878; *Derby papers* (in the

솔즈베리(3rd Marquess of Salisbury) 외무장관 및 총리

비와 결별의 수순을 밟겠다는 것이다. 총리의 생각을 읽은 더비는 3월 말에 외무장관직을 사임하였다. 그를 이은 인물은 인도부 장관에서 자리를 옮겨온 솔즈베리이었다.42)

3월 27일에 산스테파노 조약 문제를 놓고 내각이 소집되었다. 참여한 각료들은 산스테파노 조약의 일부 조항에 대하여 수정을 가해야하며 유럽 주요국들이 참여하는 새로운 회의가 개최되어야 한다는 대 의견을 모았다. 동시에 각료들은 자신들이 결의한 동방 문제에 대한 조처를 러시아 정부가 수용하지 않을지 모른다는 의구심을 갖고 전쟁 가능성을 염두에 둔 경계령을 내리는 안건도 검토하였다.43) 내각의 결정은 새로 외무장관에 부임한 솔즈베리가 적극적으로 협조하면서 활기를 띠게 되었다. 특히 그는 디즈레일리가 생각하고 있는 '외교가 당의 정략에 있어 중요한 부분'이라는 사실을 확실히 이해하고 있었다. 그렇기 때문에 그는 총리보다 더 적극적이고 실용적인 외교를 시도하였다. 4월 말에 내무장관 크로스(R. A. Cross)가 만약 정부가 오스트리아와 동맹을 맺어 러시아와 협상할 경우의 비용을 각료회의 때 제시하였다. 이때 솔즈베리는 오스트리아와 동방 문제를 위해 동맹관계를 맺는 것

Liverpool City Libraries) 16/2/3.
42) Swartz, *The Politics of British Foreign Policy*, p.82.
43) Derby Cabinet Minutes and Diary, 27 Mar. 1878.

이 바람직하지 않음을 각료들에게 내비쳤다. 오스트리아는 재정이 그리 넉넉지 않기에 그와 동맹을 맺으면 러시아와의 얽힌 오스트리아의 협상 부분마저 끌어안아 재정적으로 이중고를 치를 수 있다는 계산에서였다. 결국 솔즈베리의 의도는 외교 문제가 국내 재정에 압박을 가한다면 수권 정당의 위치에 정치적 타격이 될 수 있다는 정략적인 계산에서 한 것이다.[44] 총리는 뜻을 파악하고 "오스트리아 외무장관 안드라시(Andrāssy Gyula)와의 협정 체결은 없을 것이다"며 솔즈베리의 생각에 손을 들어주었다.

솔즈베리는 비스마르크(Otto Eduard Leopold von Bismarck)의 중재에 관심을 보였다. 비스마르크는 신생 독립국으로 발돋움하는 독일의 도약을 위해 외교적으로 보호되어야 한다는 생각을 갖고 있었다. 특히 비스마르크는 독일을 둘러싼 주변 국가들 중 프랑스는 고립시키고 이외의 국가들은 자국의 발전에 방해가 되지 않도록 간섭하고 조정하는 외교를 시도했는데 이를 '비스마르크 체제' 라고 한다. 비스마르크 체제는 19세기 초의 빈체제('유럽협조체제' 라고도 부름)를 응용하였다. 그는 보수적인 연대 관계가 있었던 과거의 신성동맹을 1873년에 삼제협상의 형태로 새로이 부활시켰다. 이 협상은 3개의 제국 곧 독일, 러시아, 오스트리아가 각자의 분쟁을 평화적으로 해결하려는 목적에서 만든 것이다. 그러나 실제로 삼제협상은 서로의 분쟁이 존재하지 않는 동안에만 결합을 유지했을 뿐,

44) Salisbury to Cross (Private), 30 Apr. 1878: *Cross papers* (in the British Museum, London) 51263.

1875년에 동방 문제가 터지자 점차 협상 관계가 와해되었다. 1878년 3월의 러시아-터키 전쟁으로 맺어진 산스테파노 조약은 비스마르크 체제를 근본적으로 위협하게 되었다.[45] 한 예로 산스테파노 조약에서 러시아가 일방적으로 터키에게 많은 이권을 강요하여 소유하였는데 이에 오스트리아는 부당함을 느끼고 그 지역의 평화를 약속하지 않았다. 즉 러시아와 오스트리아가 대립의 관계로 치닫고 있었던 것이다. 이에 체제의 파국을 두려워한 비스마르크는 '정직한 중재자'로서 동방 문제의 조정에 나섰다.[46]

조약의 조정이 잘 되지 않는다면 전쟁까지 고려했던 솔즈베리로서는 비스마르크의 조정 제의에 일단 외교적으로 분쟁을 해결할 수 있다는 점과 재정적으로도 큰 손해를 보지 않아도 된다는 계산을 하게 되었다. 물론 그는 오스트리아와 동맹관계인 독일이기 때문에 영국이 오스트리아마저 신경 쓰지 않아도 된다는 점도 고려하였다. 결국 외무장관 솔즈베리는 비스마르크의 중재에 대한 확신이 들자 총리에게 그 가능성을 피력하였다.

독일의 중재 분위기가 무르익자, 디즈레일리는 솔즈베리의 권고를 받아들여 베를린에서 개최되는 회의에 참석할 것을 결심하였다. 영국 정부는 6월 3일에 비스마르크에게 공식적으로 이를 전달하였고, 6일에 외무장관 솔즈베리가 오스트리아 외무장관과 베를린에서 러시아에 대하여 함께 동방 문

45) E. T. S. Dugale, *German Diplomatic Documents, 1871-1914,* vol. 1(London: Methuen, 1928), pp.61-87.

46) Dugale, *German Diplomatic Documents,* pp.61-87.

1878년의 베를린 회의 (Congress of Berlin)

제를 풀어나갈 것을 동의하는 만남도 있었다. 이어서 13일에 본격적으로 열리게 된 베를린 회의(Congress of Berlin)를 통해 가능하면 영국 정부의 외교적 위치가 강화되도록 신경을 썼다.[47] 자유당은 정부에 관여할 어떤 기회도 포착하지 못하고 지켜보아야만 했다. 오히려 버밍엄의 국민자유연맹(NLF)를 이끌던 체임벌린(J. Chamberlain)의원이 "국가의 이익이 되는 이번 조처와 정부의 강력한 의지에 경의를 보낸다"고 호의적인 발언을 했을 뿐이다.[48]

베를린에서 보낸 디즈레일리와 솔즈베리의 협상 시간은 외교적 성과뿐 아니라 국내에서도 정치적 에너지를 얻는 시간이었다. 그들은 전쟁을 피한 것은 물론 얻을 수 있는 모든 외교적 조건들을 획득하게 되었다. 예를 들면, 러시아의 해군력 확장을 저지하고 터키의 위상을 재정립했으며 오스트리아의 입장에서 보스니아-헤르체고비나 지역을 제국 영토에 편입시

47) B. H. Sumner, *Russia and the Balkans 1870-1880* (London: Archon Books, 1962) ch. 17 and app. 8.

48) Chamberlin to J. Collings, 2 Apr. 1878: *Joseph Chamberlain Papers* 5/16/81.

킴으로써 발칸 반도에 대한 지배력을 강화시켰다. 결국 베를린 회의는 산스테파노 조약에서 러시아가 획득한 막대한 이익을 원상 복귀시킴으로써 러시아 제국에 모멸감을 안겨주었다.[49]

디즈레일리는 베를린 회의로 인해 외교 정치를 통해서 국내 정치까지 그의 능력으로 움켜진, 마치 두 마리의 토끼를 한꺼번에 잡는 성과를 올리게 되었다. 디즈레일리는 의기양양하게 런던으로 돌아와 '명예롭게 평화를' 되찾아왔다고 선언했고,[50] 생애 최고의 절정기에 있던 그가 여왕으로부터 공작위를 제안받았으나 사양했으며, 가터훈장만 받았다.

* * *

파머스턴 사후, 영국 정계를 대표하는 인물은 보수당의 디즈레일리와 자유당의 글래드스턴인데 두 사람의 정치적 특성을 분석해보면 공통점과 차이점이 모두 보인다. 공통점은 파머스턴의 정치 노선을 이어받아 중산층들의 이익을 확대하고 근로자의 권익을 보호해주는 절차를 각자의 정책으로 진행했다는 것과 사회의 전통적 질서만큼은 보존되어야 한다는 보수적 성향을 보인 것이다. 차이점은 글래드스턴이 때와 환경에 따라 자신이 갈망하는 정치적 주제들을 다양하게 변화시켰지만 디즈레일리는 확실한 정치적 원칙을 고수하는 경향이 있었

49) Seton-Watson, *Eastern Question,* pp.431-432.
50) Salisbury's speech at the Mansion House, 3 Aug. 1878: "The Times", 5 Aug. 1878.

다는 점이다.

이렇듯 두 사람의 정치적 특성에는 공통점과 차이점이 공존하고 있지만, 보편적으로 공통점이 묻혀버리고 차이점만 부각되었다. 때문에 '정치적인 대립'과 같은 이미지만으로 둘의 관계가 언급되고 있다. 세간에 굳혀진 둘의 대립 이미지는 외교, 즉 '동방문제'와 깊은 관련이 있음을 본론에서 확인 할 수 있다.

글래드스턴의 경우, 약소국의 자유와 평등을 침탈하는 행위를 행하는 국가는 국제적인 도덕의 원칙에 위배하는 것으로보았다. 그는 해당 국가 및 지역에 대해서 영국이 합법적으로 간섭을 한다는 외교 정책을 세워놓았는데 이 정책이 동방 문제에서 빛을 본 것이다. 글래드스턴은 1876년 9월 자유당의 부활을 다짐하는 기회로 열린 블랙히스 전당 대회에서 자신의 소책자인 『불가리아 참사와 동방 문제』를 통해 터키에 의한 불가리아인의 학살을 언급했다. 그는 약소국의 자유와 평등을 짓밟는 터키는 분명 국제적 도덕을 저버린 것이므로 이에 응징을 해야 한다고 호소하였다. 글래드스턴의 이런 호소가 자유당의 부활과 맞물리게 되었고, 이와 관련하여 그의 정치적 이미지도 확실하게 굳어지게 되었다.

디즈레일리의 경우, 그는 자신의 외교 수행에 원칙을 갖고 있었다. 첫째로 외교 문제를 방치해두면 국내 문제에 치명적인 영향을 주기 쉽기 때문에 이를 예방할 수 있는 외교 체제는 필수적으로 구축되어야 한다는 것, 둘째로 보수당의 주역들인 산업자본가들은 더 많은 해외시장과 식민지를 개척이 필요한

데 이를 위해 해군을 포함한 군 체제의 강화가 필수적이라는 것이다. 이런 점들을 통하여 디즈레일리가 정립한 외교 정책이란 해군력 강화라는 기본적인 틀에서 정부가 국익의 정도에 준하여 대외 문제의 간섭 여부를 결정한다는 것이다. 디즈레일리 외교방식은 파머스턴의 방식과 흡사하였다. 디즈레일리가 정립한 외교 정책은 1876년 불가리아 학살로 시작된 동방 문제가 러시아-터키전쟁으로 확대되어 콘스탄티노플이 러시아에 함락될 위기에 빛을 발하였다. 그는 영국의 제국주의 이익에 직결된 메소포타미아 상업로(商業路) 보호라는 명목으로 러시아와 전쟁을 해서라도 이 지역의 안정을 추구해야 한다고 보았다. 바로 이는 국익에 준한 대외 간섭이었고 글래드스턴과 대비되는 정치적 이미지를 확고하게 드러낸 것이다.

결국 동방 문제를 놓고 펼친 외교 내용을 보면, 방법에 있어 글래드스턴은 국제적인 도덕기준을 정하여 이에 반응하는 수동적 접근식이다. 반면에 디즈레일리는 국익의 정도를 놓고 참여 정도를 결정하는 능동적 대처 방식인 것을 확인할 수 있다. 이런 방법의 차이는 19세기 후반 영국의 정치·외교 전반(全般)의 성격을 결정한 것으로 단정 지을 수 있다. 디즈레일리는 1881년에 세상을 떠나지만 솔즈베리가 그의 정치적 성향을 고스란히 이어받아 글래드스턴과 대립하면서 19세기를 마감하였기 때문이다.

이런 정치적 흐름을 본다면 동아시아에서 활동하던 파크스는 파머스턴의 외교라인을 잇고 있었기에 글래드스턴 정권(1880-85)때에 1880년 초의 조영관계를 다룰 땐 디즈레일리 정권(1874-80)때인 일본에서 활동할 때 보다 외교적 역할과 성향이 달랐을 것임을 쉽게 짐작할 수 있다.

조영수호통상조약과 파크스의 대(對)조선외교

1883년 11월 26일(음력 10월 27일: 고종 20년)에 2차 조영수호통상조약(Treaty of Friendship and Commerce between Great Britain and Corea: 이하 '조영조약'이라 약칭함)이 체결되었고[1] 그 후 양국 대표들이 조약 비준서를 교환한 시점이 1884년 4월 28일이다.

그간의 조영조약에 대한 연구 논문들을 분석해보면 몇 가지 유형을 찾아낼 수 있다. 우선, 연구자들은 공통적으로 '영국 정부가 1880년 초에 조선과 통상조약을 적극적으로 추진한 이유'를 중요한 연구 주제로 다루고 있다. 이 문제에 대한 연구자들의 결과를 정리해 보면, 해밀턴(Andrew Hamilton)이 『19세기 조선에서의 영제국 이권의 기원(Origin of British Interest in Korea in 19C)』에서 제시한 두 가지 분석으로 귀결된다. 하나는 남진 정책으로 영국의 이권을 위협하던 러시아를 견제하기 위해 영국이 조선에 전략적으로 접근했다는 분석이고, 다른 하나는 영국이 대립적인 청일 관계를 고려하면서 경제적으로 조선에 접근했다는 분석이다.[2]

---

1) 파크스가 주도 했기에 '파크스 조약(Parkes Treaty)'이라고도 부른다.

러시아 견제라는 전략적 차원에서 조약을 체결했다는 분석은, 최문형의 "영국은 교역에도 물론 관심이 없었던 것은 아니지만 어디까지나 러시아의 조선 침략을 저지하는 데 주목적이 있었다"는 표현에서도 잘 드러나고 있다.[3] 이보형도 『한영수교100년사』의 「개관」에서 "1880년대 영국은 청국에서 확보하고 있는 경제적 이권 및 보존을 위해 조선의 수교를 염두에 두는데, 인식의 배경에는 러시아의 남진 정책에 대한 경계가 있었다"라는 주장을 제시했다.[4] 또한 김기열도 「초기한영교섭의 전개과정」이라는 글에서 청국이 조미수교를 지원한 이유를 제시하면서 위 주장들과 같은 연구 결과를 아래와 같이 제시했다.

> "베이징 주재 영국 공사 웨이드는 조선 내 일본 세력의 확장보다 러시아가 청국에 더 위협적이었기에 이를 견제하는 차원에서 조미조약을 지원한 것으로 리훙장(李鴻章)을 지목하였다. 때문에 웨이드는 리훙장의 정책이 영국이 동아시아로 남진하려는 러시아에 대응하는 정책과 일치한다고 보고 그에게 조선과 영국간의 조약체결을 알선해주기를 요청하였다."[5]

오쿠다이라(奧平武彦)도 김기열과 같은 주장을 표명하고 있다.[6]

---

2) Andrew Hamilton, "Origin of British Interest in Korea in 19C" *Korea Journal* (1974) vol.14. no.5, pp.25-33.

3) 최문형, 「한영수교와 그 역사적 의의」, 『한영수교 100년사』, 한국사연구협의회, 1984, p.54.

4) 이보형, 「개관」, 『한영수교 100년사』, 한국사연구협의회, 1984, p.2.

5) 김기열, 「초기 한영교섭의 전개과정」, 『한국근현대사료문선집』 34권 대외.4, 삼귀문화사, 2000, pp.181-82.

경제적 동기를 강조하는 연구 논문들에서 일차적으로 초점을 맞추고 있는 부분은 단연코 파크스가 추진한 1883년의 2차 조영조약이다. 최문형은 영국의 입장에서 '임오군란'이란 조선판 '태평천국의 난'과 같은 것이었고, 정략적 야욕을 충족시킨 영국은 그 사건을 경제적 야욕을 충족시켜줄 결정적 계기로 이용했다는 점을 지적하면서 "영국 정부의 생각을 충족시켜줄 통상조약 성립 역할을 포함외교(砲艦外交)의 명수인 파크스가 담당했다"고 밝히고 있다.[7] 특히 조영조약 관련 연구자들은 공통적으로, 파크스가 조선 정부로부터 관세율 및 최적의 통상 조건들(항만의 토지 매입 및 공장 건설 가능성, 조영 군함 상호 방문 등)을 획득한 후, "비록 힘들었지만 원하는 것은 모두 얻었다"[8]라고 밝힌 대목에 초점을 맞추면서, 그의 발언은 2차 조영조약에 상당한 경제적인 목적이 개재되어 있었다는 것을 단적으로 보여주는 표현이라고 지적한다.[9]

---

6) 최문형, 「한영수교와 그 역사적 의의」, p.54에서 재인용; 奥平武彦, 『朝鮮開國交涉始末』, 刀江書院, 1969, p.145.

7) 최문형, 「한영수교와 그 역사적 의의」, p.57.

8) 최문형, 「한영수교와 그 역사적 의의」, p.61에서 재인용; 오쿠다이라, p.399.

9) 최문형, 「한영수교와 그 역사적 의의」, p.62; 김기열, 「초기 한영교섭의 전개과정」, p.190; 이보형, 「개관」, p.3; 최동희, 「1880년대 조선의 문제와 구미열강과의 외교관계」, 『한국외교사 I』, 집문당, 1996, pp.135-136; E. V. G. Kiernan, *British Diplomacy in China, 1880-1885* (Cambridge University Press, 1939) 11장; F. C. Jones, *Foreign Policy in Korea 1866-94* (Ph D. Dissertation, Harvard University, 1936) 7장과 11장; Lane-Poole, *The Life of Sir Harry Parkes II*, pp.200-20.

기존의 연구들의 여러 성과에도 불구하고 연구에 미비한 부분도 보인다. 기존의 연구에는 영국 내에서 진행된 정치상황의 변화에 대한 고려가 미흡하다. 영국총리 글래드스턴은 1880년 제국주의가 야기하는 도덕성 파괴를 쟁점으로 내세워서 제국주의를 표방하던 보수당의 디즈레일리를 끌어내린 인물이었다.[10] 그는 선거 유세 중 보수당의 대외 정책을 강력하게 비판하였고, 자유당은 작은 정부를 구성하여 국내 정책에서 알찬 열매를 맺겠다는 공약을 내걸었다. 그러므로 그와 자유당이 수권 정당이 되었다고 해서 여론을 의식하지 않은 채 그동안의 주장과 모순되는 상황을 야기할, 즉 '대외 정책의 활성화를 초래할 통상조약을 쉽게 추진할 수 있었을까'라는 자연스런 의문이 생긴다. 아쉽게도 이 문제에 대한 언급이나 검토는 기존의 연구들에서는 물론이고, 영국 측 정책을 읽어내려던 박일근의 "초기 영국의 대조선 외교 정책의 연구"와 신상용의 "영국의 대한 수교 모색"에서도 눈에 띄지 않는다.

기존 연구에서도 인정하고 있다시피, 1884년에 비준된 2차 조영조약은 파크스가 수십 년에 걸쳐 영국과 청국의 통상조약 및 영국과 일본의 통상조약을 체결하는 과정에서 축적한 경험을 활용하여 체계적으로 체결과 비준을 이끌어냄으로써 성공할 수 있었다. 그 결과 2차 조영조약을 일명 '파크스 조약'[11] 이라고 표현한다.

---

10) Political Speeches, 1879 November 27, p.118; *Political Speeches,* 1880 March. 19, p.98; 1880 March 22 pp.209-21, 118.

11) 최문형, 「한영수교와 그 역사적 의의」, p.61.

그렇다면 1884년 조영조약으로 인해 "영국 정부는 동아시아에서 외교 정책상 한계를 드러냈고, 파크스는 개인적 역량과 공적이 두드러졌다"라고 단정 지어 볼 수 있지 않을까? 그러나 기존 연구에서는 이런 단정을 할 수 있도록 뒷받침해 줄 수 있는 내용이 미흡하다.[12] 본 장은 위의 미흡한 부분을 채워주는 역할을 할 것이다.

영정부의 '1차 조영조약' 추진과 파크스

1877-78년 '6차 러시아-터키'전쟁은 산스테파노 조약으로 결말을 맺는 듯 보였다. 그러나 이 조약에서 러시아가 지원하는 불가리아 통합 국가 창설이 가시화되자, 디즈레일리 정부는 불가리아를 통해 러시아가 발칸반도로 진출할 수 있는 빌미를 주는 것이라 보고 강력하게 반발하였다. 디즈레일리는 "불가리아가 통합 국가로 출발하려면 러시아의 간섭이 철저히 배제된다는 국제적 약속이 전제되어야한다"고 주장하면서, 만약 그의 뜻이 관철되지 않고 산스테파노 조약대로 진행된다면 러시아와 전쟁도 불사하겠다는 의지를 표명했다. 디즈레일리의 태도는 인도로 가는 길목이 러시아에 의해 차단될 수 있으므로 이에 개입하겠다는 기존의 간섭 정책을 표방한 전형적인 모습이었다. 다행히 영러(英露) 간의 일촉즉발의 대립 상태는 '정직한 중재자' 역할을 자처한 비스마르크로 인해 베를린에서

12) 『영국연구』 9호, pp.107-133.

영국의 우위로 끝을 맺게 되었다.

1878년은 조영 관계에서도 주목되는 해이다. 영국 측 정책을 읽어내려던 신상용은 「영국의 대한수교모색배경」에서 “베를린 회의(1878) 이후 러시아가 발칸 진출이 좌절되어 동아시아 쪽으로 남진정책의 방향을 틀게 되었고 영국도 이를 따라 동아시아 지역으로 선회하는 전략적인 대응책을 강구했다”고 주장한다.[13] 과연 그러한가?

베를린 회의 이후 디즈레일리가 실각하던 1880년까지 그가 다룬 주요 외교정책은 아프가니스탄에서 인도로 들어오는 관문인 헤라트에서 목격된 러시아의 군사적 이동에 대한 대처[14]와 남아프리카 보어지역의 금광을 놓고 벌어진 줄루족과의 싸움이었다.[15] 우선 남아프리카 문제는 논외로 치더라도, 헤라트 문제에 대한 기민한 대처는 1878년 이후에도 영국의 정책적 관심이 러시아의 인도 침략에 집중되어 있음을 보여준다.[16] 다시 말하자면 시기적으로 1870년대까지는 동아시아가 영국정부의 주요 정책에서 제외되고 있었다.

그렇다면 1880년대 초는 어떠한가? 1880년에 들어선 글래드스턴 정부는 디즈레일리의 ‘제국주의’ 정책에 수반된 도덕적 문제점들을 비판하면서 정권을 쥐었다. 특히 그는 외교정책

---

13) 신상용, 「영국의 대한수교모색배경」, 『한영수교 100년사』, 한국사연구협의회, 1984, p.42.
14) 『사학지』, 32집, pp.181-82.
15) 『사학지』, 32집, pp.181-82.
16) 인도 관문 헤라트 문제는 1885년 3월에 다시 재현되어 포트 해밀턴 점령사건의 배경이 된다.

분야에서 반(反)디즈레일리적 입장을 부각시키기 위해 논리적이며 설득력 있는 '외교 정책 6원칙'을 내어놓았다. 이 원칙은 그의 외교정책뿐만 아니라 국내정책을 이끌어 가는 기본 축이었다.[17] 특히 외교원칙의 첫 번째로 언급된 "국내의 입법과 경제가 안정된 토대 위에서 외교가 이뤄져야하며"라는 조항에서 글래드스턴 2차 내각은 정책 시행의 중점을 '국내 문제'에 두고 있음을 알 수 있다. 그런데 1880년 선거가 끝난 직후 파넬(C. S. Parnell)이 이끄는 토지 연맹이 주도한 아일랜드 토지개혁법안이 상원에서 거부를 당하자 연맹은 장외에서 대규모의 토지개혁 운동을 전개했다. 연맹이 국내적으로 안정을 꾀하려던 글래드스턴의 정책 의지를 무색하게 만든 것이다.

글래드스턴은 국외 문제에 있어서도 어려움에 봉착하게 되었다. 그가 집권한 이듬해에는 수에즈운하를 둘러싸고 민족주의 운동이 일어났다. 영국은 1875년에 이집트 소유 운하회사의 주식 17만 6천 6백주(株)를 매수함으로써 명실상부하게 수에즈 운하를 프랑스와 공동으로 소유하게 되었다. 영국에게 있어서 수에즈운하는 인도로 가는 가장 중요한 통로였다. 그런 전략적 요충지역인 이집트에서 1881년 9월에 우라비 파샤

17) *Political Speeches* (The Third Midlothian Speech, 27 November 1879), p.129; 주요 내용을 살펴보면, 국내의 입법과 경제가 안정된 토대 위에서 외교가 이뤄져야하며, 추진하는 외교는 어떤 경우라도 평화를 전제로 하여야한다. 또 유럽과의 협조체제 하에 이뤄져야하며, 불필요한 개입은 피하고, 모든 민족의 평등성은 인정해야 한다는 것이다.

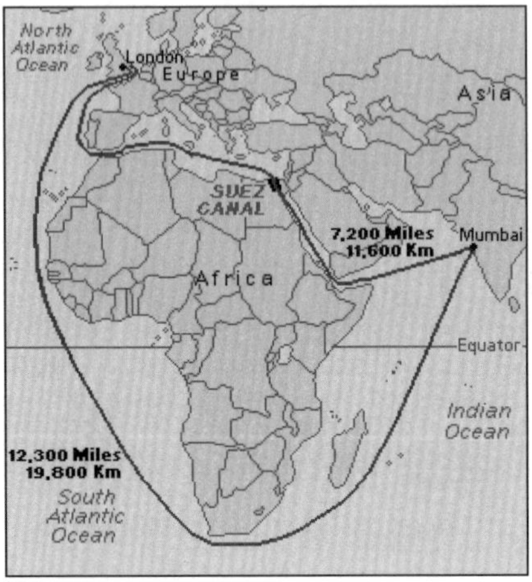

수에즈 운하가 갖고 있는 장점

(Urabi Pscha)가 민족주의를 내세워 지주층과 군부를 중심으로 쿠데타를 일으켰다. 총리 리오즈 파샤(Rioz Pscha)는 쫓겨나고 이집트 태수(Khadive)의 권력은 유명무실해졌다. 이 사건으로 인해서 글래드스턴은 일종의 정책적 딜레마에 봉착하게 되었다. 영국의 이권을 생각한다면 아라비 파샤를 물리쳐 수에즈 운하를 영국령으로 장악해야만 했다. 그러나 그의 문제는 자신이 표방한 반제국주의와 자유주의의 원리에 따르면 파샤의 민족주의를 옹호해야만 하는 점이었다.

위의 두 사건(아일랜드와 이집트문제)은 글래드스턴 2차 내각의 초반 2년간의 국내외 정책 수행의 실질적인 모습이다. 그러므로 1878년 이후 영국 정부의 정책적 우선 순위가 동아시아 쪽으로 선회했다는 신상용의 주장은 물론이고, 영국이 1차 조영조약을 체결한 주된 이유를 동아시아에서의 '러시아의 남진' 우려(Russophobia)에 대한 글래드스턴의 민감한 대응책이라고 보는 기존 연구의 해석들은 설득력이 약하다.

1880년에 글래드스턴 정부가 들어설 때 구상하고 있던 정책 노선과 초기 2년간 전개된 국내외정책 사이에는 상당한 거리가 있음이 드러나면서 이후 정책 수행에 있어서도 혼선의 조짐이 보였다. 과연 이런 상황에서 글래드스턴 정부가 1882년의 조영수교조약 체결을 능동적으로 원했을까?

이 의문점을 풀기위한 열쇠가 1882년에는 일본 공사, 1883년에는 청국 공사였던 파크스에게 있었다. 파크스가 조영조약의 적임자로 주목받게 된 배경을 좀 더 구체적으로 알아보면, 파크스는 일찍부터 조선과의 통상조약에 관심을 갖고 있었다. 그러나 그는 전적으로 포함외교에 의존하여 체결했던 청국의 경우와 같은 최악의 시나리오는 피하고, 보다 나은 시나리오를 찾기 위해 고심하였다.[18] 그러던 중, 파크스는 조일수호통상조약(1876년 2월 27일)이 체결된 지 얼마 되지 않아서 일본을 활용하여 조선과 접촉하는 방법을 고안해 냈다. 그는 일본 외무경 테라지마(寺島宗則)를 만나서 "당신이 조선 정부와 중개역할을 해준다면 조영관계가 쉽게 개선될 수 있을 것 같다"는 뜻을 전달했다. 이에 테라지마는 "내가 중개를 시도하면 조선정부는 내가 외국인과 공모하여 문호 개방을 확대하려한다고 의심하게 될 것이라"며 부정적으로 답변을 했다.[19] 그럼에

18) 조일 조약이 맺어지자 파크스는 현재의 상황을 보면 영국도 조선과 관계개선을 하려면 "포함외교밖에 없다"는 답변을 본국정부에 보냈다; FO Confidential. no.82. Telegram, Parkes to Derby, May 5, 1876.

19) FO 405/15, Confidential, no.102. Parkes to Derby ,June 9,

도 불구하고, 파크스는 포기하지 않고 일본 정책 기관인 태정관의 중심인물인 이와쿠라(岩倉具視)에게 "조일조약 10조에 나와 있는 측량 조사나 조난 외국인에 관한 규정을 들어 영국 함선이 우호적인 조선 공식 방문을 하도록 중간에서 좀 도와주기 바란다"고 다시 부탁하였다.[20] 이번에는 파크스와 이와쿠라의 남다른 관계 때문에 첫 부탁 때보다 진전이 있어 보였지만, 오히려 영국 정부가 "조선과의 무역량이 너무 적기 때문에 병력을 동원하면서 모험할 가치가 없다"고 일축함으로써 파크스는 뜻을 펼칠 수 없었다.[21]

이후에도 파크스는 조선과의 관계 증진에 계속 노력했다. 1878년(9월)에는, 제주도에 조난당한 영국 선원들을 잘 보살펴준 제주도민들의 상황을 활용하여 외교적인 관계를 열려고 시도했다. 이번에는 서기관 세토우를 11월 19일에 부산에 입항시켜 동래지방관을 통해 감사 및 통상을 원한다는 편지를 서울로 올려 보내려 했다. 그러나 이런 시도는 지방관이 "국법에 위배된다"는 이유를 들어 거부하는 바람에 수포로 돌아갔다.[22] 비록 포함외교 이외의 방법으로, 몇 차례 조영 관계 개선을 시도한 파크스의 노력은 모두가 실패로 돌아갔지만 관련 보고만큼은 줄곧 본국 정부에 전달되었다. 이 과정에서 파크

1876.

20) 박일근, 「초기 영국의 대조외교정책 연구; 리홍장의 속방정책을 중심으로」, 『한국근대사론문선집』 34, 대외 4; p.251.

21) Jones, *Foreign Diplomacy in Korea*, pp.156-64.

22) FO 405/15, no.127. Parkes to Salisbury, November 11, 1878.

스는 정부 각료들에게 앞으로 조영 관계를 담당할 주요 인물로 깊이 각인되었다.

파크스가 번번이 실패했던 조영 관계의 실질적 개선은 1879년 파크스가 부인의 병 때문에 영국에 체류하던 2년 3개월 동안 급물살을 타게 되었다. 주목되는 부분은 1880년대에 들어서 리훙장이 러시아의 조선 침투를 주시하고 있었다는 사실이다. 리훙장은 러시아의 조선 침투를 견제할 목적으로 연해주 접경지역에 군대를 증강시켰다.[23] 특히 이리(伊犁)조약문제로[24] 러시아와 대립하고 있던 리훙장은, '외세로 외세를 막는' 이이제이(以夷制夷)방식을 활용하여 구미열강을 끌어들여서라도 조선에 대한 러시아의 영향력 증대를 억제하려고 하였다. 그런 시도의 하나로 추진된 것이 1880년 8월 26일에 열린 리훙장과 슈펠트의 일차회담이었다. 여기서 리훙장은 "조미수호조약 체결을 청국이 적극적으로 지원해주겠다는 의사를 표명

---

23) Andrew Mellozemoff, *Russian Far Eastern Policy, 1881-1904* (Berkeley: Berkeley University Press, 1958), pp.22-23.

24) 김기열, 「초기 한영교섭의 전개과정」, p.69; 1864년 청국 신장[新疆]에서 이슬람교도들의 반란이 일어나자 이 반란을 틈타서 코칸트한국(汗國)의 야쿠브베크 장군이 카슈가르에 침입하여 정권을 세웠으며, 청국의 세력을 몰아냄과 동시에 영국·오스만투르크와 제휴하려고 했다. 러시아는 이리지방의 러시아인 재산을 보호한다는 구실로 이리에 출병, 점령했으며 청국의 철수 요구에 응하지 않았는데, 이것이 이리사건이다. 1878년 청국은 신장을 탈환하고, 러시아에 이리의 반환을 요구하기 위해서 숭후(崇厚)를 대사로 파견해 회담에 임했으며, 크림반도의 리바디아에서 조약을 맺었다. 이것이 79년의 리바디아조약(1차 이리조약)이다.

노보에 브렘야 (Novoe vremya)에 실린 조선삽화

했다.[25)] 이를 지켜본 주청 영국 공사 웨이드는 이듬해인 1881년 1월 리홍장에게 미국과 같은 조건으로 조선의 문호를 개방시켜 줄 것을 요청하였고,[26)] 리홍장은 긍정적으로 답변했다. 이를 계기로 웨이드는 조영조약을 추진할 수 있는 좋은 기회가 생겼다고 보고서를 본국에 올렸다.[27)]

파크스가 영국에 있는 동안, 영국 정부는 파크스의 주일 공사의 직무를 대리하고 있던 케네디(J. G. Kennedy)를 통해서 줄곧 동아시아의 주변 상황에 대한 보고를 받고 있었다. 케네디가 본국에 올린 보고의 주요 내용은 대략 세 가지이다. 첫째 외국 공사들의 의견에 의하면 이전과 달리 조선 정부가 통상조약을 원하는 것 같다. 둘째 일본이 추구하는 바이지만 조선은 청국이나 러시아의 간섭으로부터 자유롭기를 바란다. 셋째

---

25) 최동희, 「1880년대 조선의 문제와 구미열강과의 외교관계」, pp.130-132; 리홍장은 청국의 지원 조건으로 러청관계의 악화 경위를 설명하면서 슈펠트에게 청국의 해군 고문이 되어 줄 것을 요청함.

26) 김기열, 「초기 한영교섭의 전개과정」, p.182; 최문형, 「한영수교와 그 역사적 의의」, p.54.

27) FO 405/31, no.30. Memorandum by Sir H. Parkes February 26, 1881; Sir T. Wade's Telegram, Very Confidential, of February 9, 1881.

조선은 프랑스나 미국에 대해 1866년(병인양요)과 1871년 사태(신미양요)때문에 여전히 적대적 감정을 갖고 있다. 그러나 영국은 그런 부담 없이 조선에 접근할 수 있다.[28)]

글래드스턴 정부는 국내 문제에 더 관심을 기울여야 했기 때문에 러시아의 움직임에 대해서 적극적 간섭은 불가능했지만 예의주시는 하고 있었다. 이것은 케네디의 보고 이외에도 러시아에 관한 여러 보고들이 외무부에 올라오고 있었다는 사실에서도 확인된다. 1880년 8월 16일자 '글로브(Globe)'지에는 러시아 정치작가인 샬코브스키(Mr .K. Shalkovsky)가 『노보에 브렘야(Novoe vremya)』지에 기고한 기사가 옮겨 실려 있었다. 거기에는, "수천 명의 조선인들이 일자리를 찾아서 저지를 뚫고 블라디보스토크와 가까운 우수리지역의 우리 땅으로 넘어오고 있다. 그들이 국경을 허물고 있다"는 내용이 들어있다.[29)] 또한 『스탠다드(Standard)』지는, "러시아가 태평양 기지를 강화하기 위해 청국이 아니라 조선의 영토를 주시하고 있으며, 러시아 정부가 일단의 러시아 순양함을 조선해안에 파견했다는 이야기도 들린다. 그들이 원하는 곳이 블라디보스토크에 근접한 조선 땅일 가능성도 있다"[30)]는 기사를 실었다.

---

28) FO 405/15, no.204. Memorandum by Sir H. Parkes, August 22, 1880.
29) FO 405/15, Inclosure in no.204. From the "Globe" of August 16, 1880.
30) FO 405/15, Inclosure in no.204. From the "Standard" of August 9, 1880.

이즈음 청국의 도움을 빌어 통상조약을 추진할 수 있을 것 같다는 웨이드의 보고는 영국 정부의 입장에서 주된 외교 문제가 아니더라도 전략적인 차원에서 충분히 고려의 대상이 되었다. 영국 정부는 일본 공사인 파크스가 런던에 머문다는 것을 알고 외무차관인 파운스포오츠(Sir J. Pounceforts)를 통해 자문을 구했다. 그러나 파크스 역시 케네디의 조선 관련 소식을 영국에서 접하는 처지였고, 그가 일본을 떠나온 1879년과는 상황이 사뭇 다르게 전개되고 있다는 것을 알고 있었다. 그럼에도 불구하고 그는 정부의 자문 요청에 응하여 최선을 다해서 자신의 과거 경험을 바탕으로 현황 정보를 분석한 뒤 1881년 1월 11일자로 보고서를 작성했다.

먼저, 그는 미국이나 프랑스는 조선과 전쟁을 치룬 과거가 있기에 쉽게 통상을 맺기가 힘들 것이라는 케네디의 보고에 동의를 표하였다. 이것은 뒤집어보면 그동안 이해 관계가 없던 영국이 여타 유럽국들보다는 조선과 통상조약을 체결하기 수월한 입장에 있음을 뜻하는 것이다.[31)]

다음으로, 그는 러시아의 동아시아 진출 조짐을 민감하게 주시하되 정부 입장에서 몇 가지 점을 고려하여 조심스레 접근할 것을 제언했다. 그가 고려 사항으로 제시한 것은, 첫째는 1880년 8월의 듀퍼린 경(Lord Dufferin)의 보고대로 "과연 러시아가 조선의 영토를 점령했다는 것인지", 또 "조선이 러시

31) FO 405/31, no.7. Memorandum by Sir H. Parkes; Mr. Kennedy's Dispatches Nos. 179 and 180, Very Confidential, January 11, 1881.

아의 남진 정책의 중심에 놓여있는 것인지"의 여부였고, 둘째는 현재 진행 중인 청국과 러시아 간의 갈등이 안정된다면, 그로써 조선정부에 대한 러시아의 침투 의욕이 사라진다는 것으로 볼 수 있는지" 여부였다.[32)]

마지막으로 그는 통상조약과 관련된 실무적인 사항에 관련해서는 조약 체결 담당자와 시기는 극동 함대 사령관인 쿠트(Coote) 제독과 교체될 윌리스(George O. Willes) 제독이 부임한 직후인 1882년 4월이나 5월 즈음이 좋을 것이라고 조언하였다. 통상 참여 외교관으로는 공사급보다 낮은 등급의 인물을 보내는 것이 좋을 것이라면서 세토우 서기관을 타당한 인물로 제시했다. 그리고 청국의 지원을 받을 시, 먼저 청국 정부로 하여금 조선 정부에 통상 사절이 갈 것이라는 사실을 통보하도록 하고, 조선이 그것을 받아들이면 즉시 행동에 나서야 한다고 제안했다.[33)]

영국 정부는 파크스의 조언을 숙지한 얼마 뒤인 1월 20일에 웨이드에게 전보를 보내서 조선과의 협상 시 청국의 지원이 확실한지 재차 확인할 것을 지시하였다. 그러나 같은 달 21일과 27일자로 외무부에 도착한 웨이드의 보고(발송 일자는 1월 6일, 14일자)에는 청국의 지원보다는 "러시아가 조선을 점령했는지는 확실치 않지만, 점령 가능성에 대한 루머는 확실하다"는 내용이었다.[34)]

---

32) FO 405/31, no.7. Memorandum by Sir H. Parkes.
33) FO 405/31, no.7. Memorandum by Sir H. Parkes.
34) FO 405/31, no.14. Sir T. Wade to Earl Granville, January 6, 1881; FO 405/31, no.18. Sir T. Wade to Earl Granville,

영국 정부는 재차 파크스에게 조언을 부탁하였다. 웨이드의 보고를 살펴 본 파크스는 청국이 자신의 이권보다는 러시아의 견제에 더 유념하고 있기 때문에 조속히 청국의 지원을 받아 조약을 성사시켜야 한다고 조언하였다. 그는 조약 체결이 러시아가 한반도는 물론 동아시아 어느 곳에도 발을 들이지 못하게 하는 예방 차원의 효과가 클 것이라는 견해를 덧붙였다.[35] 그 사이에도 영정부의 결심을 부추기듯 케네디로부터 "나가사키에 들어온 레소스키(Lessoksky) 함장이 이끄는 러시아 함대가 포트 라자레브(Port Lazareff; 영흥만)를 점령하려고 한다는 루머가 있다. 대부분의 함대가 지중해에 머물고 있는 상황에서 그들의 움직임은 미약한 것인지는 모르지만 현지에서는 신경을 쓰고 있다" 라는 보고가 들어오고 있었다.[36]

위의 여러 정황으로 보아 영국 정부는 파크스에게 조언을 구하던 1881년 1월 중에 반드시 조영관계를 추진하는 조치를 내릴 듯 보였다. 그러나 영 정부는 해를 넘기면서도 실질적인 어떤 조처도 취하지 않았다. 사실 파머스턴의 외교를 좋아하지 않던 글래드스턴의 영정부는 파머스턴의 외교 노선인 "자

January 14, 1881.

35) FO 405/31, no.30. Memorandum by Sir H. Parkes February 26, 1881; 파크스는 정한론이 대두될 때 일본이 조선을 침략하면 러시아가 영흥만이나 부산항을 점령할 요지가 있으며 그렇게 된다면 영국의 이해에 위협을 받게 될 것이라는 논리적인 생각을 갖고 있었다.: Jones, *Foreign Policy in Korea*, pp. 104-105.

36) FO 405/31, no.41. Mr. Kennedy to Earl Granville, March 24, 1881.

국의 이권에 방해가 되는 사태가 아니면 간섭하지 않는다"는 원칙을 최소한 활용하고 있었다. 그러므로 러시아의 남진이 실질적이지 않는 상황에서 외교적 공세를 취하기를 원치 않았던 것이다. 덧붙여 아일랜드 사태 같은 영국 내 정치 상황도 한몫을 하고 있었다. 그러나 1881년 7월에 조미조약을 체결하기 위한 리훙장과 슈펠트의 2차 회담, 그리고 이듬해인 1882년 3월에 3차 회담이 열리면서 조약 체결이 구체화되자 영국은 결단을 내리게 되었다. 이는 조미조약의 선례를 따라 조영조약을 체결한다면 글래드스턴 총리의 외교 노선에 위배되지 않고도 조선으로 진출할지 모를 러시아를 사전에 차단하는 효과를 보게 된다는 계산이었다.

영국 정부는 극동함대사령관 윌리스 제독에게 직접 조선에 가서 조영조약을 체결하라는 훈령을 내렸다.[37] 이에 대해서, 박일근은 "파크스는 1882년 1월 말에 요코하마에 도착하여 일본 공사로의 직무를 다시 시작했음에도 불구하고 그가 아닌 윌리스 제독에게 훈령을 내린 것은 그동안 조영조약을 추진한 또 다른 인물인 주청 공사 웨이드와 파크스의 오랜 경쟁을 고려한 영정부의 배려"라는 해석을 제시하였다.[38] 그러나 영국 정부가 두 공사 사이의 경쟁을 고려할 만큼 과연 동아시아 문제에 집중적인 관심을 기울였는지 매우 의심스럽다. 오히려 영국 정부가 윌리스를 '선택'한 것은 파크스가 영국에 머물며 정부에 자문을 한, 1881년 1월의 내용이 실천되는 양상으로

37) FO Confidential no.41. Note on Parkes.
38) 박일근, 「초기 영국의 대조외교정책 연구」, p.256.

해석하는 것이 타당해 보인다. 한 예로 파크스는 영정부가 윌리스 제독에게 조약 체결의 훈령을 내린 것을 알고 윌리스에게 조선에 대한 정보를 잘 알고 있는 고베 주재 영사 애스턴(W. G. Aston)만은 조약체결 시 꼭 데려가도록 부탁하였다. 이는 1881년 자문 내용에서 조약 체결 담당 외교관 등급을 공사보다 낮은 세토우 서기관을 보내라던 조언의 연장선상에서 나온 발언이었다. 그리고 실질적으로 애스턴은 조약 체결 때 동참하였다.

청국의 지원을 얻어 조영조약을 체결할 것을 제안했던 웨이드 주청 공사는 5월 6일에 텐진에 있는 리홍장을 만나서 청국이 미국과 최종 조율을 한 조미조약 체결용 부본(副本)을 보여달라고 요청했다. 웨이드의 요청은 리홍장 마음이 변하기 전에 빨리 조약을 성사시켜 러시아의 조선 진출을 막아야한다는 욕구와, 이왕이면 미국보다 먼저 조약을 성사하면 좋겠다는 욕심에 따른 것이다. 그러나 웨이드의 조급한 태도가 오히려 리홍장의 의심을 사서 조미조약이 체결된 다음에야 부본이 전달되었다.[39] 그렇기 때문에 조미조약이 체결된 지 5일이 지난 1882년 5월 27일, 윌리스 제독은 비질런드(vigeland)호에 애스턴을 대동하고 조선에 도착했지만 그는 조약 부본은 물론이고 리홍장이 조선 주재 공사인 마건충에게 보낸 조영조약 체결을 적극적으로 도와주라는 서신조차 없었다.[40] 다행히 윌리스 일행이 조선으로 향한 얼마 후에 청국 정부가 전해준 조

39) 박일근, 「초기 영국의 대조외교정책 연구」, p.257.
40) 김기열, 「초기 한영교섭의 전개과정」, p.184: 리홍장이 모친상을 당하여서 직무대행인 장수성에 의해 서한이 마련되었다.

미조약 부본과 웨이드 공사의 서신이 2등서기관 모드(Maude)를 통해 일행에게 전달되었다.[41] 문제는 웨이드가 조약 부본을 일찍 입수하여 내용의 문제점을 자체적으로 충분히 검토도 하지 못하고 회담 당사자를 현지로 보냈다는데 있다. 회담 당시, 조약 내용에 대한 간단한 조율 과정은 있었지만, 6월 6일에 체결된 윌리스 조약은 많은 문제의 소지를 안게 되었다.

사실 대불황기에 깊숙이 빠져 들어있던 영국 정부가 이전 청국이나 일본과의 조약체결 때처럼 경제적 이득을 꼼꼼히 생각지 않고 조약 체결만을 훈령한 것을 보면, 영국이 조선에 얼마나 관심이 없었는지를 알 수 있다. 이는 웨이드의 문제라기보다 국내외 상황에 얽매여 있던 글래드스턴 정부의 한계로 볼 수밖에 없다.

그렇다면, 영국과 청국 및 일본과의 수호통상조약을 모두 체결했던 파크스는 1차 조영조약 체결 때 무슨 역할을 했던가? 조영조약의 필요성이 구체적으로 영정부에 전해질 즈음 그도 영국에 머물고 있었다. 이 기간 동안에 그는 그렌빌 외무장관의 초대로 몇 차례 조선 정책에 관하여 자문을 했지만 주도적 추진자의 입장에 있지 않았다. 따라서 그는 정부의 전략적 정책 방향에 대체로 동의하는 입장이었다. 일본으로 돌아간 1882년 1월 이후, 파크스는 급변한 상황들을 종합 정리하면서 나름대로 사태를 파악할 시간이 필요했기에 윌리스 조약이 추진되는 과정 및 체결을 그대로 지켜보고만 있었다. 물론

41) FO 405/33, Confidential, no.51. Wade to Granville, Tientsin, 6 July, 1882.

그의 소극적 행동은 조약 체결은 얼마든지 번복할 수 있고 또 당장 비준을 하자는 것이 아니기에 시간적인 융통성을 가질 수가 있다는 계산 하에 나온 것이다.

2차 조영조약 체결을 주도한 파크스

파크스는 이미 청국 및 일본과 통상조약을 최대한 영국에 유리하게 이끈 장본인이며, 그만큼 동아시아 정책에 정통한 인물도 없다.[42] 조약체결 후, 그는 소극적인 자세를 버리고 자체조사를 하면서 윌리스에 의해 체결된 조영조약의 비준에 대해 심사숙고할 것을 본국 정부에 강력하게 건의하였다. 물론 그도 전략적 가치를 부정하는 것은 아니지만, 그보다 경제적 이익을 우선으로 해야 한다는 원칙을 갖고 있었다. 때문에 건의의 주된 초점은 체결된 조약이 청국 및 일본과의 조약보다 경제적으로 훨씬 불리한 조건들로 구성되어 있다는 점에 있었다.[43] 그리고 얼마 뒤 영국의 상공업계에서 터져 나오는 윌리스 조약에 대한 불만의 목소리는 파크스의 건의가 정확했다는 증거가 되었다.

교역 중개상 대표 사마레즈(J. Saumarez)는 1883년 1월 24일자로 외무부에 보낸 건의문에서 "최근 외교관 중심으로 체

---

42) 『영국연구』 9, pp.107-33.
43) FO 405/33, no.78. Parkes to Granville, July 5 1882 Letterer of Parkes to Treteden, June 21st, 1882.

결한 조영조약에서 언급된 조항들에는 상인들의 이권 보호에 관한 언급이 전혀 없다"라고 지적했다.[44] 런던상공회의소의 머레이(Mr. K. Murray)도 1883년 2월에 "윌리스 조약에는 중대한 조항들이 빠져있다. 무역 장소가 항구로만 제약되어있고 내륙으로 들어가지 못하게 된 점, 무역 거래 시 수입 품목을 모두 제시해야 하는 점 등이 그것이다. 우리는 정부가 윌리스 조약을 수정해서라도 우리의 이권을 찾아야 한다고 본다"[45]라고 언급하였다.

이외에도, 윌리스 조약에 대한 경제 단체들의 이의 제기는 계속 이어졌다. 요코하마 상공회의소 측의 몰리슨(Mr. Morrison)의 자료에 보더라도, "윌리스 조항에는 영국 상인들을 보호할 아무런 조항이 들어있지 않다. 그러므로 이 조약은 절대 비준 되어서는 안 된다"라는 문구가 선명하게 나타나 있다.[46] 또한 상하이 상공회의소 측도 이의를 제기하였다. 부의장 로(Mr. Low)는 조선이 청국의 지원을 받고 있는 것은 부인할 수 없는 현실이다. 그러므로 조항을 명확하게 정하지 않은 상태로 조약이 비준된다면 영국은 청국의 이권에 밀려 아

---

44) FO 405/33, no.11. Memorandum comparing the Regulation for Trade Chinese and Coreans with the Provision of the British Treaty with Corea, January 24, 1883.
45) FO 405/33, no.25. Mr K. Murray to Earl Granville(received February 17); The London Chamber of Commerce, 84 and 85, King William Street, London, February 16, 1883.
46) FO 405/33, no.28. Mr M. Mollision to Earl Granville(received February 20); Yokohama General Chamber of Commerce, Yokohama, January 9, 1883.

무 것도 얻지 못할 수도 있다"고 지적했다.[47)]

상공회의소들의 이와 같은 항의 사태는 1883년 1-2월 사이에 집중되었다. 이 소식을 일본에서 직접 듣고 있던 파크스는 윌리스 조약을 전면 수정한 새로운 통상조약의 가능성을 염두에 둔 행보를 시작하였다. 사실 1882년 10월에 파크스는 나가사키주재 대리영사인 홀(Mr. Hall)에게 영국함선 "플라잉 피쉬(Flying Fish)" 호를 이용하여 임오군란 이후의 조선 실정을 파악할 겸 조선항구들을 잠깐 들려오라고 명령하였다. 홀은 남양포(마산포로 알려진)와 인천에 상륙하여 서울 소식을 전해 들었다. 그는 "청국 군은 3,600명이 주둔해 있는데 이들과 조선인들은 친근한 관계처럼 보이며 400명 정도의 일본군에 대하여서는 적대의식이 있어 보인다"고 보고하였다. 또한 그는 조선인은 약 684만 정도인데 그들은 열악한 환경 속에 비참한 생활들을 하고 있는 것으로 판단된다는 보고도 덧붙였다.[48)] 파크스는 청국이나 일본과의 통상조약을 체결할 때도 주도면밀하게 움직인 인물이었다. 한 예로 일본에 처음 부임할 당시, 그는 배를 타고 주변 항구들을 통해 모든 상황을 파악한 후 교토로 입성할 정도였다. 이때 그는 일본을 어떻게 다뤄야할지 구상을 다 끝낸 상태였다.[49)] 그러므로 홀을 통해

47) FO 405/33, no.37. Mr Low to Earl Granville(received February 28); Shanghae General Chamber of Commerce, Shanghae, January 17, 1883.

48) FO 405/33, no.33. Sir Harry Parkes to Earl Granville(received February 20), January 12, 1883.

49) 『영국연구』 9, p.125.

서신을 접한 파크스는 조선에 대한 구상도 이미 서 있었다.

파크스는 조선에서의 청국과 일본의 대립 상황을 잘 이용하면 조선 정부와 직접 통상조약을 체결하는 성과를 얻을 수도 있을 것으로 판단한 듯하다. 파크스의 생각을 뒷받침 해 주듯 1882년 11월 23일에 조선사절단 단장인 박영효가 파크스를 만나 1882년 조약의 비준을 할 것인지 재촉하는 와중에 제3국의 개입 없이 조영 간에 직접적인 조약 체결 가능성을 비추었다.[50] 이를 두고 최문형은 "파크스는 일본과 청국 양쪽으로부터 독립적인 위치를 갖으려는 조선 측 생각을 읽었고 이를 영국과 수호조약을 맺는 쪽에서 의미를 찾으려했다"고 분석하고 있다.[51] 파크스가 그렌빌 외무장관에게 보낸 글(2월 17일자로) 속에 이 내용이 그대로 표현되어있기에 관련 연구자라면 누구나 동의한다.[52] 주목할 점은 이런 생각이 영국 정부의 생각이 아닌 파크스 단독의 생각이었다는 점이다.

파크스는 자신의 구상을 현실화하기 위해 애스턴을 조선에 파견하려고 하였다. 외무부 소속 리스터(Mr Lister)는 1883년 2월 20일에 해군성 서기에게 나가사키 영사인 애스턴을 조선에 보낼 배편을 지원해주기 바란다는 공문을 보냈다. 또한 해군성 서기에게 애스턴의 조선 방문을 그렌빌 외무장관이 허락

50) FO 405/33, no.2. Sir Harry Parkes to Earl Granville(received January 8, 1883), November 25, 1882.
51) FO 46/288, Sir Harry Parkes to Earl Granville, October 23, 1882.
52) FO 405/33, no.51. Sir Harry Parkes to Earl Granville(received March 28), February 17, 1883.

했다는 답장을 파크스에게 전해줄 것을 의뢰했다.[53] 이런 사실이 의미하는 바는 파크스의 생각이 영국 정부에 전달되었고 영국정부는 그것을 따랐다는 것이다. 바꾸어 말하면 파크스가 조영조약을 주관한 장본인이라는 의미가 된다.

1883년 3월 6일 파크스는 애스턴에게 조선에 가도록 훈령을 내린다. 그때 그는 조선 내에서 통상에 적절한 항구로 "인천 이외 부산과 원산을 염두에 두고 있으니 그곳은 방문할 필요는 없다. 단지 서울에 가면 서울에서 보는 그곳들과의 통상 입지 조건들을 눈여겨보기를 바란다"고 애스턴에게 말한 바 있다.[54] 파크스는 1882년 6월 21일부터 7월 2일 사이에 한 번 조선을 방문한 이후 조선을 간 적이 없다. 그런 그가 최적의 통상 지역을 애스턴에게 언급했다는 것으로 보아 조약에 대한 그의 준비가 얼마나 철저했는지를 알 수 있다. 그가 애스턴을 조선에 보낸 또 다른 이유는 4월 29일 자로 그렌빌 외무장관에게 보고한 내용에서 알 수 있듯이 조만간 미국이 체결한 조약에 대한 비준이 있을 것을 염두에 둔 탐색의도도 있었다. 여기서도 그의 준비성을 엿볼 수가 있다.

파크스는 일본에서 외교적 문제를 풀 때, 반드시 여타 유럽국들 대사들과 공조하는 방법을 취했었는데[55] 그 방법은 조영

---

53) FO 405/33, no.34. Mr. Lister to the Secretary to the Admiralty, February 20, 1883.

54) FO 405/33, Inclosure 1 in no.61. Confidential and Separate, Sir Harry Parkes to Consul Aston, March 6, 1883.

55) 박경희, 『일본사』, pp.370-371.

조약 때도 그대로 활용되었다. 그렌빌 외무장관이 4월 22일자 전보로 1882년 6월에 한독조약을 체결한 독일과 공조하여[56] 조선 정부로부터 6개월 정도 비준의 시간을 벌도록 하라는 훈령을 하자, 파크스는 5일 만인 4월 28일에 친분이 있던 동경 주재 독일 공사인 뒨호프 백작(Count Dӧnhof)과 공조를 하여 6개월(1883년 12월 31일까지) 비준 시간을 연장하여 두 나라가 동시에 조선 정부에 선언하였다고 보고하였다.[57] 훈령에 대한 파크스의 신속한 처리는 파크스가 기간연장이나 독일과의 공조를 이미 준비하고 있었음을 의미하는 것이다. 이는 영 정부의 외교 시각보다 파크스의 외교 행위가 얼마나 앞서 나가고 있었는지를 보여주는 증거이다.

6월 11일 그렌빌 외무장관은 파크스에게 전보를 보내었다. "조만간 새롭게 조약이 체결되고 비준된다면 러시아를 염두에 둔 전략적 차원에서 해군 장성을 참석시키는 것이 바람직하다"는 것이다. 이어서 외무장관은 이전처럼 윌리스 제독을 동

---

56) 1878년 베를린 회의에서 독일의 태도, 1879년 2월 프라그 조약에서 독일과 오・헝간에 가까워진 것, 7월에 비스마르크가 외국농산물 금지시킨 것으로 러시아는 독일과 급속도로 냉각되었다. 결국 비스마르크는 구체적인 위협은 없었지만 러시아에 대한 대비를 생각하고 있었다. 그 움직임은 양국동맹(1879. 10)과 삼국협상(1881. 6)으로 공조를 추구했지만 모두가 실효를 거두지 못하고 견제 정책으로 삼국동맹(1882. 5)을 맺었다. 연장선에서 전략적인 조영조약이 맺어지던 1882년 6월 한독조약도 함께 맺어졌다. 이런 연유로 이후에도 두 나라는 공조 체제가 지속되었다.

57) FO 405/33, no.102. Sir H. Parkes to Earl Granville, April 28, 1883.

참시키기를 제안하면서 “통상조약 체결에 방해가 되지 않도록 각별히 주의를 요한다”고 언급하였다.[58] 외무장관의 언급에서 영국정부가 여전히 전략적인 부분에 관심을 갖고 있다는 점을 읽을 수 있다. 그러나 ‘통상조약을 방해하지 않도록 하라’는 부분에서 정부가 파크스의 통상조약 체결에 관심을 좀 더 두고 있음을 확인할 수 있다.

파크스는 6월 22일자로 본국 정부에 새로운 통상조약, 무역규정, 관세율 등을 정리한 초안을 제출하였다. 세부사항을 언급해보자면, 조항 1에서는 “인도 황제” 칭호를 첨가, 조항 2에서는 외교 및 영사의 관련 내용을 첨가, 조항 3에서는 영사재판권의 범위 확대를 추진, 조항 4에서는 영국 상인들이 머물 수 있는 무역 항구 3곳(제물포, 원산, 부산)을 명시하고 양화진과 한양까지 확대를 원함, 조항 5에서는 완전히 자유로운 상거래를 상인들이 할 수 있도록 하는 방안, 특히 관심의 대상인 관세율 부분은 특별 조항으로 자세하게 언급함, 조항 6에서는 조선정부에 더 많은 무역항을 개방하도록 유도, 조항 7은 난파선에 대한 예우 세부조건 제시와 조항 8과 9에서는 측량 위주의 배는 모든 항구를 자유롭게 방문하도록 하는 조항 등 다수 항목들이 추가·조정된 것이다.[59] 이 모두는 그의 치밀한 계획을 실행에 옮기려는 의사를 정부에 타전한 것이다. 그러나 기다리던 가부(可否)의 대답과 달리, 본국으로부터 온

58) FO 405/33, no.95. Earl Granville to Sir H. Parkes, June 11, 1883.

59) FO 405/33, no.133. Sir H. Parkes to Earl Granville, June 22, 1883.

소식은 1883년 8월 29일자로 그를 주일 공사에서 주청 공사로 발령한다는 전보였다. 베이징으로 향하던 그가 상하이에 도착 했을 때에 새로운 전보가 본국에서 와 있었다. 그 전보는 10월 중에 그가 안건으로 올린 새로운 조약 내용을 기준으로 조영조약을 다시 체결하라는 훈령이었다.[60] 이것은 영국 정부가 조영조약만큼은 파크스에게 절대적으로 의존하고 있음을 보여주는 단적인 사례이다. 주청 공사는 동아시아 외교를 다룰 최상의 자리인 만큼, 그곳에서 조영조약을 통괄하라는 의미이기 때문이다.

훈령을 받은 파크스는 준비해 왔던 대로 조약 체결을 추진하기 시작하였다. 먼저 독일의 자페(Edward Zappe) 총영사와 연락을 취해서 동일한 조항으로 함께 조약을 체결하자는 협조를 구하였다. 그리고 애스턴을 조선 정부에 먼저 보내어 조약 체결을 위한 영·독 사절단을 맞을 준비를 하도록 조치했다.[61]

파크스는 영정부에 조선과의 조약 체결에 대해 조언을 하던 시기(1881년 1월경)에 청국에 대해 호의적이었다. 그러나 1차 조영조약 체결 후 그의 생각은 바뀌었다. 파크스는 "이번 조약은 24년 전(1858)에 엘긴에 의해 체결된 영청조약보다도 영국에게는 더 불리하다"면서 "청국에게 놀아난 조잡한 협정"이라고까지 비판하였다.[62] 이때부터 그는 조선과의 단독 조약 체

60) FO Confidential. no.134. Trench to Granville, October 18, 1883.

61) FO Confidential. no.36. Parkes to Granville, Seoul, November 1, 1883.

결을 준비하였으며 조약 체결을 눈앞에 둔 1883년 10월 18일(베이징을 떠나기 3일전)까지 새로운 조영조약 체결 건을 청국 정부에 통보하지 않았다. 이는 조선을 자국의 속국 정도로 생각하는 청국의 개입을 최소한 줄여보자는 계산된 행동이었다.

예상한 바이지만, 조약 체결을 위해 텐진을 거쳐 제포로 향하던 파크스 일행은 10월 23일에 텐진에 있던 리훙장의 초대에 응하여 조약 문제에 관한 질문 공세를 받게 되었다. 리훙장은 먼저 "얼마 전까지 일본 주재 공사였던 파크스가 청국을 배제한 외교 행동을 취한다는 것은 일본 정부와 결탁한 것이 아닌가"하는 질문을 하였다. 파크스는 이를 완강히 부인하며 리훙장이 오해를 풀도록 설명했다. 그러자 리훙장은 윌리스 조약처럼 청국이 조약 체결을 지원해주겠다고 제의를 하였다. 이때 그는 이를 정중히 거절하였다.[63] 이로 인해 리훙장은 심기가 불편해져서 조선에 먼저 간 청국의 관리를 통해 파크스가 들어오기 전에 방해 공작을 펴는 사태가 발생했다.[64] 그러나 파크스는 청국의 방해 공작이 조직적으로 진행될 충분한 시간을 갖지 못할 것을 이미 계산하고 있었기에 그가 조선과 직접 조약 체결을 무사히 진행할 수 있었다. 영국의 조선과의 단독 체결과정은 "청국의 중재 하에 진행된 조미조약이 있음에도 불구하고 조영조약이 앞으로 여러 유럽국들이 조선과의 관계를 트는 기준이 되었다"는 평을 얻게 된다.[65]

---

62) Jones, *Foreign Policy in Korea*, p.348.
63) 박일근, 「초기 영국의 대조외교정책 연구」, p.267.
64) 박일근, 「초기 영국의 대조외교정책 연구」, pp.267-68.

조약에 관해 철저한 준비를 갖추고 10월 27일에 조선 땅을 밟은 파크스는 자신보다 이틀 전에 먼저 들어온 독일 외교 관리들과 합류하여 함께 조약 체결에 매진하였다.[66] 조약 체결은 11월 26일에 이뤄졌으며, 기대이상의 만족할 만한 조약 결과들을 얻게 되었다. 특히 주목할 것은 조미조약과 달리 1883년 6월에 파크스가 조선 정부에 제의한 조영조약의 초안이 유럽국의 조약들에 거의 반영되었다는 점이다. 여기서 파크스의 외교적 안목과 능력, 그리고 그가 2차 조영조약 내용구상의 주인공임을 다시 확인할 수가 있다.[67]

파크스는 조약 체결로 만족하지 않고 자신이 청국 공사 겸 초대조선 전권 공사로 부임하여 직접 조약을 관리하였다. 그리고 실무자였던 애스턴을 초대 총영사로 보내어 꾸준히 조약의 비준을 조선 정부에 채근하였다. 이에 대한 평가는 1884년 3월 4일 그렌빌 외무장관이 파크스에게 보낸 전문에 잘 나타나 있다. "애스턴, 모드, 힐리어 등을 통해 귀하에 대한 평가를 듣고 있었다. 그들 모두 조영조약은 당신의 정확한 정보 및 주장 그리고 신속한 추진력이 없다면 불가능했다고 한다."[68] 그리고 며칠 뒤(3월 7일), 그렌빌이 파크스에 다시 전문을 보

---

65) 최문형, 「한영수교와 그 역사적 의의」, pp.60-65.

66) Lane-Poole, *The Life of Sir Harry Parkes II*, pp.207-214.

67) 김용구 『세계외교사』, 서울대학교출판부, 1995, pp.277-79; FO 405/34, no.12. Sir Harry Parkes to Earl Granville, December 6, 1883.

68) FO 405/34, no.58. Earl Granville to Sir Harry Parkes, March 4, 1884.

내오면서 정부의 비준이 결정되었다. "여왕께서 당신이 맺은 조약에 관해 대단히 만족하시며 공식 비준서를 보내기로 했다." 위에 언급된 두 전문은 여왕과 영 정부가 파크스의 외교적 능력에 대하여 얼마나 인정하고 있는지를 잘 보여주고 있다. 조선과 영국은 1884년 4월 28일 비준서를 교환하였다.

* * *

이 장에서는 기존 연구의 미흡한 부분을 사료 분석으로 통해 보완하다보니 다음 몇 가지 주장이 제시된다. 첫째 기존 연구들에서는 1차 조영조약이 영정부의 훈령을 윌리스 제독이 충실히 수행한 조약으로 평가되었고 파크스와의 직접적인 연관성은 배제되어 있었다. 그러나 1차, 2차 사료를 통해 윌리스 조약은 많은 부분 파크스의 제언에 충실했던 조약이라는 사실을 드러난다. 사료에 의하면 주일 대리 공사 케네디나 주청국 공사 웨이드가 본국에 본격적으로 조영조약 체결을 권하였을 때, 외무부는 개인 문제로 본국에 와있던 파크스를 불러 1881년에 두 차례나 정책설정에 대한 조언을 부탁했었다. 파크스는 정책 조언을 했을 뿐인데, 조약 담당자로 언급된 윌리스와 조약 추진 시기로는 그의 부임시기와 관련된 5월이 지켜진 점, 참여 외교관으로 공사급 이하로 애스턴이 파견된 점, 리홍장의 방해로 뜻대로는 되지 않았지만 청국을 앞세워 통상조약을 추진하는 것을 결정한 점, 이 모든 것이 "파크스의 정책 조언은 참고 사항이 아니라 실질적인 정책 수행 사항"이었음을 말해준다.

둘째 기존 연구들은 “2차 조영조약은 영국 정부가 구상하고 있던 정책을 파크스가 축척한 그동안의 외교 경험치를 더해서 성공적으로 체결한 것”으로 이해하고 있다. 그러나 파크스가 구상하고 있던 정책을 영국 정부가 거의 일방적으로 보고받고 허락하는 수동적인 방식으로 진행되었음을 분석으로 알 수 있었다. 사료 속에 나타난 조약 체결을 향한 파크스의 행보를 보면, 조약을 추진하기 위한 그의 준비 과정이 얼마나 열정적이며 치밀했는지 특히, 영정부의 훈령보다 앞서 진행되었는지가 확실하게 드러난다.

셋째 영정부가 조영조약에서 추구하던 정책적 관심에 대하여 정리가 된다. 영정부가 갖고 있던 정책 방향은 오직 러시아의 남진 정책에 준한 전략적인 부분에 있었다. 그러므로 조영조약 추진당시 전해지는 러시아에 관한 소문만으로는 영국 정부는 동요하지 않았던 것으로 판단된다. 더군다나 1870년대부터 시작된 유럽 내 경제공황이 1880년대에 영국에도 직접적인 피해로 다가오던 시기이고 보니 정치·경제 어떤 면으로든 매력이 없던 조선에 대한 관계 개선은 사실상 필요성을 느끼고 있지 않다는 점도 한 몫을 한다. 그럼에도 불구하고, 영정부가 조영조약 체결에 나선 것은 혹여 러시아의 남진에 대한 예방 차원이라는 점이 있기에 동아시아 외교에 정통한 파크스가 추진하는 정책 방향 속에서 수동적이나마 외교적 태도를 취한 것으로 볼 수 있다. 파크스의 그늘에 숨겨져 있던 영정부의 정책적 관심은 파크스가 세상을 떠난 1885년 3월 (22

일)로부터 두 달 뒤인 5월, 러시아 남진 정책이 민감한 시점에 수면위에 떠올랐다. 영정부는 파크스의 통상조약과는 무관한 '거문도(巨文島, Port Hamilton) 점령'이라는 전략적인 외교 정책을 한반도 지역에서 시도한 것이다.

파크스와 리훙장의 동아시아 외교정책

직례총독(直隷總督) 겸 북양대신(北洋大臣) 리훙장(李鴻章)

19세기 동아시아는 제국주의 열강들의 각축장이었다. 이 지역에서 전개된 외교에서 가장 두각을 나타낸 인물로는 영국의 동아시아 전권공사(全權公使)인 파크스와 직례총독(直隷總督) 겸 북양대신(北洋大臣) 리훙장을 꼽을 수가 있다.

우선 양자는 동아시아 외교에서 오랫동안 활약한 경력을 갖고 있다. 파크스는 통역관을 시작으로 40년의 세월을, 리훙장은 베이징에서 관리 생활을 시작한 이래 50년의 세월을 외교에 종사했다. 파크스와 리훙장은 1850년대, 동아시아에서 주목되는 태평천국운동과 애로우호 사건, 2차 아편전쟁을 겪으면서 함께 외교 현장에 모습을 드러내었다. 이후 파크스는 1885년 3월 사망하기까지 청국은 물론이고 일본, 조선에 이르기까지 관여하지 않은 지역이 없을 정도로 동아시아 외교 현장을 두루 누볐다. 리훙장도 생을 마친 1901년 1월까지 동아시아 전역에서 그를

1860년의 중국 외무부인 총리각국사무아문(總理各國事務衙門) 모습

제외하고는 외교를 생각할 수 없을 만큼 영향력이 컸었다. 더군다나 영국과 청국은 파크스와 리훙장에게 동아시아 외교의 전반을 맡기다시피 하여 그들은 결과적으로 큰 영향력을 행사하였다.

파크스의 경우, 영국 정부는 1860년대부터 인도에 더하여 동아시아 지역의 외교정책 수립의 필요성을 인지하게 되었다. 그동안 이 지역에 소홀했던 정부로서는 이 지역 정치 상황에 조예가 깊은 외교가가 필요했는데, 바로 파크스가 그 필요에 부응할 인물이었다. 앞장들에서 밝혀진 바이지만, 러셀 외무장관이 일본 공사로 임명하는 서신에서 그를 신뢰한 사실과[1] 그렌빌 외무장관이 윌리스 제독에게 파크스가 추진하는 2차 조영조약에 그가 참여하더라도 파크스의 움직임에 방해하지 않도록 각별한 주의를 요한[2] 부분이 파크스에 대한 영국 정

1) Lane-Poole, *The life of Sir Harry Parkes I*, p.509.
2) FO 405/33, no.95, Earl Granville, June 11, 1883.

부의 신망을 잘 보여준다.

1861년 1월, 청국 정부는 최초의 전문 외교기구인 총리각국사무아문(總理各國事務衙門: 일반적으로 '총리아문'이라고 함)의 설립과 함께 또 하나의 외교 관련 직책으로 남·북 통상대신('남양대신', '북양대신'이라고도 함)을 두었다. 이 직책은 베이징조약 후 개방되는 11개 항구를 다스릴 임무가 있으며 상하이와 톈진에 그 근거지를 두었다. 비록 총리아문이 있지만 외국과 접촉하는 일차적 창구는 항구를 관할하는 남·북통상대신의 손에 달려있었으므로 이들의 직책은 총리아문 이상의 외교적 위치를 지니게 되었다. 1870년 이후에는 리훙장이 남·북 통상대신 직책을 모두 손에 쥐고 청국 외교를 전반적으로 관장하고 있었기에 그에 대한 청국 정부의 의존도가 어느 정도였는지 쉽게 읽혀진다.[3)]

파크스가 추구한 조영조약의 수정 내용

1883-85년으로 국한하여 파크스와 리훙장의 외교정책을 살펴볼 때, 첫 번째로 다뤄야 할, 그리고 파크스가 1883년 8월 말에 주중 베이징 공사로 전보 발령된 후 공사(minister)로서 맡은 첫 임무이기도 한 사건은 조영수호통상조약 수정 건이었다.[4)]

---

3) 왕소방, 『중국외교사, 1840~1911』, 한인희 옮김, 지영사, 1996, pp.147-48.

파크스가 외교 활동으로 펼친 2차 조영조약 체결의 전반적인 모습은 앞 장에서 다루었지만 그의 외교 모습을 좀 더 명확히 이해하자면 파크스와 리훙장의 외교정책만을 초점으로 하여 조약의 세부 내용의 수정을 분석할 필요가 있다.

직례총독인 리훙장은 청국에 대한 외세의 침략이 1870년대 후반에 접어들면서 가속화됨에 따라 현존하는 정치 체제를 유지하면서 자강(自彊)을 꾀한다는 목표 하에 적당한 외교적 수단을 찾고 있었다. 일본의 대만 침공과 유구 접수, 러시아의 이리(伊犁)사건 등은 물론, 만주 지역은 자원이 풍부하고 조선은 청국의 오랜 속방(屬邦)으로 인식되고 있었기에 일본의 심상치 않은 움직임과 러시아의 남하 정책의 조짐 등이 외교적 긴장을 자아냈다. 리훙장이 러시아의 조선 침투를 견제할 목적으로 연해주 접경 지역에 군대를 증강시키는 조처를 취한 것이 긴장의 한 단면이다.[5]

특히 조선에 일본과 러시아 세력의 진출이 구체적 모습으로 드러나자 리훙장이 구상한 외교카드란 유럽 제국들을 끌어들여 일본과 러시아 양국이 단독 행동을 하지 못하도록 견제하고 그 사이에 청국의 위치를 지켜 내자는 '이이제이' 방식이었다. 리훙장의 외교방식이 적용된 첫 사례는 그의 거중조정(居中調整)으로 1882년의 조미수호통상조약 체결이었다. 이어서 리훙장은 영러 각축이라는 외교 상황을 정치·전략적으로 활용하려는 목적에서 미국과 동일한 1차 조영수호통상조약(1882

4) E. V. G Kieman, *British Diplomacy in China* (Cambridge: Cambridge University Press, 1939), p.4.

5) Mellozemoff, *Russian Far Eastern Policy*, pp.22-23.

년 6월, 윌리스 조약)이 체결되도록 거중조정 해주었다. 결국 1882년의 조영조약은 파크스의 노력과는 무관하게, 그리고 순수 통상 목적이 아닌 동아시아 세력 균형(Balance of Power)을 목표로 한 리훙장의 정치·전략적 의도대로 이뤄지게 되었다.

파크스는 부인의 병으로 인하여 2년 3개월 동안 본국에 머물렀다가 1882년 1월 말에 일본으로 돌아왔다. 물론 본국에 머무는 동안 조영조약에 대한 조언을 한 적은 있지만[6] 실질적인 조약 체결 과정에는 관여하지 않았다. 하지만 1883년 1월에 영국 상공업계의 불만이 커지자[7] 파크스는 조영조약의 수정 절차를 본국 정부에 보고하기 시작하였다. 1883년 6월에 본국 정부에 제출한 그의 초안을 보면 세칙 및 무역 규정의 조정 등이 핵심이었다.[8]

파크스가 조약 개정을 추진하게 된 것은 동아시아 무역에 이해 관계를 지닌 상공업계의 요구도 있었지만 리훙장에 의해 1882년 10월에 체결된 조청상민수륙무역장정(朝淸商民水陸貿易章程, Regulation for Maritime and overland Between

6) FO 405/31, no.7. Memorandum by Sir H. Parkes; Mr. Kennedy's Dispatches Nos.179 and 180, Very Confidential, January 11, 1881; 박일근, 「초기 영국의 대조외교정책 연구」, pp.248-52.

7) FO 405/33, no.11. Memorandum comparing the Regulation for Trade Chinese and Coreans with the Provision of the British Treaty with Corea, January 24, 1883; 『영국연구』 11, pp.78-79.

8) FO 405/33, no. 133. Sir H. Parkes, June 22, 1883.

Chinese and Corean Subject)과도 밀접한 관계가 있다. 같은 해 6월에 리훙장이 거중조정을 한 조영조약에는 일반 수입품에는 10% 이하의 관세, 사치품에는 30% 이하의 관세를 부과하고 세칙 변경은 조선 정부가 주도하며 내지(內地) 통상과 개항장 간의 무역은 영국에 금지한다고 규정되어 있다.[9] 하지만 조청무역장정에는 수입품에는 일괄적으로 5%의 관세를 부과하기로 약속되어 있었으며, 세칙 변경은 상호 협정을 원칙으로 하고 내지 통상과 개항장 간의 무역도 청국에 허락되었다.[10] 다시 말해서 영국은 조선에 물건을 팔 때 10%의 세금을 내야하고 청국은 5%만 내면 되는 것이다. 뿐만 아니라 세칙 개정 요구도 청국만 가능했으며 내지 통상 및 개항장 간의 무역 특혜도 청국에만 부여되었다. 이런 사실을 알게 된 파크스는 조영조약의 개정의 필요성과 가능성에 관하여 확신을 갖게 되었다.[11] 1882년의 조영조약은 파크스가 주도하여 청국·일본과 각각 맺은 통상조약에 비해서도 얻은 것이 적었기 때문이다. 파크스는 청국과의 텐진조약(1858), 일본과의 개세약서(改稅約書, 1866)를 주관하면서 수입관세율을 일괄적으로 5%로 하고 세칙 변경은 상호 협정 원칙을 이미 관철시킨 바 있다. 무역 규정도 청국에는 내지 통상과 개항장 간의 무역이 영국에 모두 허락되도록 했고 일본은 내지 통상은 금지되었지만

---

9) Regulation of Trade: FO 405/33, inclosure 2 in no.133. Parkes to Granville. June 22, 1883.

10) FO 405/33, inclosure in no.7. Grosvenor to Granville, December 4, 1882.

11) FO 405/33, no.176. Sir H. Parkes, December 29, 1882.

개항장 간의 무역이 영국에 허락되게 하였다.

1882년 초 일본 외무장관 이노우에(井上馨)는 자국이 개세약서에서 열강들과 맺었던 통상 규정 내용의 개정안을 당사국들에 제시하였다. 개정안에는 관세 자주권을 회복한다는 취지로 수입 품목에 대한 관세를 기존의 5%에서 10%로 올리고 세칙 변경은 상호 협정 원칙에서 일본이 주도한다고 하였다. 단 개정 협상을 원활히 하기 위해 그동안 금지했던 내지 통상을 조건부로 허락한다는 단서를 붙였다. 일본 주재 영국 공사로 있던 파크스는 이노우에의 개정안에 대응하여 수입관세율을 이전의 5%에서 7.5~8% 정도로 상향 조정하도록 하였다. 대신 세칙 개정에 관해서는 기존의 상호 협정 원칙이 지속되고 내지 통상도 완전히 허락되어야 한다고 요구하였다.[12] 개정안의 논의는 이듬해 파크스가 청국 주재 공사로 옮긴 후에도 계속되었지만 큰 진전은 없었다.[13]

일본은 1876년 강화도 조약에서 무관세를 관철시켜 최악의 불평등 조약을 맺었다. 7년 후 일본은 조선의 통상 규정 체결(강화도 조약 11조) 요구에 응하여 1883년 7월 조일통상장정(朝日通商章程)을 체결하게 되었다. 일본의 조일통상장정 체결에는 몇 가지 주목 할 내용이 있다. 첫째 일본 정부는 자국의 수입관세율이 5%인 것을 부당하다고 주장하고 서구 열강들에 개정을 요구하고 있던 차에 조선에 대한 무관세를 고수할 수 없는 상황이었으므로 통상장정에 응했던 것이다. 둘째

12) 日本學術振興會 編, 「條約改正關係日本外交文書別冊」,『條約改正經緯概要』, 日本學術振興會, 1950, pp.178~99.

13) Lane-Poole, *The life of Sir Harry Parkes II*, p.330.

조일통상장정(朝日通商章程) 만찬 장면

수입관세율을 8%로 규정한 것은 일본 자신도 거부하는 5%를 상대국에게 요구할 수 없었으므로 조선이 주장하는 10%를 감안한 조치였다. 셋째 일본은 수입관세율을 8%로 올려 준 대가로 조선 정부에 많은 것을 요구하였다. 세칙 변경도 상호 협정 원칙으로 정했고 내지 통상과 개항장 간의 무역 모두를 조선 정부로부터 허락받았으며, 곡물 수출 금지권 또한 1개월 전 예고 기한을 두는 형태로 조선 정부의 권한을 제한하였다.[14] 한마디로 일본은 최악의 불평등 조약이라는 강화도 조약을 개정한다면서 공식적으로 조선에서 많은 특혜를 얻게 되었다.

주중 영국 공사로서 조영조약의 수정을 추진하던 파크스는 일본이 조선에서 통상 부분을 선점한 것을 예의 주시하였다. 사실 파크스의 외교정책의 목표는 경제적으로 유리한 통상조

14) FO 405/33, inclosure in no.205, Trench to Granville, November 5, 1883; 이병천, 「개항기외국상인의 내지 상권 침입: 청상, 일상을 중심으로」, 『경제사학』 10호, 경제사학회, 1985, pp.85-87.

약을 확보하여 해외시장을 확대한다는 데 있었다. 전자는 영국과 관계를 맺은 청국과 일본의 초기 통상조약들이 안고 있던 문제를 파크스가 점검하면서 발전시켰고, 후자는 그가 1865년 일본 공사로 부임하여 18년간을 보내며 통상을 하기 시작한 일본을 자국에 필요한 해외시장으로 변화시키는 성공적 경험을 통해 정립한 것이다.[15] 그가 조선에 대하여 통상이익이라는 목표를 추진하는 데는 이제 리훙장의 조청무역장정의 규정뿐만 아니라 일본의 조일통상장정의 조건마저 참조해야 했다. 여기에는 일본의 관세율 개정 문제와 청국과의 조약 개정 문제도 관련되어 있었기 때문이다.

위의 모든 문제를 함께 풀기 위해 파크스는 먼저 조선과 최혜국 보장 조항을[16] 맺은 청국과 일본을 모두 설득할 수 있는 수입관세율을 정해야 했다. 조선 정부는 1차 조영조약 때와 동일한 10% 관세율을 주장하지만 일본과 8%로 맺은 이상 파크스는 조선과 관세율 조정을 시도할 수 있는 기준이 생겼다. 일본 정부가 조선에서 8% 관세율을 관철시킨 것에 대하여 파크스는 이미 일본에 대하여 7.5~8%를 제시한 바 있으므로 비슷한 수준에서 세율을 정할 수 있을 것이다. 문제는 청국이다. 청국은 5% 관세율을 보장받고 있는데, 과연 파크스가 높은 세율을 정한다면 청국이 불만 없이 받아들일까 하는 것이다. 다행히 파크스는 웨이드의 "영국은 청국에 수출할 시 항구에서의 관세율은 5%이지만 내지로 다시 통상을 하자면 2.5%의

15) Lane-Poole, *The life of Sir Harry Parkes II*, 342-59.
16) 제3국의 국민에게 부여하는 것과 같은 정도의 높은 대우를 상대방 체결국 국민에게도 인정하는 통상조약 규칙.

세율이 더 적용되고 있다"는 옛 보고 기록을 접하였다.[17] 이는 청국이 영국에 7.5%의 수입관세율을 적용하고 있음을 의미한다. 결국 파크스는 조선에서의 수입관세율을 7.5%로 정했다.

다음으로 파크스는 일본이 책정한 8%보다 낮은 7.5% 수입관세율을 조선이 받아들이도록 하기위해서는 일본과는 다른 무엇인가 유리한 것을 제시하여야만 했다. 조일통상장정에서 일본이 얻어 낸 세칙 변경 및 무역규정 조건은 영국의 통상 이득을 위해서도 절실히 필요했기 때문이다. 파크스가 생각한 방법은 일본 개정안 협상 때에 이미 활용했던 수법으로, 수입관세율을 5~20%의 6단계로 세분화시키는 것이다.[18] 영국의 주력 수출품인 면직물, 모직물, 염료 등에 대한 수입관세율은 7.5%로 정하고 나머지는 조선이 원하는 관세율보다 높게 책정하여 제안하는 것이다. 1883년 12월, 파크스 일행이 조선 관리들과 조약 체결을 위한 조율을 하고 있을 때 "우리가 원하는 몇 가지 항목은 7.5% 세율로 허락해 주어야 한다"라고[19] 요구했던 기록이 이를 잘 말해 준다. 이로써 영국은 첫째 자국의 모든 제품에 대하여 일률적인 관세율 인하로 인해 올 수 있는 손해를 줄이면서, 둘째 주력 수출품 이외에는 수입관세율을 인

---

17) FO 3273, no.6, Wade, July. 14, 1877에서 이미 표현됨.

18) Draft of General Trade Regulation of Corea: FO 405/33, inclosure 2 in no.121. Parkes to Granville, May 31, 1883; Treaty between Great Britain and Corea: FO 405/34 inclosure in no.40. Parkes to Granville, December 31, 1883.

19) FO 405/34, no.42. Parkes, December 6, 1882.

상시켜 조선정부를 안심시킴으로써 그가 제시한 세칙 변경 및 무역규정 조건을 조선에서 무난히 획득할 수 있게 되었다.

마지막으로 조선에서 통상 이득의 확대를 꾀하려면 종주국으로 자부하는 청국으로부터 조선을 분리시켜야만 했다. 이런 판단에서 파크스는 '조선과의 단독 조약 체결 추진' 의지를 보였다. 하지만 단독 조약 체결은, 유럽 제국을 끌어들여 조선에서 일본과 러시아 양국이 단독으로 행동하지 못하도록 하고 청국의 위치를 지켜 내자는 리훙장의 외교 방식인 이이제이에 반(反)하는 것이었다. 그러므로 파크스가 단독 체결을 강행한다면 자칫 리훙장과 외교적 대결을 피할 수 없게 될 수도 있었다.

파크스는 리훙장과 대결하는 방향으로 최종 결정을 내렸다. 그리고 1883년 10월 23일, 파크스는 새 조영조약을 체결하러 베이징을 떠나 서울로 가는 도중에 톈진에서 리훙장과 만나 담판을 짓게 되었다. 파크스가 이미 예상했던 대로 리훙장은 "얼마 전까지 주일 공사였던 당신이 우리를 배제한 채 행동한다는 것은 일본 정부와 결탁한 것이 아니냐"고 질문하였다.[20] 이에 파크스는 다음과 같이 설명하였다. 첫째 일본이 조일통상장정을 통해서 조선에서 너무 많은 것을 점하고 있어서 청국은 물론 영국도 심히 우려하는 바라고 말하였다.[21] 이는 일본과 러시아의 세력 확대를 저지하려는 리훙장의 기본 구도에 영국이 동참하고 있음을 보여준 표현이다. 둘째 파크스는 청국의 수입관세율이 5%로 되어 있지만 내지 통상 세율을 합하

---

20) 박일근, 「초기 영국의 대조외교정책연구」, p.348.
21) Kieman, *British Diplomacy in China,* p.105.

면 중국도 영국에 7.5%의 수입관세율을 적용시키고 있음을 주지하면서[22] 조선 관세율을 7.5%로 정한 것의 합리성을 강조하였다. 셋째 파크스 자신은 조선과 정당한 관세를 정하는 것 이외에 아무런 욕심이 없다면서 제대로 수입관세율이 정해지면 조선에서 부당한 이득을 취하는 일본과 영국이 경쟁 상대가 될 것이고, 그 결과 리훙장이 일찍부터 원하던 조선에서의 세력 균형을 얻게 될 것이라는 점을 들어 설득하였다.[23] 리훙장은 다른 문제도 거론하였다. 리훙장은 "영국이 조선에 아편을 팔려는 것 아니냐"고 넘겨짚었다. 이때 파크스는 "값싼 청국 아편들, 특히 리훙장의 고향인 안후이(安徽) 생산품이 조선에 거의 독점 공급되고 있지 않느냐"고 되물으며 대응하였다.[24] 결국, 10월 23일 두 사람의 만남이 대결보다는 리훙장의 묵인과 공조의 형태로 진행되었다. 이로써 파크스는 주중공사로서 치러야 할 첫 과제인 2차 조영수호통상조약을 부임한 지 두 달이 지난 즈음인 11월 26일에 흡족한 형태로 처결하였다.[25]

청불전쟁

베트남(Vietnam)은 중북부지역을 전한(前漢)의 무제(武帝,

---

22) Kieman, *British Diplomacy in China.*
23) FO 17/926, no.38, Parkes, November 7, 1883.
24) FO 405/34, no.37, Parkes, November 3, 1883.
25) 최문형, 「한영수교와 그 역사적 의의」, p.61.

111 B. C.)가 번속(藩屬)으로 만든 뒤부터[26] 안남(安南: Annam)이라 불렸으며 광남 왕조(廣南王朝)가 있었던 중부 베트남 이남은 코친차이나(廣南: Cochin China)라고 불렸다. 베트남에 대한 프랑스의 관심은 1684년 안남의 주요 도시인 통킹(하노이: Tonking)에 동인도 회사의 상관을 설치하면서부터였다. 18세기에 들어, 프랑스는 인도에서 영국에 의해 밀려나자 베트남을 중심으로 영국에 대항하려는 계획을 세웠다.[27] 이런 의도 하에 프랑스 정부는 1787년 베르사유에서 불안동맹(佛安同盟)을 체결했다. 그리고 프랑스는 자국의 정치적 문제인 프랑스 대혁명과 나폴레옹의 대륙 침략이 심각함에도 불구하고 분리되어 있던 베트남의 통일을 지원하여 1804년에 국호를 월남(越南: Vietnam)으로 하는 단일 국가를 성립시켰다. 청국도 번속(藩屬)인 안남에 대한 정치적 간섭을 지속한다는 조건으로 월남 왕을 공식적으로 인정(책봉이라 함)하였다.[28]

하지만 프랑스의 궁극적인 목적은 남북 베트남을 모두 장악하여 영국에 대항한다는 것과 베트남을 통해서 청국의 서남 변경에 있는 '뒷문'을 열려는 데 있었다. 이와 관련하여 프랑스는 먼저 코친차이나를 공략하여 1860년 1차 사이공 조약을 맺고 남부의 주요 3성을 할양받았으며 메콩 강 항해권도 차지하였다. 1863년에는 캄보디아도 프랑스 보호 하에 두고 1867년에는 코친차이나의 다른 성들도 무력으로 장악하였다. 그

26) 劉 彦原, 『中國外交史』, 文海出版社有限公司, 1975, p.90.
27) 김경창,『동양 외교사』, p.228.
28) 靑柳篤恒, 『袁世凱の帝業に對する大內閣の外交』, 朝鮮及滿洲, 1928, p. 104; 김경창,『동양 외교사』, p.229 재인용.

리비에르(H. L. Riviére) 해군 대령

후 그들은 안남을 장악하기 위한 집요함을 보이면서 청국과 대립하게 되었다.

1881년에는 안남의 통킹에서 윈난(雲南)을 향해 가던 프랑스인 2명이 흑기군(프랑스군에 저항하였던 청국 천지회 계통 농민군)에게 통행세를 내지 않아 살해당한 사건이 있었다. 이를 구실로 프랑스 해군 대령 리비에르(H. L. Rivire)는 군사 450명을 이끌고 통킹을 공격하여 외성을 점령하였다. 이에 청국은 민감한 반응을 보였다. 파리 주재 청국 공사인 증국번(Marquis Tseng)이 프랑스 외무장관에게 즉각 항의하였고, 베이징에서도 총리아문 관료들이 주중 프랑스 공사인 부우래(F. A. Boure)에게 "안남은 청국의 번국(藩國)"임을 알렸다. 이런 상황에 두 국가는 무력 충돌을 억제하고 타협책을 찾으려 노력하여 통킹 문제를 대화로 풀려고 하였고 구체적인 협의 초안도 내어놓았다. 하지만 흑기군이 리비에르를 살해하면서 프랑스는 7천 명의 군사를 통킹에 증파하게 되고 문제는 더욱 심각해졌다.[29)]

파크스가 주중 영국 공사로 부임한 후 조영조약 체결의 막바지 준비를 하던 1883년 10월, 리홍장은 통킹에서 시작된 청불 대립(淸佛對立) 문제로 당사국인 프랑스와 청국 정부를 오가면서 일관되게 타협을 주장하고 수차례 전쟁을 피할 길을 모색했다. 하지만 그의 노력에도 불구하고 통킹에서 양국의

---

29) 劉 彦原, 『中國外交史』, pp.104-05.

군이 철수하지 않는 한, 전쟁은 피할 수 없는 상황이었다.[30] 결국 1883년 12월 16일 손 타이(山西: Son Tay)가 프랑스군에 함락되어 양국의 국교가 단절되고 본격적인 전쟁으로 치닫게 되었다. 청국의 외교를 거의 주관하던 리훙장은 이 전쟁으로 정치적으로 치명적인 악재를 맞게 되었다.

손 타이 전투 이틀 뒤인 18일에 영국 외무장관 그렌빌(Granville)은 파크스에게 현재 청국과 프랑스 갈등에 관한 정보를 원한다는 급전을 보냈다.[31] 파크스의 대답은 '프랑스군은 보충군이 오기를 기다리고 청국은 공격에 대한 대비를 하고 있다'는 양국군의 표면적인 대치 상황을 표현하는 정도였다.[32] 청국 관련 외교 상황에 민감해야 할 주중 공사의 대답으로는 믿기지 않는 무덤덤한 내용이었다.

해를 넘기면서 파크스가 얻은 정보는, "프랑스가 전쟁 기지로 마카오를 지목하고 이곳을 소유한 포르투갈과 협상에 들어갔으며, 프랑스가 전쟁에 승리하면 전쟁 배상금 대신 타이완(臺灣: Formosa), 하이난(海南: Hinan), 저우산 군도(舟山群島: Chusan)를 요구할 것"이라는 내용이었다.[33] 파

손 타이(山西) 전투 장면

30) FO 17/926, no.140. Grosvenor, November 9, 1883.
31) FO 27/928, tel. no.32. ciph. Granville, December 18, 1883.
32) FO 17/927, no.64. Parkes, December 24, 1883.

아편전쟁 당시 저우산 군도 확보를 청국에게 요구하는 영국

크스는 하이난 영사에게 정보의 진실 여부를 확인하라고 지시하였다.[34] 파크스가 특히 관심을 갖고 있던 저우산 군도는 아편전쟁 당시 영국군이 몇 차례 점령하였던 전략적인 곳이며 청국 최대 어장으로 1846년에는 영국무역사무소가 설립되는 저우산 협정이 맺어진 곳이었다.[35] 영국무역사무소 유지 내용은 1858년 파크스가 주선한 텐진조약 속에도 그대로 옮겨져 줄곧 시행되어 왔다.[36] 그런 저우산 지역이 프랑스의 배상 지역으로 바뀐다는 것은 영국의 이해 관계가 얽혔을 때에만 외교적 관심을 갖는다는 파크스의 외교 전력(前歷)으로 볼 때 그냥 지나칠 일이 아니었다.

결국 1883년 말의 그렌빌 전보와 이듬해 초의 전쟁 관련 정보를 함께 놓고 살펴보면, 파크스가 '외교관이란 자국에 피해가 된다고 생각할 때는 적극적인 외교를 펼친다'는 외교의 정

33) FO 17/948, no.24. Parkes, Most Conf., January 28, 1884.
34) FO 17/949, no.77. Parkes, April 8, 1884.
35) FO 17/954, tel. ciph. Most Conf. Parkes, January 19, 1884.
36) FO 17/972, September 18, 1884.

석을 철저하게 따르고 있음을 확인할 수 있다.

1884년 3월 광저우 세관의 세무사이며 리훙장의 측근인 독일인 덱스트링(Gustaf Dextring)은 볼타 호(the Volta)의 함장인 푸르니에(Francois E. Fournier)가 통킹 문제에 관련하여 청국에 우호적이라는 것을 알고 그를 중재자로 양쪽 정부에 소개했다. 이로써 청·불 사이에 교섭의 단초가 마련되었다.[37] 결국 4월 28일에 프랑스 정부와 리훙장 측은 본격적인 교섭에 들어가 5월 11일에 이-푸르니에 협정(Li-Fournier Convention)을 맺게 되었다. 협정 조항은 프랑스가 청국에 배상 요구를 포기하고 청국은 프랑스에 통킹과 인접하고 있는 각 성(城)의 무역을 허락한다는 내용이었다.[38] 그대로라면 파크스가 우려하던 배상 조건으로 저우산 지역이 프랑스 측으로 넘어가리라는 우려가 해소될 수 있었다.

외교 문제는 원칙적으로 총리아문이 총괄적으로 담당하는 것이다. 하지만 이-푸르니에 협정은 중대한 문제점을 안고 있었다. 서태후가 북양대신 리훙장에게 일방적으로 일임한 점과 프랑스 정부도 주청 공사를 제쳐 놓고 무관인 푸르니에에게 일임한 점이 그것이다. 이로 인하여 푸르니에가 보낸 통지에 따라 디젠느 대령(Colonel Dugenne)이 이끄는 900명의 프랑스군이 통킹에 주둔하던 청군을 철수시키고자 했지만 현지 청군 사령관의 반대로 실패하는 일이 발생했다. 청군 사령관은

37) Mrs Archibald Little, Li Hung Chang: his life and times with several portraits and a map (London: Cassell & Co., 1903) p.139.

38) FO 17/2708, Maude, tel. Separate, May 12, 1884.

철수 명령을 정부로부터 공식적으로 받지 못했다는 것이 그 이유였다.[39] 다시 양국은 군사적으로 충돌하게 되면서 프랑스가 청국이 이-푸르니에 협정을 위반했다는 구실로 타이완을 봉쇄하게 되었다. 이로써 리훙장이 추구하던 타협책도 무산되었고[40] 파크스가 주목하던 저우산 군도 문제도 원점에서 다시 시작되어야 했다.

파크스는 1883년 전쟁 때보다 이번에 더 적극적으로 관여하였다. '청국 정부는 외국인들의 보호를 책임질 수 없다'는 총리아문의 통보가 있었으므로 영국민의 보호라는 임무를 수행해야 했다.[41] 또한 영국 상인들이 영국 정부에 평화를 중재하라고 이미 소리를 높이고 있는 점도 고려했기 때문이다.[42] 영국 정부도 전쟁에서 직접 피해를 입지는 않겠지만 인접해 있는 인도 주둔 영국군의 경우에 불상사가 생길 수도 있으니 '중립 선언' 선포를 고려하라고 파크스에게 명령하였다.[43]

정부의 명령에도 불구하고 파크스는 중립선언에 대하여 부정적이었다. 인도 주둔 영국군이 전쟁에 말려드는 것도 막아야 하겠지만, 전쟁 중에 주중 영국민들을 보호하고 특히 상인들의 보호도 염두에 두어야 했기 때문이다. 파크스의 생각은 전쟁이 초기에 끝나야 위의 문제들이 해결된다고 보았다. 그는 이미 체결된 이-푸르니에 조약이 제대로 가동되는 것이

---

39) Kieman, *British Diplomacy in China,* p.137.
40) FO 27/2709, no.115. ext. tel. no.23. Parkes, July 14, 1884.
41) FO 27/2711, no.169. Parkes, August 29, 1884.
42) FO 27/2711, Johnston to Currie August 28, 1884.
43) FO 27/2712, War Office to FO September 1, 1884.

최상의 방법이라고 판단하고 이를 협의하기 위해 9월 26일에 리훙장을 만나러 톈진으로 갔다. 하지만 파크스의 기대와 달리 리훙장은 "프랑스가 협상의 의지가 없는 상황에서 이-푸르니에 협정이 전쟁을 끝낼 대안이 되지 않는다"라면서 부정적으로 생각하였다.[44] 때 마침 이-푸르니에 협정이 대안이 될 수 있는 사건이 일어났다. 10월 20일에 프랑스가 청국과 타협할 의사를 내비쳤기 때문이다. 그러나 이번에도 리훙장은 반응을 보이지 않았다.

리훙장의 번복되는 행동에 대해 의아해 할 수 밖에 없었던 파크스는 리훙장이 신임하는 청국 총세무사서(總稅務司署)의 수장인 총세무사(總稅務司) 하트(R. Hart)를 통해 리훙장의 생각을 알아보았다. 하트의 표현에 의하면, 프랑스의 강화 제안을 실현시키려면 각국의 중재가 있어야 하는데, 리훙장 자신보다는 청국 정부가 이를 달갑게 생각하지 않는다는 것이다. 그동안의 자신의 경험에 비추어보면, 청국 정부는 미국이나 러시아의 중재 시도가 자국의 이익을 우선하는 조치들이었고, 독일이나 영국은 프랑스와 청국이 전쟁을 지속하여 프랑스가 유럽에 덜 신경 쓰기를 바라고 있다고 판단하고 있다는 것이다.[45] 이런 사실을 알게 된 파크스는 청국 정부가 '중재' 방법을 원하게 될 설득방안을 리훙장에게 귀뜸했다. 방안이란 "만약 중재를 통해서 전쟁을 막지 않으면 이미 봉쇄된 타이완을 프랑스에게 빼앗길 것이고, 그렇게 되면 그곳을 영원히 되

44) FO 27/2714, no.223. Parkes, conf. October 14, 1884.
45) FO 27/2715, no.2235. Parkes, Secret, October 26, 1884.

찾지 못한다"는 점을 정부에 강하게 주장하라는 것이었다.[46) 효과는 있었다. 11월 5일, 프랑스의 제안이 베이징에서 논의된다는 보고가 총리아문에게서 영국 정부에 전달되었고,[47) 아울러 영국을 통해 프랑스와 화의를 시도할 것임도 통지하였다.[48) 이 사실은 파크스와 리훙장이 공조관계가 되었다는 일차적 의미 외에, 파크스가 원하던 청불전쟁의 초기 종결 가능성도 커졌기 때문에 그의 외교의 업적으로 평가해야 한다. 동시에 리훙장도 전쟁 종결에 영국을 활용함으로써 자신이 즐겨하던 '이이제이' 방식으로 문제를 해결하는 기대를 갖게 되었음도 확인된다.

하지만 1885년 2월, 영국은 중재도 하기 전에 스스로 직접 전쟁에 개입해야 하는 사건이 발생했다. 프랑스 정부는 미곡 수송 금지가 청국 정부를 압박하는 좋은 빌미가 된다고 판단했기에 광저우에서 상하이로 수송되는 미곡을 전시금지품으로 지정했다.[49) 이는 청국연안 수송업을 제한하는 것인데, 연안 수송업이 영·미 두 국가의 보호 아래 행해지고 있는 상황에서 프랑스의 처사가 청국보다 영국과 미국에 대한 공세가 되었다. 영국 재무 장관 솔본(Lord Solborne)은 큰 걱정을 하면서 "만약 미곡 수송 금지 조치가 지속된다면 프랑스 측에 강하게 표현하고 더 나아가서는 전쟁에 준하는 항의를 해야 한다"는 입장을 표명하였다.[50) 파크스도 미곡을 취급하는 영국

46) FO 27/2715, no.2235. Parkes, Secret, October 26, 1884.
47) FO 27/2716, no.31. F. O to Parkes, November 4, 1884.
48) Kieman, *British Diplomacy in China,* p.154.
49) Kieman, *British Diplomacy in China,* p.175.

상인들에게 "자칫하면 문제가 커질 수 있으니 생각을 모아야 한다"라고 사태의 심각성을 주지시켰다.[51] 미국 정부도 실제 문제가 발생함에 따라 움직이겠지만 호의적이 아님을 프랑스에 공표하였다.

결국 프랑스는 영·미의 강한 반발에 주춤하고 미곡 수송 금지를 철회한 이후 청국과의 강화조약을 본격적으로 추진하게 되었다. 청국은 앞서 언급한 11월 5일의 화의 가능 의사 표명 이후에 대화할 준비가 되어 있었기에 강화조약은 빠르게 진행될 수 있었다. 리훙장과 파크스에게 절대적으로 지지를 받으며 프랑스와 직접 강화를 담당한 인물은 전권을 부여받은 총세무사 하트였다. 그의 명령을 받은 청국해관 런던 출장소 주임세무사였던 캠벨(J. D. Campbell)은 파리에서 교섭을 진행하여 1885년 6월 9일에 전쟁의 끝을 알리는 청불수호통상평화조약(淸佛修好通商平和條約)을 체결하게 되었다.

청국과 리훙장은 파크스와 영국 정부의 협조로 청불전쟁이라는 총체적 위기에서 벗어날 수 있었다. 그렇다면 리훙장은 '이이제이' 외교정책을 포기한 것인가? 청국 정부가 프랑스와의 타협을 공식적으로 발표한 한 달 뒤인 1884년 12월, 조선에서는 갑신정변이 일어났다. 이때 리훙장은 "프랑스와 일본이 결탁하여 청국 영토의 앞뒤에서 위협을 가하고 있다"고 생각하였다. 그는 일본이 조선에 진출하는 것을 막는 길은 파크스가 체결한 2차 조영조약과 동일한 조건을 적용하라고 요구

50) FO 27/2784. Solborne to Granville, March 30, 1885.
51) FO 27/2783. Parkes 8 Treaty, March 10, 1885; FO 27/2784. no.118. March 20, 1885.

하던 열강들의 대(對)조선통상조약체결요구를 과감하게 인정하는 것이라고 보았다. 리홍장은 열강들을 이용하여 일본이 조선에 침투하는 것을 막고자 한 것이다.[52] 분명한 '이이제이' 외교정책이었다.

* * *

파크스와 리홍장이 외교적 정상에 오르기까지 정립한 외교정책의 모습을 다음과 같이 정리할 수 있다. 파크스의 외교는 경제적으로 유리한 통상조약을 확보하여 해외 시장을 확대한다는 목표 아래 경제 외교를 지향하였다. 리홍장은 현존하는 정치 체제를 유지하면서 자강(自彊)을 꾀한다는 목표 하에 '이이제이'방식의 정치·전략외교를 추구하였다. 파크스가 동아시아 내 영국의 대표 외교관인 베이징 공사로 재임하던 시기(1883-85)에 두 사람의 외교정책은 대립할 때나 타협할 때 그 색깔을 가장 뚜렷하게 드러냈다.

분석된 파크스와 리홍장의 외교정책을 정리해 보면, 우선 2차 조영조약은 두 사람이 각각 추구하던 경제외교와 정치·전략외교가 대립적으로 표방된 대표적인 경우로 파악된다. 1차 조영조약에서는 조선에 일본과 러시아의 진출을 견제하기 위해 서구 열강을 끌어들인다는 리홍장의 '이이제이' 외교정책이 일방적으로 우위를 보이지만, 2차에서는 파크스가 영국의 국

52) 왕소방, 『중국외교사, 1840~1911』, p.243; 김용구, 『세계외교사』, pp.159-74.

익을 위한 경제외교를 관철시키려는 노력이 리홍장의 정책과 달라 논리적으로 둘의 관계가 충분히 '대립 상황'이 될 수 있었기 때문이었다. 하지만 분석한 것처럼 파크스의 경제외교가 제대로 역할을 하여 둘의 외교가 대립보다는 타협과 공존의 관계로 나아갔음을 알 수 있다. 다시 말해서 파크스는 조선에서 경제적으로 얻을 수 있는 모든 여건을 확립하게 되었고 리홍장은 일본과 러시아 견제라는 전략적인 부분을 큰 수정없이 달성한 것이었다.

다음으로 청불전쟁의 경우를 살펴보면, 전쟁이 터지자 리홍장은 청국이 현재의 위기를 벗어날 길은 전쟁보다는 평화라는 생각에서 양쪽 정부에 일관되게 대화와 타협을 주장하였다. 하지만 그의 주장이 번번이 실패하여 정치적 위기를 맞게 되었다. 왕소방은 리홍장의 타협책을 '투항하려는 외교적 음모'라고 하며 오늘날까지 그 의미를 축소하고 있다.[53] 파크스도 영국의 국익에 직접적인 영향을 주지 않는 한 청불전쟁에서 자신의 외교정책을 적용시킬 부분이 없을 듯이 보였다. 하지만 파크스가 추구한 경제외교가 전쟁 과정 중 곳곳에서 역할을 하였고, 나아가서는 리홍장의 타협책이 실패가 아닌 성공이 되도록 하는 견인차 역할을 하였다. 청불전쟁은 동아시아 외교에 큰 변화를 줄 수 있는 요소들을 안고 있던 사건인데 궁극에는 파크스와 리홍장의 외교가 함께 풀어낸 것이다.

결론적으로 동아시아 외교에서 정상에 오른 파크스와 리홍장의 외교정책은 서로가 추구하는 방향은 다르지만 타협하고

---

53) 왕소방, 『중국외교사, 1840~1911』, p.235.

공조하면서 동아시아 정치·외교의 판세가 뒤바뀔 수 있는 굵직한 사건들을 적절히 다루었다. 그리하여 19세기 후반에 계속되는 러·일의 움직임에 따른 거문도 사건, 청일전쟁, 러일전쟁과 같은 동아시아의 역사적 사건들이 적어도 1880년대 전반기에는 일어나지 않은 것은 두 외교관의 공이었다고 해도 과언이 아니다.

3부　파크스 사후의 대영제국 외교

대영제국 외교의 중심에 선 아프간 사태

1821년의 그리스 반란(Greak Rising)을 통해 구체화된 영러각축은 1907년 영러협정(Anglo-Russin Agreement)을 맺을 때까지 거의 한 세기를 걸쳐 진행된 19세기 외교사의 큰 사건이었다.[1] 영러 각축(英露角逐)의 주요인은 러시아가 겨울에도 교역을 할 수 있는 부동항 획득에 관심을 갖고, 상업적 자본주의의 대표적 국가인 영국이 기득권을 쥐고 있던 세계시장으로 그들의 판로개척을 시도함으로 일어난 양국의 외교적 마찰이었다. 이 요인은 이후의 영국과 러시아 양국 간의 외교 전략의 기본뼈대가 되었다.

파크스가 베이징에서 세상을 떠난 지 8일째 되던 1885년 3월 30일, 아프가니스탄의 국경 지역 판제(Panjdeh)에서 일어난 러시아군과 아프간군의 무력 충돌은 중동 지역 영러 각축전의 공식적인 시작을 의미했다. 특히 판제 사태가 영국에게 민감한 반응을 불러일으킨 것은 경제적·외교적으로 항상 중요시하는 인도가 러시아의 전통적 남하 정책으로 영향을 받으리라는 기본 외교 전략에 준한 것이다. 영국은 인도로 향한 최

1) Gillard, *The struggle for Asia, 1828-1914*; Anderson, *The Eastern Question*.

근 접전 지역이며 인도로 들어가는 관문인 헤라트(Herat)의 전초지와 같은 곳인 판제에서 아프간군과 러시아군 사이에 충돌이 생기자, 자칫 인도를 위협하게 될 수 있다는 데 초점을 맞추고 양국 간의 전면전까지 생각하였다.

그렇다면 영국의 이런 입장을 모를 리가 없는데도 불구하고 러시아가 판제에서 아프간군과 충돌을 일으킨 것은 외교 전략상 어떤 의도인가? 전통적인 견해로 보면 러시아의 남하 정책이란 외교 전략의 핵심이 중동에 집중된 때문으로 본다. 이런 견해를 받아들이기에는 몇 가지 의심스런 점들이 있다. 첫째 발칸 지역은 러시아가 크리미아 전쟁 후 영국에게 주도권을 빼앗기기 시작했고 베를린 회의 이후에 세력 확대 가능성조차 거의 사라지게 된 곳이다. 하지만 이곳에 대한 러시아의 외교적 관심도는 1885년에도 여전히 컸었다. 러시아로서는 세계 어느 지역보다도 이 지역의 진출이 유럽의 무역로를 통제하면서 자국의 경제적인 무역로를 확보하는 최적격지로 지속적으로 생각하고 있었기 때문이다. 정황으로 보면 러시아가 발칸 지역을 포기하고 외교전략의 핵심을 중동으로 옮겼다고 단정하기에는 무리가 있어 보인다. 둘째 러시아는 크리미아 전쟁에서 힘의 역부족을 경험 바도 있고 1877년 인도 황제로 빅토리아 여왕이 등극함으로 인도가 영국의 핵심 제국령이 된 것을 모르는 바도 아니다. 그렇다면 영국 측에서 우려한 러시아의 남하 정책이 인도로 향했을 것으로 보는 견해가 과연 타당성 있는지도 의문시된다.

결국 이런 의문점들을 갖고 아프간 사태를 정리해보면, "러시아의 판제 움직임은 영국이 중요시하고 있던 인도에 어떤 위협을 줌으로써 영국의 관심을 그곳에 집중시켜놓고 그 틈을 이용해서 발칸 지역으로 진출할 기회를 다시 포착해 보려는 것이다"라는 가설이 설득력 있게 세워진다. 이 장에선 이 가설을 추적·증명해 보고자한다.

러시아의 대(對)아프간 진출, 1873.5~1879.12

1873년 5월에 러시아가 아프가니스탄의 전략지인 키바(Khiva) 지역으로 진출하려던 시도가 성공하자, 영국 정부는 러시아의 움직임이 셀주크 왕조의 수도였던 메르브(Merv: 오늘날 투르크메니스탄의 마리 근처) 지역으로 향하리라 예상하였다.[2)]

메르브 지역에 대한 영국 정부의 관심의 시작은 1874년 1월 7일에 외무장관 그렌빌(Lord Granvill)이 주러대사 로퍼스(Lord A. Loftus)에게 전보를 보내서 메르브 지역의 상황에 대한 러시아 측의 반응을 듣고자 했을 때부터였다. 그렌빌의 궁금증은 메르브 지역에 있는 투르크멘(Turkoman) 부족들의

2) D. Gillard, ed., 'Memorandum on the correspondence with the Russia government in regard to Merv: 1874-84',(Doc.9), *British Documents on Foreign Affairs(BDFA)*: Report and Papers from the Foreign Office Confidential print, vol.12, Britain, Russia and Central Asia, 1879-1907, (University Publications of America, 1985), pp.89-90.

Merv와 Herat이 표시된 아프가니스탄의 지도

축출을 위한 러시아군의 파병 가능성이 있는지에 관한 것이었다. 그는 "만약 러시아의 파병이 사실이라면 투르크멘 부족들은 러시아군을 피해 인도로 향한 관문인 헤라트(Herat) 지역 근처로까지 근거지를 옮기게 될 것이다. 이는 자칫 아프가니스탄이 헤라트에서 러시아와의 전면적으로 충돌을 하게 될 것이다."라는 우려를 표명한 것이다.[3)]

그렌빌의 전보가 러시아 당국에 들어가자 러시아 외무장관 고르츠코브(Gortchkkoff) 왕자가 1874년 1월 21일에, "러시아는 투르크멘 부족을 제거하려는 어떤 파병도 생각한 적이

3) 'Memorandum on the correspondence with the Russia government in regard to Merv: 1874-84',(Doc.9), BDFA, vol.12, p.90.

없고, 그들과는 좋은 관계를 유지하고 있으며, 평화적으로 상거래를 위해 노력하고 있을 뿐이다. 하지만 투르크멘 부족이 러시아를 공격해 온다면 그들을 응징할 것이다"[4] 라는 입장을 주러대사인 로퍼스를 통해 답변했다. 로퍼스는 러시아외무장관의 답변과 함께 러시아 황제도 메르브 방향인 테케-투르크멘(Teke-Tukomans)에 대한 파병을 구상하거나 명령한 적이 없다고 한다는 추가 사항을 외무장관 더비에게 전달했다.[5]

영국 정부는 이런 보고들을 접함에도 불구하고 러시아의 메르브 지역 진출 가능성에 대하여 관심을 계속 갖고 있었다. 만약 러시아가 메르브 지역으로 진출하면 헤라트로 영향력이 파급될 것이며, 결국엔 영국의 인도 방어에 큰 위협이 되는 것이 자명하기 때문이다. 이를 뒷받침해 주는 사실로 1875년 3월에 러시아 정보국장(Head of the third Section) 쉬발로브(Schouvaloff)는 "영국정부가 러시아 소유지역으로 진출할 의도가 있는지"를 묻자, 더비는 "러시아가 메르브에 어떻게 움직였느냐에 따라 결정될 것"이라는 대답을 함으로 알 수 있다.[6]

더비의 발언이 현실화된 예는 1875년 여름, 러시아의 로마킨(Lomakin) 장군이 투르크멘 스텝(Tukoman Steppe)에 대

---

4) Russia, no.2,(1874), *BDFA*, vol.12, p.10.
5) 'Memorandum on the correspondence with the Russia government in regard to Merv: 1874-84', *BDFA*, vol.12, p.91.
6) 'Memorandum on the correspondence with the Russia government in regard to Merv: 1874-84', BDFA, vol.12, p.91.

전통 복장을 한 투르크멘 사람 모습

해 예비 조사를 할 때였다. 이 상황이 영국 정계에 러시아의 메르브로 점령의 시작이라는 소문으로 확대되어 그들을 긴장하게 했다. 그러나 상트페테르부르크(St. Peterburgh) 주재 영국 대리공사 도라(Dora)는 러시아의 의도가 종전처럼 이상이 없다는 것을 확인한 후, 영국 정부가 안심하도록 보고를 하였다.[7] 1876년 가을에 로마킨 장군이 다시 이 지역의 크라나노보드스크(Krananovodsk)에 갔을 때에는 영국정부가 전번과 달리 메르브 점령과 상관없는 일로 확신하고 별다른 반응을 보이지 않았다.[8]

한편 러시아는 중동 지역에서의 움직임은 거의 없었지만 발칸 지역에서 영국과 팽배하게 대치하는 냉전의 모습을 지속하고 있었다. 발칸에서는 1877년부터 시작된 터키와의 전쟁으로 러시아가 터키와 산스테파노(San Stefano)조약을 맺어 그 지역에서의 유리한 고지를 점령하였다. 하지만 러시아의 남하정

7) 'Memorandum on the correspondence with the Russia government in regard to Merv: 1874-84', BDFA, vol.12, p.93.

8) Lord A Loftus to Foreign Office: November 15, 1876, "Central Asia no.1 (1878)", BDFA, vol.12, p.89.

책을 우려한 영국은 조약의 수정을 적극 요구하고, 결국 비스마르크의 중재로 이 지역에서 러시아 세력을 무용지물로 만드는 베를린 회의를 성사시켰다.[9] 이런 상황 때문에 발칸에서의 좌절에도 불구하고 러시아는 냉정을 잃지 않고 새로운 지역 확보를 위해 전략적으로 중동 내지 극동으로 움직임을 구상하고 있었음이 분명하다.

러시아의 이런 구상은 곧 밝혀졌다. 1879년 봄에 라자레브(Lazareff) 장군이 카스피 해 서쪽에 군을 움직이자 외무장관 솔즈베리(Salisbury)가 러시아군의 움직임에 대해, "메르브가 위협받거나 페르시아 영토로의 어떤 침략도 영국 정부는 묵과할 수 없다"는 경고를 러시아 정부에게 보냈다. 이때 쉬발로브 백작(Count Schouvaloff)은 "메르브를 위협할 생각은 없으며, 군의 움직임은 이 지역으로부터 160마일 지점 안으로 진행되지 않을 것이다. 또 페르시아의 권리도 절대로 침해하지 않을 것이다"라 하였다.[10] 그러나 그의 발언은 비공식 발언이었다. 쉬발로브 백작의 발언에서 중요시되는 바는 메르브의 160마일 되는 지점까지 러시아군의 전진해오려는 생각이 확실하다는 것이다. 결국 러시아가 메르브 점령을 향한 첫걸음을 내디딘 것이며 중동에서의 전략적인 움직임을 보인 것이다.

---

9) Anderson, *The Eastern Question,* pp.210-16; G. D. Clayton, *Britain and the Eastern Question: Missolonghi to Gallipoli* (London; University of London, 1971) p.146.

10) 'Memorandum on the correspondence with the Russia government in regard to Merv: 1874-84', BDFA, vol.12, p.94.

기어스(Giers, Nicholas de)
러시아 외무장관

그해 7월 9일 러시아 외무장관 기어스(Giers, Nicholas de)는 "러시아군의 움직임은 150마일 지점에서 정지한다"고 발표하였다. 덧붙여 군의 이동은 "메르브를 점령하려는 의도에서 일어난 것이 아니다. 영국이 헤라트를 점령하고 있으므로 일어날 자국에의 위협을 고려한 예방 조치였다"고 언급하였다.[11] 얼마 후인 그해 12월 21일, 그는 "메르브의 투르크멘 족이 테케 지역 부족과 합류하여 러시아군에 대항하므로 이 지역을 점령 해야겠다"는 실질적 점령 가능성이 있는 발언을 다시 하였다. 이런 분위기에도 불구하고 메르브로 향한 러시아군의 직접적인 이동은 진행되지 않았다. 이는 아직까지 강경 노선을 보이며 힘의 정치를 하던 영국 총리인 디즈레일리(Disraeli)의 외교정책이 그나마 효과를 보이고 있었기 때문이었다.

러시아의 대(對)아프간 적극 정책, 1881.1~1885.3

1880년은 총선거에서 자유당의 글래드스턴 내각이 들어서 자신의 선거 공약이던 평화적 외교정책을 실현하려 할 때였

11) Earl of Dufferin to Foreign Office, no.321, July 15, 1879, Doc.9, *BDFA,* vol.12, p.94.

주영 러시아대사 로바노브
(Prince Alexey Borisovich Lobanov-Rostovsky) 왕자

다. 영국의 이런 정치적 성향 때문에 대외적으로 강경정책이 완화되면서 그동안 주춤했던 메르브로 향한 러시아군의 진출이 공교롭게도 단계별로 이뤄지기 시작하였다.

1881년 1월에 러시아군은 게옥테페(Geok-Tepe)를 점령하고 곧이어 그곳을 넘어서 메르브에서 50마일 지점인 아스카바드(Askabad) 지역까지 진격해 갔다. 러시아군의 움직임에 영국이 민감한 반응을 보이자, 2월에는 주 러시아대사 로바노브(Prince A. B. Lobanov) 왕자가 "영국 정부는 메르브 점령을 운운함에 너무 과장되어 있는 듯하며, 만약 점령하더라도 잠시 동안만이고 곧 철수할 것이다"라 하였다.[12] 바로 그의 언급이 사실상 메르브 점령 가능성을 공식적으로 시인한 표현이었다.

1881년 5월 러시아군에 의해 점령된 테케지역 투르크멘 부족 영토가 러시아 황제 영토로 병합되었다. 12월에는 러시아가 바바 도르무즈(Baba Dormus)를 훨씬 넘어 투르크멘 지역 변경에 있는 페르시아 보호령 사이에서 투르코멘과 서로 국경을 확정하는 협정을 체결하는 단계에 이르렀다.[13] 이제 남아 있는 문제는 아프가니스탄 및 페르시아 국경과 접한 투르크멘

12) Central Asia, no.3, (1881), *BDFA,* vol.12, pp.13, 15.
13) 'Memorandum on the correspondence with the Russia government in regard to Merv: 1874-84', *BDFA*, vol.12, p.98.

손튼(Sir Edward Thornton) 주러대사
(오른쪽 끝에 앉아있는 사람)

지역의 접수뿐이었다.

영국의 외무장관 그렌빌은 이런 상황 속에서도 이미 안착된 러시아와 페르시아 사이의 국경 문제 전반에 집중적으로 초점을 맞추었다.[14] 그러나 러시아는 문제의 대상지인 아프가니스탄과 페르시아 국경 사이의 경계점이 구체적으로 어딘지에 관심을 보이고 있었다. 그들의 관심은 1882년 4월 러시아 기병대가 메르브로 향해감으로써 드러나게 되었다. 이때 기어즈는 주러 영국대사 손튼(Sir Edward Thornton)에게 전달하길, 자신들의 움직임은 "러시아 무역상인들을 보호키 위한 조처이므로 러시아가 점령하고 있는 현 지역을 넘어서 절대로 진출하지 말 것"을 기병대 책임자인 뢰베르그(Rohrberg) 장군에게

---

14) 'Memorandum on the correspondence with the Russia government in regard to Merv: 1874-84', *BDFA*, vol.12, p.98.

강력히 지시해 두었다고 하였다.[15)]

그러나 이 지역에서의 러시아 움직임은 이듬해인 1883년 10월 기어즈가 다음과 같은 내용을 영국 정부에 다시 전달하게 만들었다. "메르브 지역에 있는 여러 다른 부족끼리 싸움을 하고 있다. 그리고 그들은 키바 칸(Khiva Khan)에 의해 통치받기를 원한다. 키바는 러시아령이므로 러시아의 간섭이 필요하다"라 하였다.[16)] 이런 전달 내용이 있은 다음 달인 11월 15일 러시아 황제는 "메르브의 투르크멘 부족이 신하의 의무를 받아들이기로 결심하였고, 상응하는 조처로 러시아 정부는 관리를 메르브 행정을 위해 보냈다"고 공표하였다.[17)]

황제의 공표가 영국 정부에 정식으로 보고된 것은 1884년 2월 상트페테르부르크에 있던 영국 대사 손튼에 의해서였다.[18)] 이 보고를 접하자, 그렌빌은 드디어 이 지역의 심각성을 피부로 느끼기 시작하였고 방어책을 강구하기 시작하였다. 그는 먼저 손튼에게 "만약 아프가니스탄 변경 지역으로 러시아의 움직임이 있으면 큰 혼란이 야기될 것임을 러시아에 경고하라"고 명령하였다.[19)] 그러나 명령을 수행하는 가운데, 손튼이

15) Sir E. Thornton to Foreign Office, no.152, April 26, 1882, Doc.9, *BDFA*, vol.12, p.99.

16) Sir E. Thornton to Foreign Office, no.262, October 24, 1883, Doc.9. *BDFA*, vol.12, p.99.

17) 'Memorandum on the correspondence with the Russia government in regard to Merv: 1874-84', *BDFA*, vol.12, p.99.

18) Sir E. Thornton to Foreign Office, no.34, February 15, 1884, Doc.10, *BDFA*, vol.12, p.100.

19) Sir E. Thornton to Foreign Office, no.42c, February 29,

기어스와 서로 대화의 초점을 맞춘 것은 경고보다도 아프가니스탄 국경을 어디까지로 정할 것인지에 관한 것이 되었다. 기어스는 옥서스(Oxus)를 동쪽으로, 코자사레(Khoja Salai)에서 테젠트(Tedjent)를 남북 경계선으로 하자고 하며, "코자사레는 이미 서쪽 경계선으로 1872-73년에 아프가니스탄 정부가 동의하였다"고 손튼에게 계속 주장했기 때문이다.[20] 기어스의 국경 설정 제의는 메르브 점령 후 러시아가 보인 다음 목적지를 향한 하나의 방법 모색으로 해석할 수밖에 없다. 러시아가 메르브에 만족했더라면 그곳에서 국경에 대한 관심을 더 이상 보이지 않았을 것이기 때문이다.

1873년 키바 지역이 점령된 후 메르브 점령 가능성을 영국이 누구보다도 잘 알 수 있었음에도 불구하고, 러시아의 계속적인 타협과 회유책에 양보를 하다가 결국 1884년 2월에 러시아의 메르브 점령이라는 상황을 현실로 맞게 되었다.

이런 상황은 영국이 러시아의 남하 정책의 속셈을 알아채기에 충분한 교훈이 되었음이 분명하다. 그러나 영정부는 여전히 기어스가 초점을 맞춘 국경설정 제의에 대해서만 집착하였다. 1884년 4월 29일 그렌빌은 손튼에게 "아프가니스탄 국경의 경계선 확정을 위한 제의를 러시아 정부에게 받아들인다고 하라"고 전하였다. 그러면서 그도 코자사레를 서쪽 경계선으로 이미 동의했음을 확인했으니 다음해 가을에 아프가니스탄 대표를 포함한 양국의 합동 감독관을 이 지역에 동시

1884, Doc.10. *BDFA*, vol.12, p.100.

20) Sir E. Thornton to Foreign Office, no.62, March 12, 1884, Doc.10. *BDFA*, vol.12, p.100.

에 파견해서 사찰하고 "확실한 경계선을 확정짓자"고 주장하였다.[21)]

여기서 영국의 대(對)러시아 정책들에 대한 의문점이 제기된다. 영국은 발칸지역 특히 지중해로 진출하려던 러시아의 남하 정책을 전쟁이나 유럽협조체제 등 적극적 방법으로 봉쇄하였다. 그런데 왜 중동 지역 전략은 이렇게 미온적일까 하는 것이다. 단적으로 표현하자면, 당시 위정자들의 외교관(外交觀)과 맥락을 같이하고 있기 때문이라 본다. 러시아가 메르브로 향한 적극적인 움직임을 보이던 1880년, 강경책으로 일관하던 디즈레일리 내각이 사퇴하고[22)] 평화적이며 도덕적 외교정책을 강조한 글래드스턴 내각이 들어서게 되었다. 특히 외무장관 그렌빌도 글래드스턴과 맥락을 같이하는 외교관(外交觀)을 갖고 있었다.[23)] 그래서 이들은 가능하면 외교적 문제를 감정적으로 부딪치지 않고 이성을 유지하는 가운데 평화적 방법으로 풀어나가려 하였다.[24)] 물론 글래드스턴 정부의 생각이 실제 외교 문제들에 접해서는 어려움이 많아 수정할 필요를 느끼게 되겠지만, 1884년 당시까지는 그렇게 심각한 위치에 있지 않았기에 영국이 중동에서의 대(對)러시아 정책이 미온적일 수밖에 없음이 확인된다.

---

21) Sir E. Thornton to Foreign Office, no.103, April 29, 1884, Doc.10. *BDFA*, vol.12, p.102.

22) Shannon, *The Crisis of Imperialism*, pp.135-36.

23) O. Burdett, *W. E. Gladstone,* London, 1927, p.190.

24) K. M. Wilson, ed., *British Foreign Secretaries and Foreign Policy* (London: Croom Helm, 1987), pp.86-87.

1884년 4월의 그렌빌 제의에 대해 기어스는 러시아가 영국과 동시에 아프가니스탄 국경 지대를 시찰할 수 있음을 5월 17일에 전해 왔다.[25] 그러나 기어스는 아프간 대표가 참가하는 것을 반대하였다.[26] 여기서 아프가니스탄 국경 지역을 강대국들 간에 협상하여 이권을 나누자는 러시아의 제국주의적 의도가 확연히 드러나 보인다. 영국정부는 6월 17일로 러시아에 통보하길, "양측 감독관이 10월 1일에 헤리루드(Heri Rud) 강의 왼쪽 언던에 있는 사라크(Sarakhs)에서 만나자"고 하였다.[27]

영국 정부의 통보가 있은 며칠 후인 6월 21일에 러시아 외무부는 아프가니스탄의 아미르가 사릭 투르크멘(Sarik Turkoman) 부족이 살고 있는 판제 지역으로 군을 보냈다는 것을 영국정부에 전달하면서, "이는 국경 문제를 안착시키려는 시점에 아프가니스탄이 어떤 불만을 표시한 행동이다"라고 언급했다. 이에 손튼이 본국 정부에 표하길 "판제 지역이 이미 아프가니스탄의 영토인데 아미르가 이 지역을 점령하기 위해 군을 보냈다는 것은 이치에 맞지 않다. 혹여 러시아가 아프가니스탄 영토에 판제가 속해 있지 않은 것으로 생각한 데서 생긴 오해로 보인다"고 보고하였다. 그리고 러시아가 이런 오해를 했다면 이 지역

25) Sir E. Thornton to Foreign Office, no.150, May 17, 1884, Doc.10, *BDFA*, vol.12, p.103.
26) Sir E. Thornton to Foreign Office, no.160, May 21, 1884, Doc.10. *BDFA*, vol.12, p.103.
27) Foreign Office to Sir E. Thornton, no.180, June 17, 1884, Doc.10, *BDFA*, vol.12, p.104.

이 아프가니스탄 경계 지역에 놓여 있기 때문이므로 오해의 소지를 제거하기 위해서라도 하루속히 감독관을 파견하여 국경문제를 풀어야 함을 촉구하였다.[28)]

영국 대사의 언급과 러시아 외무부 발언을 종합해보면, 러시아는 판제 지역까지 점령을 목표로 삼고 있음을 알 수 있다. 그렇다면 러시아는 영국이 재촉하는 국경 문제의 안착을 가능하면 지연시키는 행동을 할 것임이 분명하다. 이를 증명해 주는 사실은 7월 10일 영국이 "헤리루드 지역에 접해 있는 아프가니스탄 국경설정을 먼저 진행하자고 제의" 했을 때를 주목할 수 있다. 7월 19일에 영국의 제의에 대한 러시아의 대답은 "코자사레 지방부터 출발점으로 하자는 것"이었다.[29)] 이 때문에 양국은 국경문제의 출발점에서부터 이견을 좁히지 못하며 계속적으로 혼란이 지속되었다. 이견의 내면에는 영국은 가능한 평화로운 방법으로 이 지역에서의 국경 문제를 정착시킴으로써 영국령 인도까지 영향이 미치지 않게 하자는 것에 반해, 러시아는 남하 정책을 통해 기회가 닿는 대로 메르브 지역을 넘어 남하하기를 바랐던 때문이다.

사실 러시아가 코자사레 지방을 주장하는 것은 1872-73년에 아프가니스탄 정부와 논의가 이미 오갔던 곳이기 때문이다.[30)] 그러나 이런 러시아의 주장은 아프가니스탄의 아미르

---

28) Sir E. Thornton to Foreign Office, no.194, June 23, 1884, Doc.10, *BDFA*, vol.12, p.104.
29) Sir E. Thornton to Foreign Office, no.222, July 19, 1884, Doc.10. *BDFA*, vol.12, p.108.
30) Sir E. Thornton to Foreign Office, no.216, July 2, 1884,

가 불만을 토로하고 있는 판제 지역이 속한 헤리루드 지역에서 국경 문제를 논하는 것보다 현실적으로 설득력이 없었다. 결국 러시아는 코자사레 건이 국경 문제의 지연을 위한 임시 방편은 되었지만 근본적인 방도가 아님을 깨달았다. 이에 7월 30일 기어스가 헤리루드에서부터 조사단이 임무를 수행하자는 영국의 제의를 수락하기에 이르렀다.[31] 영국은 러시아가 보내오는 반응에 즈음하여 8월 25일 기어스에게 "영국 측 국경 조사단 감독관인 럼스던(Sir P. Lumsden)이 9월 초에 테헤란을 향해 영국을 떠날 것이니 러시아도 이에 보조를 맞추어 주길 바란다"고 전했다.[32] 9월 7일 기어스의 답변은 "러시아의 제레노이(Zelenoi) 대령을 감독관으로 하여 럼스던과 10월 13일 사르크(Sarakhs)에서 만날 것"이라고 전했다.[33]

이렇듯 수월하게 진행될 것 같던 양측의 만남은 준비 과정에서부터 지연되면서 한해를 넘기게 되었다. 10월 3일에 손튼이 영국의 수행인원은 각 200명의 기병과 보병으로 구성되었다고 전했으나, 기어스는 러시아의 준비가 12월까지 연기되어야 하는데, 이때는 기후의 악조건으로 양측의 만남이 1885년 2월까지 불가능할 수 밖에 없게 된다고 통보를 해왔다.[34] 영

Doc.10. *BDFA*, vol.12, p.106.

31) Sir E. Thornton to Foreign Office, no.239, July 30, 1884, Doc.10. *BDFA*, vol.12, p.111.

32) Sir E. Thornton to Foreign Office, no.259, August 25, 1884, Doc.10. *BDFA*, vol.12, p.112.

33) Sir E. Thornton to Foreign Office, no.269, September 7, 1884, Doc.10. *BDFA*, vol.12, p.112.

34) Sir E. Thornton to Foreign Office, no.297, October 3,

국도 이 문제만큼은 어쩔 수 없어서 러시아의 입장을 따르게 되었다. 결국, 11월 12일 영국은 좋은 시기에 다시 만나자는 공식 통보를 하게 되었는데,[35] 이는 러시아에게 국경 정착 논의의 지연뿐만 아니라 우연찮게 메르브를 넘어서 진격할 수 있는 좋은 구실을 주게 되었다.

11월 15일 럼스던은 러시아의 명령 하에 일부의 코작(Cossacks) 부족이 풀-이카툼(Pul-iKhatum)지역까지 진격해 갔음을 보고하였고, 손튼도 러시아가 코작의 진격을 철회하도록 할 것을 강력히 요구하였다.[36] 이런 항의에도 불구하고 영국은 상황을 스스로 수습할 기회를 잡지 못하였다. 단지 아프간군이 판제 지역을 넘어서 사리야지(Sari Yazi)까지 진격해 감으로써 다행히 실마리를 찾게 되었다.[37] 아프간군의 움직임이 있자 러시아는 영국측에 항의를 해왔고 영국은 코작 부족의 물러남을 러시아가 중재한다는 조건하에 영국도 아프가니스탄의 움직임을 중재해 주겠다고 하였다. 이 상황에서 러시아는 감독관의 활동 재개를 통한 중재를 바란다는 취지를 보였고,[38] 12월 23일에 그렌빌도 주영 러시아대사 스탈(E. de

1884, Doc.10. *BDFA*, vol.12, p.113.

35) Foreign Office to Sir E. Thornton, no.336, November 12, 1884, Doc.10, *BDFA*, vol.12, p.118.

36) Foreign Office to Sir E. Thornton, no.345, November 20, 1884, Doc.10. *BDFA*, vol.12, p.120.

37) Negotiations with the Russian Government for the Demarcation of the Boundary of Afghanistan since the Annexation of Merv, Doc.10, *BDFA*, vol.12, p.121.

38) Negotiations with the Russian Government for the Demarcation of the Boundary of Afghanistan since the

Staal)을 통해 화답하기를 "이 지역에서의 대치된 상황을 평화적으로 풀 수 있는 방법은 감독관 회합의 재개뿐이라는 것에 동감한다"고 하였다.

양국의 소통이 있는 중인 12월 27일, 럼스던이 러시아가 풀-이카툼과 판제 사이에 있는 구메스리(Gumesli)로 한걸음 더 진격해 왔음을 보고해 왔다.[39] 여기서 알 수 있는 것은 러시아 전략이 양측 감독관을 통한 외교적 방법과 진격이라는 행동적 방법을 병행한 남하 정책 추진의 성격을 갖고 있음이다. 그러나 영국 정부는 이를 알지 못하고 감독관을 통한 외교적 방법에만 집착하는 가운데 한해를 넘기게 되었고 1885년 2월에 접어 들어서자 러시아의 진출이 가속화되는 상황을 맞게 되었다. 2월 18일 러시아는 바라머갑(BaraMurghab)까지 100명의 기병대로 공격해 왔고, 사라야지 남쪽 3마일에 아이막자라(Aimak Jarra)까지를 점령했으며,[40] 2월 25일에는 하리루드에 있는 줄피카 파스(Zulficar Pass)의 남쪽 깊숙이까지 150명의 러시아군이 진격해 들어갔다. 이에 아프간군도 대응 차 바라머갑과 율루탄(Yulutan)까지 진격해 가게 되었다.[41]

상황들로 봐서 러시아와 아프가니스탄 간의 충돌은 영국의 어떠한 중재로도 불가능한 상태로 치닫게 되었다. 그리고 영국 정

Annexation of Merv, Doc.10, *BDFA*, vol.12, p.121.

39) Sir P. Lumsden to Foreign Office, no.2, December 27, 1884, Doc.10, *BDFA*, vol.12, p.125.

40) Foreign Office to Sir E. Thornton, no.76, February 19, 1885, Doc.10, *BDFA*, vol.12, p.127.

41) Sir E. Thornton to Foreign Office, no.32, February 19 & no.40, February 25, 1885, Doc.10, *BDFA*, vol.12, p.128.

부는 현재의 외교 방식이 잘못되고 있다는 인식을 하게 되었을 뿐이다.

영국의 대(對)아프간 적극 정책, 1885.3-1885.9

1885년 3월 1일 판제에서 보내 온 리지웨이(Ridggeway) 소령의 보고를 인용해서 럼스던이 소식을 전하길, "4문의 대포와 보병들을 이끈 러시아 장군이 자신의 부대를 이끌고 유라탄(Yulatan)에서 풀-이-키스티(Pul-i-Kisti)로 이동하는 것 같고, 아프가니스탄 군은 아크타파(Aktappa)에 위치한 것 같다"라 하였다. 그는 "아리카노브(Arikanoff) 소령이 판제 지역에 속해 있는 양들을 탈취해서 판제의 6만여 주민들이 생활에 위협을 당하고 있고, 이와 연루해서 아프간군이 판제 주민들을 도우기 위해 움직이고 있다"는 소식도 함께 전해왔다.[42)]

러시아의 아프간 침략을 묘사한 삽화

42) Negotiations with the Russian Government for the Demarcation of the Boundary of Afghanistan since the Annexation of Merv Doc.10, *BDFA*, vol.12, p.131.

3월 13일 영국 정부는 바빠졌다. 먼저 외무장관 그렌빌은 러시아의 움직임에 대한 대안이 마련되지 않은 상태였기에 우선 현 상황의 악화를 늦추어보자는 생각으로 예전 방식인 영러 공동 감독관을 통해 풀기를 바란다는 전문을 보내었다. 다음으로 영국의회가 아프가니스탄에 대한 심각성을 인지하고 이를 표현하기 시작하자, 글래드스턴 총리가 직접 하원에 나서서 "더 이상 러시아의 움직임은 현 논쟁 지점을 벗어나지 않을 것이다"라고 설득하기까지 하였다.[43] 그러나 영국 정부의 조처는 하나의 바람이었고 현실은 다르게 전개되고 있었다.

러시아의 판제 공격은 3월 30일에 일어났고 그날 아프간군의 엄청난 손실과 함께 판제가 러시아 진영에 넘어갔다. 판제 사태 소식이 영국 외무부에 다시 전해지자 얼마 전까지 고무적이던 글래드스턴의 태도는 바뀌게 되었다. 글래드스턴은 "이 사건은 러시아의 공격으로 인한 것임에 분명하다. 그러므로 우리의 동맹국인 아프가니스탄의 주권을 놓고 우리의 권위와 신념을 위해 러시아와의 전쟁을 불사해야 한다"고 표현하였다.[44]

사실, 총리의 강한 표현이 있었지만 판제 사태는 전면전을 가져올 만큼의 중요한 사건은 아니었다. 그러면 왜 총리가

---

43) Negotiations with the Russian Government for the Demarcation of the Boundary of Afghanistan since the Annexation of Merv Doc.10, *BDFA*, p.132.

44) *Paliamentary Debates*, Third series, House of Commons 9 April 1885, pp.863-65: R. L. Greaves, *Persia and the Defence of India, 1884-92* (London, 1959), p.72.

전면전을 운운하였는가? 러시아가 그간 진출해 온 방식을 보면 그들이 판제를 점령한다면 이곳을 넘어서 헤라트(Herat)를 노릴 것이 쉽게 추측되는데, 헤라트는 영국 정계와 여론을 전쟁으로까지 몰고 가기에 충분한 곳이기 때문이다. 고대 도시인이 헤라트는 그곳 지도

글래드스턴의 연설을 묘사한 삽화

자인 타메르란(Tamerlan)과 그의 아들 대에 모슬렘 문화의 영광을 보인 대도시였으나 19세기 후반에는 전략적 측면만 제외하고 모든 면에서 폐허뿐인 가난한 지역이 되었다. 전략적인 측면이 예외라는 의미는 이 지역이 인도로 향한 주요 고속도로와 같은 지역이었다.[45] 그리고 몽골, 우즈백, 투르크멘, 그리고 페르시아인 들에 의하여 수차례 유린당한 헤라트 계곡은 대규모의 군이 필요로 하는 식량을 충분히 공급할 수 있는 곡창지대였으며, 휴식처요, 공급 창고의 역할을 하였기 때문이었다.[46]

그러므로 이 지역은 영국이 관심을 갖기에 충분하였고 조금이라도 이곳의 상황을 알고 있는 영국인들은 이구동성으로 러시아 판제 점령의 실재 이유는 헤라트일 것이라고 단정하

45) Greaves, *Persia and the Defence of India*, p.72.
46) Greaves, *Persia and the Defence of India*, pp.74-5.

게 되었다. 1885년 3월 31일에는 트렌치(Trench)대령이 손튼에게 "판제를 점령한 러시아군들이 헤라트로 군사를 돌릴 가능성이 많으니 가능하다면 대영제국 소속 인도 식민지군이 이 도시에 와 있어야할 것 같다"고 하였다. 덧붙여, 그는 "현재 아스카바드(Askabad)에 있는 러시아군은 대영제국군이 인도 국경에서 헤라트로 오는 것보다 더 빨리 도착할 수 있는 위치에 있다"고 말하였다. 4월 8일에는 트렌치가 다시 "러시아가 헤라트가 무방비 사태인 것을 알고 움직이려 하고 있으니 급히 이 지역 방위가 필요하다"는 것을 보고해 왔다.[47)]

러시아 신문 『스벳(Svet)』도 러시아군에 의한 헤라트정복의 필요성을 강조하면서 러시아 정부의 결정이 늦으면 늦을수록 점령의 기회가 줄어들 것이라 하였다. 또 상트페테르부르크 주재 영사인 미셸(Mishell)은 "그 도시와 러시아내 모든 언론은 영국에 대해 적대시하고 러시아 정부가 영국에게 굴복하지 않는 모습을 보여 줘야 한다"는 것을 강조하고 있으며, 그들은 "영국은 실제로 러시아의 계획을 위협으로 저지하려는 노력은 할 것이지만 무력으로 저지할 능력이 없을 것이다"라고 판단하고 있다고 했다.[48)]

이런 상황들은 영국에게 전쟁이라는 필연성을 더욱 갖게 해 주었고, 궁극엔 영국 정부가 1852~56년 사이에 치른 크리미아전쟁 이후 러시아와 최대 규모의 전쟁을 위한 준비를 하기

---

47) Colonel Trench to Thornton, no.72, March 31, 1885 (received April 2) Doc.15, *BDFA*, vol.12, pp.154-55.

48) Memorandum by Michell on the Opinions of the Russian Press, April 22, 1885, Doc.50, *BDFA*, vol.12, pp.176-77.

에 이르렀다. 이제 영국은 아프가니스탄 국경 지역뿐 아니라 지중해지역에서, 그리고 인도양지역에서까지 전쟁준비를 구상한 것이다.

영국 정부가 전쟁 준비를 구체적으로 생각한 것은, 그동안의 러시아 행동으로 봐서 영국 정부가 강하게 대처하지 않으면 헤라트 침략이 현실로 될 것이라는 확신을 갖고 있었기 때문이다. 하지만 홀디치(T. H. Holdich)가 그의 저서 『역사적 해석을 통해 보는 인도의 관문들(The gates of India, being an Historical Narrative)』에서, "판제를 위하여 또는 헤라트 그 자체의 방어를 위한 양국 간의 전쟁으로 치달음은 영국으로서는 극단적인 바보짓이다"라는 표현을 했듯이,[49] 영국은 그의 세력이 세계 곳곳에 워낙 넓게 퍼져 있어 어떤 특정적 국가와 전면전을 한다는 것이 불가능한 상태였다. 더군다나, 그런 전쟁은 유럽의 세력 균형을 깨트려 위기를 불러일으킬 소지가 많았다.[50] 이런 이유로 글래드스턴 내각은 전쟁으로 이 문제를 풀 자신감을 결국에는 잃게 되었으며 기존 방식이던 타협안에 다시금 희망을 갖게 되었다. 비록 글래드스턴 내각이 전쟁 가능성을 배제하지 않는다는 의도를 4월 26일경 조선령인 거문도 점령으로 보였지만,[51] 5월 4일에 글래드스턴이

---

49) D. K. Ghose, *England and Afghanistan, a phase in their relations* (Calcutta, 1960), p.199: citing H. Holdich, *the Gate of India, being on Historical Narrative* (London, 1910), p.128.

50) Ghose, *England and Afghanistan, a phase in their relations*, p.199.

51) 공식적인 점령은 1885년 5월 10일.

판제 문제를 중재하기 위한 러시아와의 합의점을 찾기 시작하며, 5월 8일에는 러시아대사 스탈에게 다시 아프가니스탄 국경 문제를 논의할 것을 제의함에서 알 수 있다.

이렇게 분위기가 진행되자, 영국 정부는 전쟁을 통한 대책만이 최적의 방법이 아니라 국경 안착이 하루속히 이뤄지게 하는 것이 바로 최적의 방법이라는 것을 인식하게 되었다. 그리고 국경 설정을 위한 기존의 협상 정책에 적극적으로 매달리기 시작하였다. 만약 이번에도 과거의 경우처럼 미온적인 상황이 지속되면 영국은 자신이 원치 않더라도 러시아와 한판의 승부 다툼을 해야 하는 입장이었기 때문이었다.

사실상 러시아도 아프간에서의 자신의 행동들에 대해 영국이 얼마나 인내할지를 파악할 수 없는 상황이었다. 여기서 두 나라 간의 전쟁이 러시아의 외교정책을 위하여 최선의 방법이던가를 생각하는 시점에 도달하게 되었다. 더군다나 발칸 지역에서 겪은 패전의 악몽이 지워지지 않은 상태였기에 러시아 정부는 이번 경우에서 상황의 우위를 따져보게 되었다. 결과는 러시아도 영국과 국경 설정이라는 원칙에 합의를 하는 쪽으로 선회했다, 5월 12일에는 구체적으로 국경 문제에 성의를 보이기 시작하였다.[52)]

이런 시기에 영국 정계에는 변화가 있어 글래드스턴 후임으로 보수당의 솔즈베리(Salisbury)가 총리 겸 외무장관이 되었다. 그러나 솔즈베리 역시 새로운 정책 시도를 한 것이 아니라

---

52) Memorandum sent to m de Staal, May 22, 1885, Doc.80, *BDFA*, vol.12, pp.213-14.

러시아와의 대화의 창구를 전임자와 변동이 없이 그대로 열어놓고 일을 처리하였다. 물론 러시아 측도 변화 없기를 바랐는데, 이는 6월 25일에 기어스가 솔즈베리에게 표현하기를, "지난번 내각과 동일하게 이 문제를 풀어나가길 바라며 평화적인 결과를 맺도록 하자"고 하였다.53)

글래드스턴이 아프간문제를 평화로 풀어나감을 표현한 삽화

솔즈베리는 러시아의 표현이 있자, 아프간 국경 문제를 보수당의 기본적 외교 원칙인 '국가 위신 유지'와 어떻게 대비시켜 갈지를 생각하기 시작하였다. 이런 생각은 솔즈베리가 7월 21일에 상트페테르부르크 주재 대사에게 보낸 편지에서, "러시아는 전쟁을 원하지 않는 것 같다. 그러나 판제에서 그들이 물러나지 않는 한 우리도 아프가니스탄 편에서 같은 위치를 고수하고, 헤라트도 계속적으로 방어를 해야겠다"는 것으로 나타났다.54) 이에 손튼이 회답하길, "더 이상 전쟁 조짐이나 러시아군이 아프가니스탄 국경을 넘어서는 일이 없으리라 본다"고

53) Thornton to Salisbury, no.34, telegraph, June 25, 1885 (received June 25), Doc. 103, *BDFA,* vol.12, p.231.

54) Greaves, *Persia and the Defence of India,* p.81-2: citing Salisbury to thornton, July 21, 1885 & August 5, 1885, bound vols, To Austria, belgium, China, France, Egypt, Germany, Greece, Holland, Italy, Russia, Turkey, Sir H. D. Wolff, 1885-86, Pte. *Salisbury Papers.*

하며 솔즈베리의 생각에 힘을 실어주는 회답을 보냈다.

드디어 9월 10일에 러시아와 영국이 헤리루드(Heri Rud)의 줄피카(Zulfiak)로부터 옥서스(Oxus)의 코자사레까지 300마일에 이르는 지역을 국경선으로 하는 의정서에 상호 조인케 되었다.[55] 이로써 아프가니스탄 국경을 둘러싼 중동 지역의 영러 간의 각축은 일단락 지워졌다.

* * *

발칸 및 지중해 지역에 영로 각축의 절정은 양국이 전면전을 치룬 1852~56년 사이에 크림반도에서였다. 그때 러시아가 받은 치명적인 손상으로 이 지역에서의 영국의 위력을 알게 되었기에 그가 남하정책을 시행할 때는 항상 영국을 경계의 대상으로 생각하였다. 이때부터 러시아는 전략상 진출 목표였던 발칸 지역으로부터 중동과 극동으로 기회를 엿보기 시작했다. 그러나 러시아가 중동 진출이라는 생각을 확실히 하기위해서는 1878년의 베를린 회의로 인해 러시아의 남하 정책이 다시 한 번 발칸지역에서 저지되어야 했다. 이를 뒷받침해주는 것이 메르브로 향한 그들의 움직임을 의도적으로 보여 준 때가 1879년부터이며 1884년 2월 메르브 점령, 그리고 1885년 3월에 판제까지 내려오는 진출 과정이 말해준다.

---

55) Protocol, confidential, printed for thouse of the Foreign Office, September 10, 1885, FO 65/1250: citing by Greaves, *Persia and the Defence of India,* p.83.

아프간 지역으로의 진출 과정에서 러시아의 중동 외교 전략의 특징들을 분석하면 다음과 같다. 첫째 중동 지역, 특히 국경 문제를 둘러싼 협상의 대상이 되는 국가는 아프가니스탄인데도 불구하고 러시아는 아프간과 동맹의 관계를 갖고 있는 영국을 주된 외교 상대국으로 한 점이다. 둘째 영국을 상대로 외교를 펼치되 러시아는 그들의 진출 목표를 한껏 은폐하다가 적절한 때에 전진하는 식으로 영국을 다룬 점이다. 셋째 영국을 상대로 해서 확실하게 구축할 수 있는 지역을 갖겠다는 직접적 의도를 보였다면 인도가 그 초점이 되었을 것이다. 그때는 인도 토착민들이나 영국 총독부관리들과의 접촉이나 대립을 보이면서 영국 정부를 혼돈시켰을텐데 이런 움직임은 전혀 보이지 않았던 점이다.

종합해 보면, 먼저 러시아의 중동 전략은 자국의 인도 진출이 목적이 아니었다. 영국을 중동 문제에 있어 관찰자요, 조력자로서의 입장이 아닌 당사국의 입장으로 뛰어들게 하려는 것이었다. 즉 영국이 중동 지역에 관심이 쏠려 발칸 지역에 소홀하게 되면, 그 틈을 타서 발칸 지역으로 다시 진출해 보자는 교란책이 실제적 목적이었다.

다음으로 영국의 중동외교 상황을 종합해 보면 19세기 후반 영국 외교의 문제점들을 파악하게 된다. 첫째 러시아의 움직임에 대해서 영국 정부가 내심 우려를 표명하긴 했으나 진작 러시아가 자신의 움직임을 은폐하고 변명할 때 이를 곧이곧대로 믿고 방관한 점이다. 둘째 영국은 러시아가 시도할 수 있는 다른 외교 전략은 전혀 고려치 않고 오직 전통적인 방식이었던 남하 정책에 의해 인도로 진출하려는 것이 러시아의 목표라는 집착에서 벗어나지 못한 점이다. 셋째 양국의 전쟁 가능성이 짙어지자, 영국은 자국이 이 전쟁을 감당할 수 없다는 현실에 부딪치게 된다. 즉 대영제국으로 세계의 패권을 쥐고 있다 보니, 특정 지역에 외교적 힘이 필요할 때 적절하게 발휘할 수 없는 점이 영국이 중동 외교를 수행할 때 확인되었다.

대영제국 외교력과 거문도 점령

영국 해군의 거문도점령은 한·영 간의 최초의 민간 외교 접촉으로 알려진 1885년 포트해밀턴 사건(Port Hamilton Affair)을 의미한다. 그동안 국내외 학자들을 통해서 이 사건에 대한 다양한 분석이 있었고, 학문적 결실들도 풍부하다. 거문도 점령을 다룬 연구 결과들을 유형별로 나눠보면, 하나는 러시아와 각축을 벌리던 영국이 취한 동아시아 '외교 전략'이라는 맥락에서 바라보는 시각, 다른 하나는 조선 및 그 주변 세력들(청·일·러)과 영국의 국제적 교섭 과정 중에서 이 사건을 다루는 시각이다.

먼저 거문도 점령과 영국의 동아시아 외교 전략과 연결·분석된 시각은 어떠한가? 연구의 초점은 거문도 점령이 러시아와 각축의 과정에 있던 영국이 동북아 지역으로의 러시아 팽창 정책을 묵과할 수 없어 취한 사전 예방 조처라는 것이다. 이를 중점 연구한 공통된 결론은 러시아의 동아시아 팽창 정책에 대한 영국의 군사적 대응이라는 것과 영·러 관계를 잘 조정한 직례총독(直隷總督: viceroy) 리홍장 외교의 승리라는 점에 있다. 그러나 연구자들마다 의견들을 약간씩 달리하며 내용의 다양성도 보이고 있다.

서중석은 「거문도사건과 국제관계연구」에서 위의 공통된 표현에 가장 근접된 주장을 펴고 있다.[1] 박준규는 「거문도 사건의 국제정치적 의의」라는 글에서 러시아의 팽창 정책은 청국이 '대한종주권'을 강화하여 조선을 흡수하려는 것에 대한 반박의 표현이며, 이로 인해 연쇄적으로 영국이 거문도를 점령한 경우라 하였다. 그는 리-라디젠스키 공동 협정(Li-Ladygensky Joint Agreement)으로 러시아의 남하 의혹이 해소되고 거문도 철수로 이어진 것은 리홍장의 외교적 승리가 아니라, 러시아의 개입으로 청국의 조선 흡수론이 한발 물러선 경우라는 시각도 갖고 있었다.[2] 노계현이 「영국의 거문도점령과 한국의 철퇴교섭」에서 영국의 거문도 점령은 러시아의 팽창 정책에 대한 대응책이라기보다는 영국의 동아시아 식민 정책의 한 과정이라는 주장을 하였다.[3] 존스(F. C. Jones)는 학위 논문인 『대외외교, 1866-1894』(Foreign Diplomacy, 1866-1894)에서 러시아의 팽창 저지 목적 이외에 영국이 청일에서의 자국 무역 보호라는 정책을 추진하는 과정에서 거문도 사건이 일어났다고 주장하였다.[4]

다양한 연구 성과들에도 불구하고, 짚고 넘어가야 할 부분이 있다. 외교 전략이란 무엇보다도 외교 당사국의 국내 정치적 정황들과 긴밀한 관계 속에서 펼쳐지게 되므로, 영국 내 정

1) 서중석, 「거문도사건과 국제관계연구」, 『정외학보』 제1권, 경희대학교 정치외교학회, 1957.
2) 박준규 외, 『한반도 국제정치사론』, 서울대학교출판부, 1984.
3) 노계현, 『한국외교사론』, 대왕사, 1984.
4) F. C. Jones, Foreign Diplomacy.

치 상황의 이해 없이는 외교 관계에 대한 진정한 연구가 될 수 없다. 위의 연구 성과들은 영국 내 정치 상황보다는 동아시아에서의 영국 외교 전략과 거문도 점령의 관계만으로 풀어나갔기에 이점이 분명히 고려되어야 한다.

다음으로 조선과 주변국들의 관련점을 부각시키며 거문도 점령을 다룬 시각은 어떠한가? 대표적 논문은 이용희의 「巨文島占領外交綜攷」가 있다.[5] 그의 글에서 주목되는 부분은 거문도 점령 문제에 어느 국가들보다도 조선을 '주변개념'에서 벗어나 '중심 개념'으로 옮겨 놓았다는 점이다. 말하자면, 조선이 영국과 청국 사이에서 자주(自主)를 꾀하려했지만, 도리어 외교적 교착으로 인한 혼란만 가중시켰다는 주장이다. 조선을 '중심 개념'으로 놓을 때 대두되는 가장 큰 주제는 당연히 한·러밀약(韓露密約) 사건이다. 즉 러시아의 팽창 정책의 중심에 조선이 있고 이런 조선과 러시아의 접근을 저지하기 위해 영국이 거문도 사건을 일으켰다는 것이다. 이런 측면은 최문형의 「영·러대결의 추이-한국에 고취된 공로(恐露)의식과 관련하여」[6] 와 「한·러수교와 한말의 정황: 1884-1894년 열강의 대한 정책을 중심으로」에서 집중적으로 언급되고 있다.[7] 특히 이 글들에는 거문도 사건으로 인해 영국이 한·러밀약은 저지했지만 청국의 종주권은 강화시켜준 결과가 되었다는 것, 맬로제모브(A. Malozemoff)의 『러시아의

5) 『이상백박사 회갑기념논총』, 을류문화사, 1964; 이외 『한영수교 100년사』, 한국사연구협의회, 1984에서도 밝히고 있다.

6) 최문형, 『제국주의 시대의 열강과 한국』, pp.15-43.

7) 최문형, 『제국주의 시대의 열강과 한국』, pp.89-124.

동아시아 정책, 1881-1904』(Russian Far Eastern Policy, 1881-1904)를 인용하여 러시아는 해군 중심의 팽창 정책에서 육군 위주로 전략이 바뀌었다는 것이 강조하고 있다.[8)]

이도 고려해야 할 부분이 있다. 거문도 점령은 영국에 의해 일방적으로 진행되었고 조선은 꽤나 시간이 지나서 점령 통보만 받았다. 철수도 조선과의 합의 없이 일방적으로 진행되었다. 이런 점을 미루어 보아, 거문도 점령이 조선과 얽힌 열강들 때문이라기보다는 영국 내 자체 문제와 연관되어 전개된 것이라는 것이 더 설득력 있어 보인다. 그러므로 영국을 가장 자리에 놓고 조선 중심으로 풀어나간 연구 성과들은 분명 고려되어야 한다.

이를 뒷받침해주는 연구들도 있다. 먼저 김영정의 학위논문인 『영국과 한국, 1883-1887』(Great Britain and Korea, 1883-1887)에서는 거문도 점령에 관한 연구 결과들의 두 가지 유형이 다 언급되고 있다. 첫째 학자들 간에 꾸준히 주장되어온 한·러밀약에 자극되어 영국이 거문도 점령이라는 조처를 내렸다는 기존 이론을 뒤엎었다.[9)] 다시 말하자면, 영국이 한·러밀약에 관한 전문을 받았을 때는 이미 거문도를 점령한 뒤였으므로 두 사건은 관계가 없다는 주장이다.[10)] 둘째 리-라디젠스키 협정으로 영국이 청국을 믿고 지지한 것은 동북아에 대한 영국의 관심이 경제적인 것보다 세력 균형의 유지만

---

8) Malozemoff, *Russian Far Eastern Policy, 1881-1904.*

9) Kim Yung Chung, *Great Britain and Korea, 1883-1887* (Ph.D. dissertation, Indiana University, 1964).

10) Kim Yung Chung, *Great Britain and Korea,* pp.137-42.

을 바란 좁은 외교적 시각에서 비롯된 것이라는 주장이다.[11] 덧붙여 영국의 경제적 관심은 인도(India)를 벗어나지 못하고 있다는 점도 언급하고 있다.[12] 이런 독특함에도 불구하고 영국 내의 정치적 상황 언급이 집중적으로 논의되지 않은 김영정 논문 역시 여타 연구성과들과 같은 문제를 안고 있음은 분명하다.

다음으로 와타나베 가츠미(渡邊勝美)는 『거문도 외교사』에서 '영국 정부는 1885년보다 훨씬 이전부터 거문도에 대해 줄곧 관심을 갖고 있었고 점령하고 싶어했다'는 독특한 주장을 했다.[13] 반면에 이 분야를 연구한 대다수의 학자들은 단지 '러시아의 팽창 정책에 대한 대응 차원에서, 1885년 무렵에 가서야 거문도에 관심을 갖고 이를 점령한 것'이라 하였다. 상반된 두 견해가 나오게 되는 것은 거문도 점령 당시에 영국 정부의 외교정책의 중심축이 무엇인지, 정책 입안자들의 생각은 무엇

11) Kim Yung Chung, *Great Britain and Korea,* p.217: 랭(W. W. Lang) 함장은 영국 해군이 청국 함대를 구성하는 데 도움을 주어야 한다고 말하며, 그 이유로 청국 함대가 러시아의 아시아 팽창을 저지하는 데 도움이 될 것이라는 점을 들었다: A. Michie, *The Englishman in China during the Victorian Era as Illustrated in the Career of Sir Rutherford Alcock,* vol. 2 (Edinburgh and London, 1900), p.397.

12) Kim Yung Chung, *Great Britain and Korea,* pp.215-16: "그렌빌 외무장관은 인도와 거의 국경을 맞대고 있는 점에서 청국의 중요성을 지적하였다": Grenville to O'Conor, no.120. conf., May 27, 1885.

13) 와타나베 가쓰미(渡邊勝美), 「거문도외교사」, 『보전학회논집』 제1집 (1934); 『한국근대사논저집』 제2권, 태학사, 1982, pp.361-419.

인지를 명확히 하지 못해서 비롯된 것이라 볼 수 있다.

거문도 점령의 연구는 기존의 연구 성과들로 인해, 다시 거론한다는 것 자체가 진부할 것 같아 보인다.[14] 그럼에도 불구하고, 영국 외교가 거문도 점령의 '중심'보다는 '주변'에서 다뤄지고 있다는 점 때문에 새로운 논제가 됨을 확인할 수 있다.

거문도 점령전의 영국 정치·외교 상황

1885년 5월 11일, 거문도에 정박해 있던 영국 함대 소속 '플라잉 피쉬(날치)'호의 맥클래어 함장(Captain Maclear)이 극동함대 사령관 도웰(Sir Williom M. Dowell)에게 긴급 전문을 보내왔다. 전문에 의하면 "요코하마를 출발하여 블라디보스토크로 항진하던 러시아 전함 '블라디보스토크'호가 석탄도 부족하고, 보일러도 새는 곳이 있어서 거문도에 잠시 정박하고자 했다. 그러나 이 배가 항구로 들어오는 것이 거문도 섬에 자국의 깃발을 올리려 들어오는 것이 아닌가 하는 의혹을 갖

14) 본론에서 언급된 연구물들 외에 거문도 사건과 관련된 글들은, 심상면, 「한영관계, 1882-1905」, 『한영수교 100사』, 한국사연구협의회, 1984; 박준용, 「외교사적으로 본 한미정국과 거문도 사건」, 『법학연구』 9권, 부산대, 1967; 김경창, 「영국의 거문도 점령을 圍繞한 외교교섭 시말」, 『한중정치의 전통과 전개』, 대왕사, 1984; 박일근, 「리홍장의 對朝政策; 英艦의 거문도 점령 사건을 중심으로」, 『논문집』 제8집, 부산대 중국문제연구소, 1982; 원유한, 「남해의 영국포대-거문도사건」, 『열강의 침략: 한국현대사』 제2권, 신구문화사, 1972 등이 있다.

영국 수병들이 포트 해밀턴에 상륙하여 찍은 사진

게 된 함대 지휘부는 거문도에 정박해 있던 본국 배들에 국기를 게양하기로 결정했다. 그리고 이 보고 하루전날(5월 10일)에 깃발을 내걸었다."[15] 영국 해군의 거문도 점령은 첫 시점을 이렇게 알려왔다.

거문도의 점령이 있기까지 실질적인 영향을 미친 영국 내 정치 상황들은 어떠하였는가? 거문도 점령이 있던 몇 달 전인 1885년 1월, 글래드스턴 정부는 수단에서 일어난 반란의 진압 명령을 받고 1880년에 총독의 지위를 떠났던 그곳으로 재임명되어 갔던 고든(Charles George Gordon) 총독이 반란군들에 의해 하르툼에서 살해당한 소식을 접하였다. 고든은 일찍이 크림전쟁, 애로우호 사건 등에서 용맹을 떨쳤던 인물이며, 1862년에는 상하이를 교역 중심지로 만들려는 영국 정부의 지시 하에 위협적인 태평천국운동을 지지하는 민중들과 상하이

15) Captain Maclear to Dowell, 11 May 1885, FO 405/35, Inclosure 2 in no.68.

고든 (Charles George Gordon) 장군

에서 대치하였었다. 그때 고든은 상하이 방어를 위해 조직된 3,500명의 농민군을 지휘하며 18개월 동안 그곳을 성공적으로 방어했다. 그가 영국으로 돌아왔을 때, 국민들은 이미 그를 '차이니스 고든(Chinese Gordon)'으로 추앙하고 있었다. 그런 고든이 수단 반란군에 의해 하르툼에서 살해된 것이다. 특히 그는 포위된 마지막 순간까지 철수할 기회가 있었으나, 정부 명령을 거역하면서 일부러 철수하지 않았다.16) 이런 사실이 영국민들로 하여금, '하르툼의 고든'을 순교한 군인 성자로 떠받들게 만들었고, 포위된 그를 구하지 못했다고 국민들이 정부를 비난하게 만들었다. 더욱 정부를 곤욕스럽게 한 것은 고든을 지원하기 위해 파견될 영국군이 글래드스턴의 수차례 결정 지연 사태로 인해 그가 살해된 뒤에 도착하였던 부분이다.17)

글래드스턴은 무슨 이유로 지원군 파견을 그렇게 늦추었던가? 글래드스턴은 1880년 선거를 치를 때 디즈레일리의 '제국주의' 정책에 대한 도덕적 문제점들을 지적하면서 정권을 쥐게 되었다. 특히 그는 외교정책에서 반-디즈레일리적 입장을

16) Lytton Strachey, *Eminent Victorians* (London: Harmondsworth Penguin, 1975); Paul Charrier, *Gordon of Khartoum* (London: Mayflower Books, 1965)에서 언급되고 있음.

17) H. C. G. Matthew, *Gladstone, 1875-1898* (Oxford: Clarendon Press, 1995), pp.146-47.

부각시키기 위해 논리성 있고 설득력 있는 '외교 정책 6원칙' 안을 내어놓았다. 이 원칙이 외교 정책은 물론 모든 국내 정책을 이끌어 가는 기본 축이라고 할 수 있다. 내용을 살펴보면, 첫째 국내의 입법과 경제가 온당한 토대 위에서 외교가 이뤄져야하며, 둘째 추진하는 외교는 어떤 경우라도 평화를 전제로 하여야한다. 셋째 유럽과의 협조 체제 하에 이뤄져야 하며, 넷째 불필요한 개입은 피하고, 다섯째 모든 민족의 평등성은 인정해야 한다는 것이다.[18)]

여기서 그의 외교 원칙과 수단의 반란과의 상관관계를 살펴보자. 먼저 수단의 상황을 보면, 영국의 지원 하에 있던 이집트 정부는 수단을 나일 강 유역 전체를 포함하는 1개의 주(州)로 통합하려 구상했다. 이 목적을 달성하기 위해 이집트는 1821년부터 수단에 대한 계속적인 군사 원정을 감행했고, 1874년 수단 전 지역을 정복함으로써 수단을 지배하기 시작했다. 이집트의 총독 이스마일 파샤(1863-79년 재위)는 자신의 계획에 영국의 재정적 지원을 끌어들이기 위한 일환으로 1873년 고든을 수단의 에콰토리아 주(州) 지사로 임명했다. 그곳에서 고든은 1874년 4월부터 1876년 12월까지 상(上)나일강 지도를 만들고 강을 따라 남쪽으로 지금의 우간다에 이르는 지역까지 정박지들을 건설했다. 그리고 얼마 뒤 수단 총독으로 임명되었는데, 수단 총독으로서의 그는 노예무역을 억제하고 여러 반란을 진압함으로써 이 광대한 지역에서 지배권을 다졌

18) *Political Speeches* (third Midlothian Speech, 27 November 1879), p.129.

무하마드 아흐마드
(Muhammad Ahmad)

다. 그러나 극단적인 크리스트교인[19]인 그가 취한 반란 진압은 15세기 이후부터 대부분 이슬람교도 아랍 혼혈인 거주지였던 수단의 북반부 부족들의 반발을 초래했다. 결국은 그가 그곳을 떠난 1880년 이후부터 이슬람교의 극단적인 신봉자인 무하마드 아흐마드(Muhammad Ahmad)가 이끄는 반란군에 의해 하르툼이 점령되는 사태(1885년)가 일어나게 되었다.

글래드스턴은 고든이 수단의 사정을 잘 안다는 사실만으로 반란 진압을 위해 보냈지만, 위의 언급에서 알 수 있다시피 그의 등장이 수단의 반란을 더욱 부채질하여 하트룸에 있는 고든이 포위되는 상황까지 갔다. 수단에서 문제가 되는 인물을 진압의 책임자로 보낸 자체만 해도 글래드스턴의 외교의 문제점이 보이는데 정작 하르툼이 포위된 상황에서 그의 구출을 망설이면서 문제는 커졌다. 그가 구출을 망설인 이유는 자신이 정한 도덕성에 기초한 외교정책 원칙과 관련이 있었다. 모든 민족의 평등성을 강조한 글래드스턴이 수단인들의 자유와 평등을 위한 봉기에 간섭한다는 모순에서 비롯된 혼돈,[20] 그

19) 고든은 1865년에 청국으로부터 귀국한 후 5년 동안 켄트에 있는 그레이브젠드 육군 공병대 사령관을 지내면서 신비주의적이고 비정통적인 자신의 크리스트교 종파를 만들어냈고 가난한 청년들을 위해 자선 사업을 벌이기도 했다.

20) 그의 표현에 의하면 "그래요. 이 사람들은 자유를 위해 투쟁하

리고 어떤 경우라도 외교적인 갈등은 평화적으로 풀어야 한다는 자신의 공약에서 벗어난 점 등이었다. 글래드스턴이 망설이던 중에 영국민들에게 이미 영웅으로 받들어지던 고든 장군이 살해되자 언론의 공격이 더해지면서 그의 위치는 더욱 곤혹스럽게 되었다.[21] 결국 수단 사태로 인해 그의 외교적 한계성이 확연히 드러났다.

한편 그의 외교 행동에는 석연치 않은 점이 있다. 글래드스턴이 자신의 외교 정책 원칙을 고수하려는 의도만으로 급박하게 돌아가는 수단의 현장을 방치할 수 있었던가? 혹시 수단 사태 이전에 비슷한 사례로 고민하지는 않았는지?

글래드스턴이 1880년에 디즈레일리로부터 정권을 넘겨받았을 때는 1879년부터 심화되고 있던 경제적 불황을 어떻게든 풀어야 할 숙제를 안고 있었다. 독일, 미국 등 후발 산업국들의 비약적인 경제 성장이 홀로 자유 무역을 추진하고 있던 영국의 입장으로서는 큰 부담이 되었다. 그동안은 국제 사회에서 이런 국가들의 경제적 역할이 미비했기에 영국이 거의 독점적으로 세계 시장을 누비고 있었으나 이제는 영국의 독점 상황에 제동이 걸리게 된 것이다. 더군다나 오스만제국의 쇠퇴로 이 지역에서 들여오던 값싼 농산물들의 수급에 차질이 생겨나자, 국내 경제는 무역 저조로 인한 저임금과 곡물 가격 폭등으로 인한 높은 생활비 지출이라는 이중고를 겪게 되었다.[22] 파넬

고 있는 겁니다. 분명한 것은 그들의 투쟁은 정당하다는 것입니다.": *Hansard,* Column 288. 55 (12 May 1884).

21) Ramm, *The Political Correspondence of Mr. Gladstone and Lord Grenville,* vol.2, pp.ii, 259-62.

파넬(Charles Stewart Parnell)

(Charles Stewart Parnell)이 요구하는 아일랜드 토지 개혁법안도 비슷한 시기에 불거져 나온바 글래드스턴의 정책 수행에 있어 발목을 잡는 경우이다.

파넬의 개혁안은 근본적인 방안은 아니지만 악순환되는 아일랜드 농업 침체를 어느 정도 완화시킬 수 있는 방안으로써 아일랜드 소작인들도 토지를 분배받도록 해야 한다는 주장이었다. 사실 지주들의 독점 하에 기근과 함께 소작료 인상이라는 이중고를 치르는 상황은 아일랜드 농민들을 죽음으로 내모는 것과 다름이 없었다. 글래드스턴은 이 점을 주시했다. 신앙심이 깊은 그는 아일랜드 농민들의 입장에서 도와줄 수 있는 길을 생각했다. 그것은 해외 곡물가가 비싼 시점에 아일랜드 곡물시장을 활성화시킨다면 서로가 좋은 결과를 얻게 될 것이라는 것이었다. 결국 그의 생각이 정책으로 받아들여져 파넬의 토지개혁안이 실효를 보게 되었다.[23)]

하지만 아일랜드 측은 토지개혁안의 성취에서 한 발짝 나서서 자치권문제에 초점을 갖기 시작하였다. 자치권 문제는 단순한 것이 아니었다. 글래드스턴 자신뿐만 아니라 정부의 누구도 이를 반겨하지 않았다. 1830년대에 오코널(D. O'Connell)과 관련된 자치권 문제로 인해 영국은 곤욕을 치른 경험이 있

22) E. Strauss, *Irish Nationalism and British Democracy* (London: Methuen, 1951), pp.170-80.

23) Matthew, *Gladstone,* pp.183-210.

었다. 즉 자치권 요구는 궁극에 가서는 분리 요구로 이어진다는 공식으로 정부에 각인되어 있었다. 글래드스턴은 그들에게 토지 법안을 통과시켜 줄 때까지만 해도 자국의 농업 불황에 일단의 돌파구를 찾을 수 있을 것이라는 기대를 갖고 있었다. 그런데 지금의 자치권 그리고 국가로서의 분리 독립요구가 관철된다면 오히려 불황 타파와 달리 역효과만 배가(倍加)되는 상황이 된다. 이번만큼은 그가 아일랜드 편에 설 수 없었다. 그는 정치적 부담은 되겠지만 기존의 도덕적 원칙에 입각한 평화적, 타민족과의 평등 유지, 내정 간섭의 최소화 등과 상치되는 강력한 대응이라는 행동노선을 생각할 수밖에 없었다.[24] 이런 변화의 생각을 품고 있던 즈음에 수단의 문제가 맞닥뜨려진 것이다.

여기에서 글래드스턴은 비슷한 외교문제로 고민에 빠져있었으며 동시에 수단에 지원군 파견을 망설인 또 다른 이유가 설명된다. 그의 망설임은 도덕성에 기초한 외교 정책 원칙을 버리고 정반대인 '강력한 외교적 대응' 노선을 추진한다면 아일랜드 문제에도 적용해야 한다는 고민 때문이었다. 그리고 고민의 종착점은 역시 외교적 대응이라는 입장에서 취한 '지원군 파견' 결정이었다.

하지만 고든이 살해된 직 후 파견된 지원군은 수단민족주의자들의 독립 운동을 완전히 차단시키지 못하고 그 의미를 상실하게 되었다. 그럼에도 불구하고, 글래드스턴이 평화적인 대화보다 지원군 파견이라는 선택을 한 것은 그의 정책 추진 과정

24) Matthew, *Gladstone,* pp.211-38.

에 있어 획기적인 변화였음이 분명하다.

다음으로 수단 문제로 골몰하고 있던 즈음, 돌파구를 찾지 못한 만성적인 경제적인 불황은 거문도 점령 시기 즈음의 글래드스턴 정부를 더욱 압박하고 있었다. 1885년 경제 동향을 특집으로 낸 1886년의 『이코노미스트』지 기사를 참조하면 무역부 통계상 수입은 1884년에 비해 4.1%, 그리고 수출은 8.5% 감소했음을 알 수 있다.[25] 물론 1885년의 글래드스턴은 무역부가 제시하는 통계 수치는 보지 못했을 것이나 실질적인 경제 위축을 피부로 느끼고 있었음은 분명하다. 그는 불황이 장기화된다면 세계 시장에서의 영국의 우월성이 도전을 받는다는 사실도 파악하고 동시에 심적 압박을 받고 있었을 것이다. 1870년대 후반, 불황의 늪이 깊이 찾아왔을 때 총리로 있던 디즈레일리는 자신이 '제국주의자'로 불리더라도 불황 타개를 위한 해외 시장 확대 정책들을 과감히 펼쳐나갔다.[26] 결국 디즈레일리의 경제와 결부된 제국주의 정책을 도덕적 측면에서 공략하는 선거전을 펴서 정권을 쥐게 된 글래드스턴도 이제는 위신과 간섭에 입각한 디즈레일리 정책을 심각하게 고려해야하는 상황에 이르게 된 것이다. 이즈음 "강력한 외교대응"이라는 글래드스턴의 정책 변화 분위기는 앞으로 영정부가 거문도 점령을 추진함에 훨씬 구체적인 영향을 주게 될 것임을 미루어 짐작할 수 있다.

---

25) "Commercial History and Review of 1885" The Economist, Feb.20, 1886, p.1 : 이영석, 「대불황과 정치: 진단과 정책 결정의 사회사」, 『영국연구』 6호, 2001, p.68에서 재인용.

26) Shannon, *The Crisis of Imperialism*, p.173.

1885년 3월 1일, 아프가니스탄령인 판제로부터 보내온 리지웨이(Ridggeway) 소령의 보고에, 러시아의 아리카노브(Arikanoff) 소령이 이끄는 일단의 군 병력이 판제 주민들의 생활이 위협을 하고 있다고 했다.27) 그리고 판제 주민을 돕기 위해 아프간군이 움직이고 있다는 추가 보고도 해왔다.28) 그러나 3월 30일 아프간군의 엄청난 손실과 함께 판제가 러시아진영에 넘어갔다는 소식이 글래드스턴 정부에 다시 전해지자, 그는 '강력한 외교 대응'이라는 생각을 실행에 옮기게 되었다.29)

분명 글래드스턴의 정책은 이전과 사뭇 달라졌다. 그는 이 사건을 해결하기 위해선 러시아와 전쟁도 불사해야 할 것이라고 의회에서 연설하였다.30) 드디어 '평화'를 기본으로 하던 그의 정책에 '전쟁'이라는 단어를 표현하기에 이르렀으며, 이런 표현은 어쩌면 단어 이상의 행동적 모습이기도 하였다. 그동안에는 어떤 사건이든 평화적인 모색을 수차례 진행하고도 부족하여 더 나은 평화적인 방법이 있으면 모색하려던 그였다. 이번에는 그런 절차 없이 전쟁을 운운한 것이다. 글래드스턴의 전쟁 언급은 러시아 쪽에서도 아프간 국경 분쟁이라는 지

---

27) Negotiations with the Russian Government for the Demarcation of the Boundary of Afghanistan since the Annexation of Merv, Doc.10, *BDFA vol.12,* p.131.

28) Negotiations with the Russian Government for the Demarcation of the Boundary of Afghanistan since the Annexation of Merv, Doc.10, *BDFA vol.12,* p.132.

29) *Parliamentary Debates,* Third Series; House of Commons, 9 April 1885, pp.863-65.

30) Greaves, *Persia and the Defence of India,* p.72.

역적인 문제를 넘어서 민감한 사항이 되었다. 모스크바에서 발행된 『러스키 베도모스티』(the Russki Vedomosti)지도 선전포고에 가까운 표현을 하기에 이르렀다.[31] 결국 글래드스턴 정부는 1885년 1분기를 넘기면서 곤욕을 치르고 있던 수단 문제, 점점 불안해져만 가는 경제 불황 조짐, 그리고 아프간 사태 등에 대한 외교적 돌파구로 최악의 선택인 '전쟁'을 생각한 것이다. 동시에 전쟁으로까지 생각이 진행된 글래드스턴의 정책 변화는 거문도 점령의 최종 결정에 도달할 것임을 알 수 있다.

전쟁을 운운한 글래드스턴은 서아시아, 중동, 그리고 동아시아에 걸친 유라시아 전 지역에서 불시에 일어날 수 있는 러시아와의 충돌을 대비하여야만 하였다. 서아시아 지역으로 러시아의 움직임이 있다면, 영국은 베를린 회의(1878)의 결과에 준하여 합법적으로 그 움직임을 간섭할 수 있었다. 중동의 경우, 대영제국의 일부인 인도 및 인도루트의 방어와 직결되어 있기에 영국은 이곳에서의 러시아의 움직임에 대하여 충분히 간섭할 수 있었다.

하지만 동아시아 경우는 그렇지 못하였다. 만약 블라디보스토크에 있는 러시아 극동 함대가 남진했을 때 영국은 속수무책이다. 영정부로서는 동아시아 지역에서 합법적인 방어를 취할 아무런 외교적 준비를 마련하지 못한 상태이기 때문이다. 그나마 합리적 이유를 가질 수 있는 조차지(租借地)인 홍콩도 동아시아 전 지역을 대상으로 할 때는 전혀 의미가 없었다. 글

31) Memorandum by Michell on the opinions of the Russia Press, 22 April 1885, Doc. 50, *BDFA, vol. 12,* pp. 176-77.

래드스턴은 동아시아에서의 러시아의 움직임을 제지할 모종의 전략적 조처를 취할 수밖에 없었다. 이런 전략적 사정과 맞물려 그가 최종적으로 관심을 갖게 된 곳이 바로 거문도였다.

영국 정부의 거문도 점령 논의 및 결정

19세기 영국의 대외 정책은 일반적으로 영국 외무부에서 일차적으로 구상하고 이를 총리와 상의한 후 내각에서 결정한다. 좀 더 구체적으로 언급해보면, 외무부나 총리, 그리고 내각의 결정은 현지 외교관들과 관련 자료를 통한 여러 정보들에 거의 의존해 있다고 볼 수 있다.[32] 특히 지엽적인 외교문제를 가진 국가에 대한 정책 필요성이 대두되었다면 더욱이 그 국가의 현지 관계자들에 의존할 것이다. 그러므로 거문도 점령을 의제로 올려놓았을 때도 1885년까지 동북아에서 활동하던 외교관들이 보내온 정보가 결정적인 역할을 했다.

거문도에 대한 영국 정부의 외교 정책 수립 시, 그들이 접한 정보 중 관심(정치 · 경제 · 전략)이 주로 어디에 있었는가를 살펴보면 이러하다. 먼저 외교적 정치 관점이 "힘(헤게모니)"에 있다고 본다면, 거문도에 대한 정치 논리는 영국 정부의 초

32) 경제적으로 현지 정보를 활용한 점은 이영석 「대불황과 정치: 진단과 정책 결정의 사회사」, 『영국연구』 6호, p.89와, 외교적 의존도에 관한 점은 박지향, 「이미지와 국가이익: 영국의 對日, 對韓인식과 대외정책 결정, 1860-1920」, 『역사학보』 169집, pp.209-43.

미의 관심사인 동북아에서의 러시아의 움직임, 특히 전쟁 발발시 활용될 부동항 획득의 움직임[33]과 연관된 힘의 각축에서 비롯되었다.[34]

19세기 후반, 유럽 국가들은 정치적 자유를 얻기 위한 혁명의 소용돌이 속에 놓여 있었다. 그러나 여타 국가들과 달리 영국은 자유를 찾기 위한 혁명의 단계를 이미 끝냈고, 유럽 내에 경제적인 자립을 통한 국가적 도약의 길을 찾고 있었다. 또 러시아의 경우는 자유를 위한 시민혁명을 시작조차 못하였고 오히려 황제의 권위가 더 강해져가고 있었다. 뿐만 아니라 황제권 강화의 일환으로 국가를 부강하게 하겠다는 취지로 경제적 도약의 길을 모색하고 있었다. 전자는 시장 및 무역로 확보, 후자는 무역 가능한 부동항 획득이 그것이다. 그런데 러시아의 부동항 획득지는 대체적으로 영국의 무역로에 방해가 되기 쉬웠기에 이로써 둘의 관계는 시시각각 충돌한 것이다.[35] 이

---

33) Malozemoff, *Russian Far Eastern Policy,* p.2에서 1857년 동시베리아 지역 총독이던 무라비에브가 이미 동아시아에서의 부동항 획득의 필요성을 주장하였다고 언급하였다.

34) The Secretary to the Admiralty to Currie. 4 April 1885, FO 405/35 no.2에서 외무부로 러시아의 남하문제가 상세히 보고되었다.

35) 영국과 인도의 교역로는 13,700마일이나 되는 케이프 항로와 수에즈 운하 개통 이전의 홍해 육항로 그리고 유프라테스 육로가 있었다. 그중 가장 단시간 내 교역할 수 있는 길은 유프라테스 육로인데 이는 반드시 터키제국을 지나야만 했다. 19세기에 들어서서, 러시아가 터키제국으로 남하 정책의 본색을 드러내자 영국으로서는 당연히 신경을 곤두세우고 러시아와 대립하게 된 것이다. 한 예로, 동인도 회사의 피콕(T. L. Peacock)은 자신의 회고록에서 “러시아를 막아야 한다. 그는 아시아의 모든

런 상황은 영정부의 외교정책결정 시에 항상 일 순위에 놓여 있는 과제였으며 러시아와의 각축의 근원이 되었다. 둘의 각축을 보여주는 대표적 사례로는 크림전쟁(1853-56)과 전쟁일보 직전에 평화적인 해결점이 된 베를린 회의(1878)가 있다. 여기서 러시아는 매번 자신의 정치적 의도가 좌절되었다. 바로 이런 각축의 논리가 거문도 점령 결정시 또다시 중요한 정치적 논지로 부각되고 있었던 것이다.

사실 러시아 현지 동향에 관한 정보 중에는 조선에서의 부동항 획득 가능성을 보고하는 내용이 줄곧 언급되고 있었다. 1876년 일본 외교관들은 두만강 근처에서 러시아와 국경을 맞대고 있는 조선과 청국 정부에 러시아 남하 조짐이 있음을 경고하였다. 또 조선에 근접해 있는 쓰시마 점령의 가능성도 언급하며 러시아의 부동항에 대한 관심을 지적하였다.[36) 1878년에 리홍장은 "조선이 청국에 대해 개항지를 제공하지 않는다면 러시아의 침략시 고립될 것이다"라며 러시아의 남하 가능성에 대하여 경고 발언을 하였다.[37) 조선과 통상조약을 추진하고 있던 미국의 슈펠트(R. W. Shufeldt) 제독도 조선

것을 소유하려 할 것이며 특히 우리가 원하는 것을 그들도 놓치지 않으려 할 것이다. 페르시안 걸프 길을 우리는 방치해두어서는 안 된다"라고 유프라테스 교역로의 중요성을 역설하였다: C. V. Doren, *The Life of Thomas Love Peacock* (London: J. M. Dent and Sons Ltd, 1911), pp.214, 214-16, 218-21.

36) T. F. Tsing, "Sino-Japanese Diplomatic Relations, 1870-1894" *Chinese Social and political Science Review*, XVII, 1933, pp.61-62.

37) Tsing, "Sino-Japanese Diplomatic Relations", p.63.

정부에 경고하길 "귀국과 국경을 맞대고 있는 러시아는 북부 지역에 자국의 영토를 확대하기 위한 점령 시도를 할 가능성이 있으며, 여기에는 포트 라자레브도 관심의 대상으로 알고 있다"[38]고 하였다. 무엇보다도 영국정부가 참고하고 있던 보편적인 정보는 1882년 9월에 초판이 나온 그리피스(W. E. Griffis)의 책 『은자의 나라 한국』(Corea, the Hermit Nation)이다.[39] 이 책의 3부에서 다룬 근대·현대사는 1784년 기독교 전래부터 1882년 여러 국가들과 조약 체결까지의 조선의 상황을 영어를 사용하는 나라들에게 확실하게 알려주었다.[40] 판제 사건으로 민감하던 1885년, 바로 이 책의 2판이 나왔는데 영국 정부는 이를 정책 결정시 어떤 외교관의 정보보다도 심도 있게 활용한 것이다.

『은자의 나라 한국(Corea, the Hermit Nation)』표지

영정부의 최종 생각은 '이전의 상황으로 봐서 러시아가 블라디보스토크를 경유하여 동남아로 그 세력을 확장하기 위한 전초 기지를 찾을 가능성이 충분하

38) Tsing, "Sino-Japanese Diplomatic Relations", pp.63-64.
39) William Elliot Griffis, *Corea, the Hermit Nation* (New York: Charles Scribner's Sons, 1882): 신용복 역, 『은자의 나라 한국』, 집문당, 1999. 그리피스의 책은 1882년 초판 발행 이후 1906년까지 8판에 이르며, 7판까지는 조선이 외국과 조약을 체결하던 1882년까지의 내용을 다루었고 8판에 와서 1882년 이후부터 을사조약(1905년)까지의 내용을 첨가하였다.
40) 신복룡, 『은자의 나라 한국』, pp.445-563.

다'는 쪽으로 기울어졌다.[41] 결국 거문도 점령을 단행한 것은 해군성 장관인 노스브룩(Lord Northbrook)의 회고에 나타난 바와 같이, 정부 각료들이나 현지 외교관 모두에게 "영국이 거문도를 점령하지 않는다면 러시아가 이곳을 점령할 것이라는 생각"이 지배적으로 작용한 때문이다.[42]

다음으로 경제적 부분을 보자. 영국 정부는 경제적인 이득이 없이는 어떤 정책도 수행을 하지 않던 때였다. 그렇기 때문에 거문도 점령 논의시, 비록 유프라테스 및 인도 무역로와 같은 비중으로 다룰 수는 없지만 경제적 이익에 관해서도 반드시 고려되었다. 영국은 1840년 아편전쟁 후 청국에 대한 문호개방을 시도하여 많은 개항지를 얻었다. 그러나 막상 실속이 없다는 판단이 서자, 다른 기회를 엿보았다. 애로우호 사건과 그로 인한 베이징조약이 바로 그것이다. 1860년 베이징조약이 성립 후 자금성 옆으로 영국 외교 공관을 옮겨놓고 청국 정부로부터 많은 경제적 이득을 획득하고 있었다. 그러나 1870년대에 들어와서는 문제가 달랐다. 이 시기에 들어서 모든 유럽국가가 추구하던 산업화는 서로의 시장으로서의 기능을 상실시켜 유럽은 경제공황의 상태로 치닫고 있었다.[43] 경제공황

41) 관련 내용은 The secretary to the Admiralty to Currie, FO 405/35, no.2를 통해 내각에 전달된 상태였다.
42) Memorandum by Northbrook, 20 May, 1885, FO 405/35, no.29.
43) 각국이 질 좋은 상품을 생산해내자 서로 간의 상품 교역은 필요가 없게 되었다. 이로써 생산된 상품은 재고가 쌓이게 되고, 여파로 공장의 가동률이 떨어지며, 실업자들이 속출하게 되었다. 상품 인플레이션에 의한 공황 상태가 도래한 것이다.

을 탈출할 유일한 길은 새로운 지역에서의 시장 확보뿐이었다. 바로 이 시점에 청국은 유럽 국가들의 최고의 목표가 되었으며 그동안 우위를 점하고 있던 영국은 상대적으로 위축과 위협을 동시에 느끼게 되었다.

거문도 점령과 관계가 있던 1877년부터 1887년 사이를 보면 청국을 오가는 수출입 외국 선박의 절대 다수가 아직은 영국 상인들의 소유로 되어 있었다. 외국의 기선 회사는 모두 11개가 있었는데, 그 가운데 8개가 영국이 세운 회사이고 1개가 영국과 포르투갈이 합작하여 세운 것이었다.[44)]

청국에 대한 관심을 드러낸 소수의 한 명이겠지만 영국 철강 무역협회 회장이던 벨(Sir Lowthian Bell)은 "유럽에서 영국의 무역은 한계에 부딪쳤다. 그러나 우리는 새로운 시장 개척을 하였고, 그곳은 인도, 오스트레일리아, 그리고 지금은 청국이다"[45)]라고 언급하였다. 또 커즌(G. N. Curzon) 역시 "대영제국을 위해서뿐만 아니라 영국민들을 먹여 살리기 위해서 극동 지역은 꼭 붙들어야 한다. 그곳에 우리들의 상품을 팔 수 있는 시장이 있기 때문이다"[46)]라고 하였다. 이외 청국이 영국에게서 빌린 돈은 5백만 파운드를 웃돌았는데, 이는 영국

---

44) 왕소방, 『중국외교사』, p.185.

45) D. C. M. Platt, *Finance, Trade, and politics in British Foreign policy, 1815-1914* (Oxford, 1968), pp.270-71; citing Minutes of Evidence, *second Report of the Royal Commission on The depression of Trade and Industry*, pp. XXI, Q, 3662.

46) G. N. Curzon, *Problems of the Far East* (London, 1894), p.421.

이 청국에 그만큼 투자를 하고 있음을 단적으로 보여 준다.[47)]

이런 범주에서 보면 거문도는 당연히 경제적인 고려 대상이었다. 만약 거문도에 영국기가 날리고 그곳을 영국이 자유롭게 활용할 수 있다면 거문도는 동아사아의 무역 전진 기지가 될 수 있다. 이런 점은 일본 공사이던 플렁킷(F. R. Plunkett)이 글래드스턴에게 보고한 내용에서도 알 수가 있다. 그의 보고에는 영국의 제조업자들이 자신들의 상품들을 동아시아에 집중적으로 판매하려면 주목해야 될 원칙들이 있

---

47) 1885년 오코너 청국 공사가 보내온 청국에서의 「무역 조사실태표」에 의하면 양국 간의 첫 번째 차관이 1875년에 시작되었음을 알 수가 있다: Kiernan, *British Diplomacy in China, 1880 to 1885*, pp.272-73.

「표 1」 1885년 당시까지 청국이 완전히 영국에 상환한 차관 내역

연 도	금 액	이 자 율
1875년	£627,615	8%
1875년	£250,000	8%
1877년	£1,604,276	8%
1879년	£487,280	8%

「표 2」 1885년 당시 청국이 영국으로부터 받고 있던 차관 내역

연 도	금 액	이 자 율
1881년	£1,096,000	8%
1883년	£500,000	9%
1884년	£285,000	9%
1884년	£1,500,000	10%
1885년	£500,000	10%
1885년	£250,000	10%
1885년	£750,000	9%
1885년	Tls4,000,000 (£1,088,500)	9%

는데, 먼저 현지 중개지를 활용해야 하고, 다음은 영국 상품보다 싼 가격으로 파는 외국인들을 어떻게 다루느냐와 독일 상인들이 관할하는 지역을 파고들어야 하는 점이라 하였다. 그리고 궁극적으로는 "거문도는 이런 점들을 해결해 줄 적격지"라는 것을 그가 강조하였다.[48] 사실 상품을 가져오는 과정에서 드는 운송비가 상품의 가격 선정에 결정적이다. 때문에 상품 시장 근처 중간지에 상품을 쌓아놓고 공급한다면 운송비를 절감하게 되고 상품 가격을 낮출 수 있게 된다. 그러므로 플렁킷이 표현한 '적격지'로서의 거문도는 바로 동아시아(청·일본·조선) 시장과 생산품 출발지인 홍콩 및 싱가포르 사이에 놓인 화물창고(depot)역할을 하게 될 것이라는 의미를 담고 있다. 특히 플렁킷은 청국이나 일본이 높은 관세를 추진하고 있는 시점에서 현지 창고의 필요성은 절대적이라는 점을 강조하였다. 이외에 그는 여타 국가들은 이렇게 화물창고 역할을 할 수 있는 지역을 소유하고 있지 못하다는 점도 언급하였다.[49]

영국 정부로서 민감하게 받아들일 수 있는 경제 부분의 보고가 또 있었다. 해군성 서기관이던 맥그리그(Evan Macgregor)

---

48) Plunkett to Grenville, no.151, 25 May 1885 (Rec'd 30 June), confidential, FO 405/35, no.66. 플렁킷의 보고는 거문도 점령 후에 보내온 것이다. 그러나 그가 표현한 내용들은 이미 영국 외무부나 일부 현지 외교관들을 통해 익히 표현되고 있었던 부분이며, 그도 이런 범주 안에서 자신의 표현으로 정리하여 보낸 것이다. 그러므로 그만의 표현이 거문도 점령에 결정적이었다는 표현은 아니다.

49) Plunkett to Grenville, no.151, 25 May 1885.

는 1885년 4월 4일자로 외무장관 그렌빌에게 거문도와 관련하여, "러시아가 청국과 그 이웃 국가들(조선·일본)에 점차 높은 상업적 관심을 보이고 있다"[50]라고 보고한 부분이다. 결국 경제의 영향이 국가의 운영에 밀접한 관계가 있는 영국으로서는 보고들을 접하며 거문도 점령에 대한 결정 쪽으로 힘을 싣게 되었다.

마지막으로 거문도 점령 논의의 핵심이랄 수 있는 전략적 부분을 보자. 외무부 서기인 허츨럿(Sir Edward Hertslet)은 거문도의 전략적 중요성에 관한 자신의 회고에 이렇게 언급하였다. 청국 주재 공사인 파커스와 극동함대 사령관 라이더(A. P. Ryder)는 "거문도가 극동 지역 전략 거점으로는 최적지이며 반드시 소유하여야 할 섬이다. 이곳은 3개의 조그만 섬으로 구성되어있는데, 그들 사이의 바다는 넓고 잔잔하여 천연적인 항구로 적합해 보였고, 위치는 조선해협에 놓여 있어 해협을 통과하는 어떤 국가들의 선박도 점검할 수 있는 최적의 조건을 갖추고 있다"라 보고하였다.[51]

1885년 4월 8일, 해군성 서기관 맥그리그도 거문도의 전략적 가치에 대한 해군 위원회의 분석을 그렌빌 외무장관에게 보고하였다. 그리고 이 보고 내용이 사실상 점령의 결정적 단서가 되었다. 첫째 동아시아에서 홍콩이 전략적으로 큰 역할을 하는 것은 사실이다. 그러나 동북아시아를 기준으로 볼 때 너무 남쪽으로 치우쳐 있기 때문에 이 지방의 전략적인 움직

50) The Secretary to the Admiralty to Currie, FO 405/35, no.2.
51) Memorandum by Sir Hertslet on the Importance of Port Hamilton, 5 February 1885, FO 405/35. no.1. 12.

임을 위해서는 큰 역할을 하지 못한다. 특히 태풍 시즌을 맞게 되면 이동이 더욱 곤란해진다는 것을 항상 고려해야 한다. 이런 점을 볼 때 거문도는 동북아 전략 거점으로 확실한 위치에 있어 보인다는 보고였다. 둘째 러시아도 전략 거점으로 이곳을 주시하고 있다는 사실은 상대적 전략요충지의 가치를 더 크게 해준다는 보고내용이다. 셋째 해군 요충지로서의 지리적 조건이 좋다. 좋은 식수를 비롯한 건강 음식들을 구입하기 쉬워서 해군기지로서 충분한 가치가 있다. 특히 작은 지역만을 관찰하는 것만으로도 쉽게 방어를 할 수 있는 곳이란 보고이다. 넷째 이 섬은 쓰시마와 부산에서 100마일, 나가사키에서는 160마일, 상하이에서는 300마일의 거리에 위치해 있다. 이는 지중해의 전략 요충지인 몰타와 주변 주요 지역과의 거리를 비교해보면 더 좋은 조건이며, 다섯째 용역을 사용할 때도 홍콩이나 싱가포르보다 적은 비용이 든다는 보고이다.[52)]

고려될 정치적, 경제적, 전략적인 모든 관점에서 거문도 점령에 대한 긍정적인 판단이 서자, 점령은 순조롭게 진행될 수밖에 없었다. 그러나 분명히 짚고 넘어가야 할 점은 영국 정부가 이 섬의 소유국이 조선이라는 사실을 간과하고 있다는 점이다. 김영정 논문이 이점을 비슷하게 언급하였다. 뮐렌도르프가 이끌어낸 한·러밀약이 거문도 점령에 결정적이라는 기록은 어느 곳에서도 발견되지 않는다고 의혹을 제기한 던네트

52) Extract from Report of Royal Commission on Defence of British Possessions, 20 May 1885, FO 405/35, Inclosure, no.29.

(T. Dennett)의 주장도 이를 뒷받침해준다.[53] 이는 영정부가 조선정부의 외교적 움직임을 자국의 정책 결정을 위한 고려 대상으로 생각하지 않았다는 의미이다.[54]

묄렌도르프(Paul Georg von Mollendorff)

결국 영정부가 러시아와 각축을 위한 의도적·전략적 조치로 거문도 점령을 결정했지만, 1884년에 통상 조약이 비준된 조선 정부와의 사전 조율이 없었다는 사실이 조만간 양국 간에 심각한 외교적 상황을 초래 할 것임은 명약관화한 일이었다.

거문도 점령 후의 영국 정치·외교 정책 진행 과정

1885년에서 1886년 사이에는 자유당과 보수당이 번갈아 가면서 정권을 잡았다.[55] 이런 변화의 중심에는 아일랜드 자치

---

53) T. Dennett, *Americans in Eastern Asia* (New York, 1922), p.91.

54) 1885년 4, 5, 6월의 글래드스턴 일기를 점검해 봐도 조선은 물론 거문도에 관하 언급이 전혀 없다. 이는 글래드스턴 총리 및 정부의 관심도를 단적으로 알아볼 수 있는 좋은 예이다: H. C. G. Matthew, ed, *The Gladstone Diaries with Cabinet Minutes and prime-Ministerial Correspondence,* vol.XI (Oxford: Clarendon Press, 1990), pp.315-66.

55) 글래드스턴 2차 내각(1880.4.23-1885.6.9); 솔즈베리 1차 내각

법안 문제가 있었다. 글래드스턴은 그간 골칫거리였던 토지 법안이 1881년에 상원에서 통과되면서 한숨을 덜게 되었다. 하지만 새롭게 불거져 나온 아일랜드 자치 법안 문제가 그를 다시 정치적 곤경에 빠뜨렸다. 사실 독립을 원하는 아일랜드인들의 요구는 도덕성을 지향하는 그의 정책에 부합되는 것이므로 당연히 받아들여야 한다. 그러나 경제 불황에 허덕이는 현실에서 아일랜드가 독립한다면 농업 불황이 심화될 것이다. 동시에 자신의 정권 유지에도 치명적 손상을 입게 될 것이므로 자신으로서는 이 법안을 추진할 수 없었다. 이런 상황 중에 치러진 1884년의 3차 선거법 개정에서 아일랜드 민족당 소속의 의원들이 대거 선출되었다.[56] 이들은 자치 법안 추진에 소극적인 글래드스턴을 불신임하면서 보수당 쪽으로 합류하게 되었다. 결국 대외적으로 수단 사태나 아프간 사태로 정권 유지가 위태하던 글래드스턴은 1885년 6월 아일랜드 의원들과 손을 잡은 솔즈베리의 소수 보수당에게 정권을 내어 주었다. 이제 글래드스턴은 솔즈베리 정권이 반드시 치러야할 총선에서 어떤 결과를 만들 것인가를 조용히 지켜볼 수밖에 없었다.

1885년 11-12월에 있은 총선거 결과, 의회에서 자유당의 의석수와 보수당 및 아일랜드 의원 연합의 의석수가 거의 같

(1885.6.23-1886.1.28); 글래드스턴 3차 내각(1886.2.1-1886.7.20); 솔즈베리 2차 내각(1886.7.25-1892.8.11).

56) 1874년 선거 때 자유당 내 아일랜드 자치 주장의원은 58명이었고, 1880년 선거 때는 60명이었다. 그러나 84년 선거법 개정이후 80-90명 선으로 인원이 확대되었다: C. Cook & B. Keith ed., *British Historical Facts, 1830-1900* (London, Macmillan, 1975), p.141.

아졌다.[57] 이때 글래드스턴은 원래 추구하던 '도덕지향' 정책을 아일랜드의 자치권과 연결하려고 결심하게 되었다. 자신의 정치적 색깔이던 도덕정치 대신 강경정치를 선택했다가 지난번 선거의 결과가 좋지 않았던 경험 때문이다.

글래드스턴은 총선 결과 의석수가 막상 막하라는 소식을 듣자, 그는 아일랜드 자치를 지지한다는 성명을 내었다. 이로써 보수당 내 아일랜드당 의원 대부분이 연합에서 돌아섰다. 따라서 솔즈베리의 소수 정부는 일거에 패배하고 글래드스턴이 1886년 2월에 3차 내각을 다시 구성할 수 있었다. 글래드스턴이 정권을 다시 잡자, 자신의 정치적 행보에 있어 발목을 잡던 아일랜드 자치 법안 통과 문제를 당연히 정책 일순위에 올려놓았다. 그러나 6월 의회에서 많은 자유당 내 보수파 의원들이 이탈하면서 1, 2차 독회가 진행되던 자치법 안건은 거부되었다. 7월 총선에서는 자치 안건에 반대하는 잉글랜드 내 농촌지역 보수파 의원들마저 이탈이 심해지며 그가 다시 사임할 수밖에 없었다.[58] 또다시 정권은 아일랜드 자치 법안 문제로 보수당으로 넘어갔다.

정권 교체와 직접 관련이 있는 아일랜드 문제가 해결점을

---

57) 자유당은 334석, 보수당은 250석, 아일랜드 민족당은 86석을 얻었다: British Historical Facts, 1830-1900, p.141. 만약 자유당과 민족당이 연합하면 글래드스턴의 정치는 계속 이어지겠지만, 보수당과 민족당이 합치면 자유당은 2석이 모자라 글래드스턴의 정치적 운신 폭은 불명확해지게 되는 것이다.

58) 자치 법안 문제의 현황은 김기순, 「글래드스턴과 여론정치; 아일랜드 자치법안에 관한 대중청원운동을 중심으로(1886, 1893)」, 『영국연구』 6호, 2001, pp.95-128.

찾지 못하고 진행되고 있던 시기에 동북아에서의 거문도 사건이 갖는 정책적 가치는 얼마나 될까? 먼저 1885년의 아프간 사태가 긴박하게 돌아가던 시기에는 거문도에 대한 정책적 가치는 분명 컸다. 그러나 그 해 9월, 아프간 문제가 평화적으로 해결이 되자, 일방적으로 점령한 거문도 섬은 외교적 악재가 되기에 충분하였다. 유럽 대륙 내에서 일어난 문제가 아니기에 크게 부각되지 않았지만 이 섬을 소유하고 있는 조선과 주변국인 청국, 러시아, 일본 등은 연일 문제를 삼고 있었기 때문이다. 더군다나 일방적 점령으로 인해 영국정부로서는 점령 초부터 김윤식(金允植) 외무대신을 통한 조선 정부의 강한 항의에 접하면서 점령 문제를 어떤 방식으로든 풀어나가야 만하게 되었다.[59] 그런 와중에 몇 차례 교체된 영국정권들이 점하고 있던 아일랜드 자치건과 거문도 점령 문제가 겹쳐지자, 당시 정권들은 거문도 사건을 주요 외교 정책으로 추진할 만한 여유나 가치를 느끼지 못했다.

외무대신 김윤식
(金允植 大監)

좀 더 구체적으로 알아보기 위해,

59) 독판(督辦: the President of the Korean Foreign Office; 1894년 8월 이전까지 외무대신을 지칭함) 김윤식이 서울 주재 영사인 애스턴(W. G. Aston)에게 거문도의 불법 점거에 대하여 조선은 국제법의 원칙에 준하여 강력한 조처를 취할 것이라고 경고함: Kim to the Representative of the Treaty Powers at Seoul, translation, 27 June 1885, FO 405/35, Inclosure 2 in no.174.

먼저 거문도 섬 점령 후 글래드스턴 정부의 정책 과정을 점검해 보자. 도덕 정치 추구의 갈등 속에 나타난 외교적 약화(수단 사태) 및 여론악화를 전환시켜보려 2차 내각 때 부각시킨 아프간 사태는 3차 내각 때엔 이미 평화롭게 끝나 있었다. 이로써 아프간 사태의 전략적 목적이 실려 있는 거문도 점령도 그 의미가 없어진 것이다. 이런 점은 글래드스턴 정부가 이미 예상한 바였다. 사실 섬을 점령한 얼마 뒤, 아프간 사태와 별개로 현지 외교관들의 의견을 통해 이 섬을 유지할 방법을 수렴하고 있었던 점으로 미루어 짐작할 수 있다. 그때부터 심각히 고려된 방법이 이 섬을 조선 정부로부터 일정 기간 임대하는 방법(Rent 또는 Land Lease)이었다.[60] 이것도 여의치 않으면 매입[61]이라는 차선책도 준비하였다. 그러나 최종적인 방향은 3차 내각 때 앞의 방식들과 별개인 명예로운 철수의 방법으로 간주한 리-라디겐스키 협정 쪽으로 가닥을 잡았다.[62]

---

60) 외무장관 그렌빌은 청국 정부를 통해서 거문도의 임대 방안을 점령 이전인 4월 28일에 이미 초안으로 제출하였다. 비록 이 초안은 청국의 반대로 부결되었지만 거문도 점령 이후에도 외무부 안건으로 계속 올리게 되었다: Draft Agreement between the British and Chinese Governments respecting the British occupation of Port Hamilton, Inclisure in no.15; Earl Granville to the Marquis Tsêng, 28 April 1885, FO 405/35, no.15.

61) 자르딘 사(Jardine & Co.)와 연계하여 50만 파운드로 거문도를 사는 방안이 조선 주재 영사 애스턴에 의해 건의되었다: O'Conor to Salisbury, no.61, telegraph, 4 October 1885 (rec'd 4 October), FO 405/35, no.191.

62) 1886년 10월 1일 라디젠스키 공사가 불어로 작성된 3개 초안을 리홍장에게 제출했지만 내용의 명확성이 다시 요구되어 개

결국 글래드스턴은 점령을 명했었음에도 불구하고 처음부터 거문도의 소유 가치에 대한 비중은 크게 두고 있지 않았음을 알 수 있다.

글래드스턴 내각과 서로 정권을 교차하며 등장한 솔즈베리 내각의 경우는 어떠한가? 솔즈베리가 속해 있는 보수당의 외교는 파머스턴과 디즈레일리의 노선을 이어가고 있었다. 영국 정부가 가장 중요시하는 자유무역 추진을 위해 불필요하게 타국들과의 얽히는 것을 피하려는 '고립정책', 그리고 무역로 확보에 방해되는 국가들에 대해서는 철저한 '간섭 정책'이 바로 그것이다. 솔즈베리가 총리에 올랐던 1885년 6월에 소수 내각을 결성한 상태에서 먼저 풀어야할 국내 문제인 경제 불황은 그에게 큰 부담이었다. 때문에 대외적으로 전쟁을 치른다는 것은 상상도 할 수 없었다. 결국 9월에 아프간 사태를 자신의 정부에서 평화적으로 해결하게 되었다.

글래드스턴처럼 그도 청국에 대한 관심을 갖고 있었음은 분명하지만 청국의 시장은 빅토리아 여왕이 1877년 황제로 등극한 인도라는 식민지만큼 가치가 있었던 것은 아니다. 실질적으로 청국의 상업적 중요성이 대두된 것은 열강의 각축이 표면화되던 1890년대 중반을 넘어서부터였다.[63] 이런 점들을

정안을 10월 6일에 보내어 협정은 가결되었다. 내용은 1) 조선에 있어서의 현상은 장래 영원히 변경하지 않는다. 2) 러시아는 조선의 평화를 보장하는 외에 타의가 없으며 그 국토의 점령을 원하지 않는다. 3) 만약 예측치 못한 사건이 일어나면 러청 양국은 혹은 상호 정부가 혹은 상호 주조대원(駐朝大員)이 공동으로 변법(辨法)을 상정한다고 되어 있다: Angus Hamilton, *Korea* (London: William Heinemann, 1904), p.201.

종합적으로 보면, 거문도 점령 상황은 전략적인 문제 외에는 그에게도 매력의 대상이 되지 않았음을 알 수 있다.

결국 솔즈베리도 보수당이 추구하던 대영제국의 위신을 지키려는 정책이 무시되면서까지 함부로 철수할 수 있는 상황이 아님을 알고 있었다. 그는 거문도의 합법적·합리적 철수의 길을 찾는 데 초점을 맞추었다. 그리고 궁극엔 리-라디겐스키 협정의 추진에 동의했다.

* * *

영국 외교를 중심으로 거문도 점령 문제를 분석하다보면 양 정당과 그 수장들이 '반드시 철수'라는 원칙하에 합리적인 방법으로 리-라디겐스키 협정을 선택했음이 발견된다. 하지만 리-라디겐스키 협정은 영정부가 추진해오던 기존의 영·러 각축 관련 외교 정책들과는 사뭇 차이가 있어 보인다.

기존의 영·러 각축 관련 외교정책들의 대표적 결과물들은 해협조약(1841),[64] 파리평화협정(1856),[65] 베를린 회의(1878)[66]

---

63) 협조체제(European Concert)로써 외교를 유지하던 비스마르크가 퇴임(1890년 3월 8일)한 이후, 유럽 사회는 또다시 각자의 이익을 스스로 챙겨야하는 세력 균형(Balance of Power) 정책들을 모색하게 되었다. 이들이 세력 균형책을 본격적으로 펼친 마당은 동아시아, 특히 청국이었는데 그 시점은 청일전쟁으로 청국이 패배하고 이어서 랴오둥 반도 할양 문제로 러·독·프가 삼국간섭 할 때이다: Shannon, *The Crisis of Imperialism*, pp.67-68.

64) 평시에 터키는 모든 외국 군함이 지중해협으로 들어오는 것을

들이다. 이들 조약들의 공통점은 지중해나 발칸 지역에 러시아의 남진이 엿보이면 주변의 동의 없이 독자적 외교 행동을 즉각적으로 시행할 수 있다는 점이다. 하지만 리-라디겐스키 협정의 경우가 성립된다면, 러시아의 남진 조짐이 동북아에서 진행될 때[67] 영국 정부가 청국을 통한 간접적 간섭의 권한만

폐쇄하고, 터키가 전쟁 상태의 경우 그의 동맹국 함대에만 출입이 허용되도록 한다는 조약이다. 이로써 영국은 필요에 따라 터키와 동맹의 자격으로서 충분히 이곳에서의 독자적 역할을 할 수 있는 영역을 열어 놓은 것이다: 김용구, 『세계외교사』, pp.75-76.

65) 여러 조항들 중 눈에 띄는 것은 1841년 해협 조약이 다시 확인된 것과 터키 영토 보전에 영국・프랑스・오스트리아 3국이 보증한 것이다. 특히 3국은 파리 협정에서 체결된 조약들에 대한 어떤 위반들도 전쟁 원인(casus belli)으로 간주한다고 명시하였다. 이로써 영국은 이곳에서의 러시아의 움직임에 직접 대처할 수 있게 되었다: 김용구, 『세계외교사』, pp.104-06.

66) 파리평화협정 이후 최대 회의로서 러시아의 이권이 강해진 산스테파노 조약에 이의를 제기한 영국의 역할이 이 회의로 이어지게 되었다. 베를린 회의 결과 러시아는 외교적으로 후퇴할 수밖에 없었고, 영국은 소기의 목적을 달성하였다. 그중 하나로 사이프러스를 국제적으로 인정받게 됨으로써 주변 터키 영역에서 영국은 차후 어떤 러시아의 움직임도 직접적인 제재를 가할 수 있게 되었다: 김용구, 『세계외교사』, pp.163-66.

67) 허츨럿의 회고록에도 나오지만 원산에서 수마일 떨어져 있는 포트 라자레브를 대표적인 것으로 들 수 있다: Memorandum by Hertslet, 4 February 1886, FO 405/36, no.9; Port Lazareff, "The Times" 22 July 1886, p.6; Hamilton to the Secretary to the Admiralty, 14 December 1885, FO 405/36. Inclosure in no.3; O'conor to Rosebery, no.148, 3 May 1886(Rec'd 26 June), FO 405/36, no.41; O'Conor to Rosebery, no.125, 14 April 1886 rec'd 14 June), FO

보유하고 동북아 지역에 직접 개입할 어떤 합법적 명분을 포기하게 된다.

이렇게 기존의 외교방식과 다른 이유는 무엇 때문인가? 첫째는 동북아 지역으로의 러시아 남하가 없을 것이라는 확신이 선 경우, 둘째는 동북아가 영국의 관심 대상이 아니어서 설령 러시아가 이곳을 점령하더라도 의미를 갖지 않겠다는 경우, 셋째는 거문도 철수라는 지엽적인 문제에만 너무 골똘하다보니 거시적이고 미래지향적 정책 판단이 부족했다는 경우, 넷째는 양 정당의 빈번한 정권 교체가 있자 정략적인 차원 이외의 문제는 관심이 없었다는 경우, 다섯째는 청국에 대한 신뢰가 확실하여 자국에 대신하여 이 지역의 외교를 충분히 맡길 수 있다는 판단 등을 가정할 수 있다.

여기서 영 정부가 세계 어느 곳으로든 남하를 시도하는 러시아를 염두에 두지 않을 것이라는 상상은 불가능하며, 그렇다고 동북아에 대한 외교적 관심이 전혀 없어 이곳의 러시아 남진을 무시했을 것이라는 점은 더욱 불가능하다. 더군다나 국내 문제, 특히 아일랜드 문제에 너무 골똘하다보니 대외적인 어떤 문제도 생각할 여지가 남아 있지 않아 러시아의 남하를 염두에 두지 않았을 것이라는 부분도 그리 설득력이 없어 보인다. 가장 궁금증을 자아내는 것은 '청국에 대한 영국의 신뢰의 폭이 얼마나 되는 것인가' 하는 부분이다. 다시 말해서, 영국이 직접 개입하지 않으면 안 될 러시아 문제를 국력의 정도가 불확실한 청국에게 전적으로 내맡긴다는 협정 내용이 영

405/36, no.39.

정부에 받아들여진다는 것이 상식적으로 이해가 가지 않는다. 결국 위의 가정들로는 이유를 확인할 수 없다. 단지 확인된 것은 모든 상식 밖의 일들이 리-라디겐스키 협정 진행과정 중에 일어났다는 점이다. 그리고 그간에 파크스를 중심으로 동아시아에서의 대영제국 외교의 흐름을 이해하던 모든 상식도 이 부분에서 흔들린 점이다.

에 필 로 그

거문도 철수 평가 속 파크스의 유산

1884년 4월 28일, 조선과 영국은 2차 조영수호통상조약(파크스 조약)의 비준서를 상호 교환함으로써 정부 간의 공식 외교 채널이 조성되었고, 조영 외교 역사의 첫 페이지가 쓰이게 되었다. 하지만 일 년 뒤인 1885년 5월부터 1887년 2월까지 지속된 영국 해군에 의한 거문도 점령 및 진행 과정에서 보인 외교 상황은 앞서 조성된 공식 외교 채널의 의미가 무력화된 모습이었다. 관련하여 몇 가지 타당성 있는 사실들을 열거해 보면 이러하다. 첫째 거문도 점령과 관련된 사료들을 보면 영국정부는 조선 주권이 행사되는 거문도를 조선 정부에 먼저 알리지 않고 점령한 사실이다.[1)] 둘째 점령 중에도 영국 정부가 청국과 러시아 정부와만 외교적 상황을 점검하고 다뤄나갔지 주권국인 조선 정부를 소외시키고 있었다.[2)] 셋째 철수마

---

1) Vice-Admiral Sir W. Dowell to the Secretary to the Admiralty, no.15, May 18, 1885; China no.1 (1887): "Correspondence respecting the temporary occupation of Port Hamilton by Her Majesty's Government", *Great Britain. Foreign Office* (London: HMSO, 1887), p.5.

2) Earl Granville to Marques Cheng, no.5, April 16, 1885; "Correspondence respecting the temporary occupation of Port Hamilton by Her Majesty's Government", *Great Britain.*

저도 영국 정부가 청국의 직례총독인 리훙장과 라디겐스키(Nicholas Ladygensky) 주청 러시아 대사를 통해 진행되는 리-라디겐스키 협정에만 의존한 점이 그렇다.

조약 체결 후 일 년 만에 완전히 뒤바뀐 거문도 점령 과정을 주제로 한 이런 외교적 상황에 대하여 현재까지의 다양한 연구 실적들이 있다. 그러나 철수 부분에서 대영제국의 동아시아 외교 흐름이 혼돈스러움을 가질 수밖에 없었음을 다룬 글은 보이지 않는다. 이를 짚고 넘어갈 필요가 있다. 이제 거문도 철수 부분을 분석 및 재평가하면서 그간 파크스에 의해 형성된 동아시아에서의 대영제국 외교를 연결・조망해보고자 한다.

철수의 배경과 리-라디겐스키 협정의 성립

거문도 점령이 '영러 각축'을 배경으로 작용했다는 기존의 연구들을 따른다면 철수 문제도 영러 각축에 배경을 두고 있음이 틀림없다. 때문에 거문도 철수를 제대로 분석하려면 영러 각축에 대한 종합적인 점검이 재차 필요하다.

영러 각축의 원인은 무엇인가? 먼저 캐닝(George Canning) 외무장관(1807-27년 사이에 9년 재임)의 외교 정책 아이디어와 이를 정착시킨 파머스턴 외무장관(1830-51년 사이에 18년 재임)의 외교 정책부터 이해해 보아야 한다. 캐닝은 불간섭(non-interference)과 중도(neutrality)를 그의 외교정책의 핵심

Foreign Office, pp.1-2.

아이디어로 갖고 있었다. 먼저 나폴레옹 전후에 유럽 대륙에 감도는 혁명 기운을 감지한 그가 유럽의 소국가들이 자유를 부르짖을 땐 간섭하지 말아야 한다는 데서 불간섭을 원칙으로 세웠다.[3] 그리고 그 원칙의 일환으로 빈체제하의 절대국가들과 동맹을 맺지 않는 '고립외교(Isolation Policy)'도 주장하였다. 다음으로 그는 절대국가들이 자유를 원하는 소국들을 제재하려할 때는 절대국가를 대상으로 간섭을 펼쳐야한다는 생각도 갖고 있었다. 이는 '중도'라는 원칙과 연결된다. 결국 캐닝의 외교를 한마디로 표현하면 '기본적으로는 고립정책을 통해 불간섭을 유지하지만 필요시는 간섭한다'는 이원적인 개념이다.[4]

캐닝(George Canning)
외무장관 및 총리

파머스턴의 경우는 어떠한가? 그가 외무장관으로 재임하던 1832년에 있은 선거법 개정은 기득권을 놓지 않으려는 전통적 계급층들의 방해로부터 중산층들의 정치참여의 자유가 가능해진 또 다른 시민혁명이었다. 선거법 개정을 통해 어렵게 정치적 힘을 갖게 된 중산층은 자신들의 정치적 자유를 계속 유지·확대하고자 했는데 파머스턴의 외교정책이 그들에게 자유를 유지하는 방법이 된 것이다. 그는 혁명의 중심 세력이던 중산층 계급의 지속적인 확대가 무역을 통한 부의 축적과 비례한다고 보았다. 그리고 캐닝의 아이디어를 응용한 실용적인

3) H. W. V. Temperley, *Life of Canning* (London: James Pinch & Co, 1905), p.270.
4) Temperley, *Life of Canning*, p.274.

외교 정책 원칙을 제시했다. 하나는 기본적으로 고립 정책을 유지한다는 것이다. 제 삼자의 문제에 괜한 간섭이나 참여로 자국의 무역 확대에 방해가 되는 것을 막기 위해서이다. 다른 하나는 자국의 무역에 방해되는 국가 또는 문제의 경우엔 적극적인 간섭 정책을 통해 풀어나간다는 것이다. 템플리는 파머스턴의 간섭 정책을 범간섭(pan-interference) 정책이라고 불렀는데,[5] 그의 외교는 캐닝의 생각을 따르는 '캐니나이트(Canningite)'의 궤도에 있었다.

영러 각축을 이해하기 위해선 19세기에 시민혁명의 소용돌이를 비껴나 있던 러시아도 주목해야 한다. 러시아의 차르(Czar)는 유럽 전역을 병적으로 휘감은 '시민혁명의 기운'을 막기 위해선 자신의 권위를 강화시켜야 하고 이를 위해 경제적 힘이 절실함을 알고 있었다. 때문에 차르도 영국의 중산층이 갖고 있는 목적처럼 당시의 부의 축적을 위한 방식인 무역에 초점을 둔 것은 자연스럽다. 차르가 자신의 부 및 권력에 직결된 무역의 중요성을 강조하면 할수록 시급한 외교 과제가 대두되었다. 다름 아닌 러시아의 지리상 특성 때문에 사계절로 무역을 활발히 전개할 수 있는 부동항의 획득 건이 그것이다.[6] 러시아가 관심을 갖는 부동항의 대상을 보면 유라시아 전역에 걸쳐 있었다. 서아시아엔 흑해를 지나 지중해로의 진출이며 중동으로는 인도를 통한 인도양 진출, 그리고 동아시아에선 블라디보스토크 이남을 통한 태평양 진출 등이다.

---

5) Temperley, *Life of Canning*, p.276.
6) Cyrus C. Adams, 'Russia's Ice-free Port', *the New York Times*, February 27, 1916.

결국 영러 각축의 성립은 여기에서 확인된다. 두 국가의 공통 관심사인 무역 확대를 위해 러시아가 생각하는 부동항 지역과 영국이 관심을 두고 있는 해외 무역로나 시장이 겹쳐져서 둘 사이에 외교적 충돌이 필연적일 수밖에 없기 때문이다.[7)]

거문도 철수와 철수의 배경이 된 영러 각축을 연계시켜 몇 가지 의문점을 풀어 보자.

첫째 철수의 발단이 된 사건은 무엇인가? 1885년 3월 이후 영러 각축으로 전쟁으로 내달릴 듯 보이던 아프간 문제가 평화 쪽으로 선회하더니 1885년 9월에 큰 충돌 없이 외교적으로 해결되었다. 이 때문에 영정부가 취한 거문도와 관련된 외교 내용이 달라질 수밖에 없었다. 즉 전쟁이 무산되자, 전쟁을 예상한 조처였던 거문도 점령이 급기야 외교적 절차를 무시한 조처였다는 섬 주변 국가들의 강한 비난을 받아야 한다는 점과 이들의 철수를 조속히 하라는 압력에 대한 조처가 외교내용이 된 것이다.

둘째 러시아와의 전쟁을 예상하고 점령했던 곳인 만큼 문제가 풀린 상황에선 철수하는 것이 당연한 도리일 것이다. 그러나 철수하기까진 아프간 문제가 풀린 1885년 9월 기준으로 1년 5개월이 지난 1887년 2월에나 이뤄졌다. 무슨 까닭인가? 혹시 영국 정부가 거문도를 철수함에 있어 외교적으로 크게 고려해야 할 문제가 있었던 것 아닌가? 해답은 동아시아 쪽으로

---

7) C. V. Doren, *The Life of Thomas Love Peacock* (London: J. M. Dent nd Sons Ltd, 1911), pp.214, 214-16, 218-21.

로즈버리(5th Earl of Rosebery) 외무장관

러시아가 부동항을 얻고자 진출할 때 영국이 고립 정책을 유지하면서 러시아의 진출을 막는 간섭정책을 취해야 한다는 영러 각축에 있었다. 즉 영정부는 각축 부분에 대한 해결책이 나와야 철수한다는 방침 때문에 늦은 것이다.

셋째 영정부가 철수를 전제로 하면서도 동아시아 지역에서 벌어질 영러 각축에서 우위를 점하려는 노력은 어떻게 진행되었는가? 1886년 4월의 로즈버리(Rosebery) 외무장관은 영국이 거문도를 철수 한 후에 어떤 국가도 이곳을 점거하지 않는다는 사실을 청국이 보증한다면 점령을 풀겠다고 하였다.[8] 이어서 그는 청국의 직례총독으로 있던 리훙장에게 철수를 위한 중재를 부탁하였다. 이런 움직임은 오스만 터키 문제로 전쟁 일보 직전까지 이르렀다가 비스마르크의 중재로 영국이 좋은 결과를 얻었던 1878년의 베를린 회의 때와 비슷한 분위기였다.

넷째 리훙장은 영국정부가 자신을 접촉한 의도가 철수의 중재자 역할을 해달라는 것으로 파악하고 주청 러시아 공사인

8) FO 405/36, Memorandum of proposed Answer to the Communication made by Sir H. Macartney on the 11th March with regard to Port Hamilton, Inclosure in no.23; see FO 405/36, Sir P. Currie to Sir H. Macartney, no.23, and April 14, 1886; see also FO 405/36, the Earl of Rosebery to Mr. O'conor, no.26, and April 30, 1886.

라디겐스키와 철수를 상의하기 시작했다. 여기서 리훙장이 철수의 중재자 역할을 받아들인 이유는 무엇인가? 리훙장은 청국의 현 정치 체제를 유지하면서 자강(自彊)을 목표로 하고 있었으므로 동아시아로의 러시아 진출을 우려했다. 때문에 그는 '이이제이'라는 외교정책 방식을 이때도 지속했다.[9] 조선을 자신의 속방(屬邦)으로 생각하고 있던 리훙장이 러시아로부터 조선을 보호하고 자국 중심의 동아시아 외교의 현상 유지를 위해서 서방 국가들에게 조선이 문호 개방할 것을 유도한 이유도 여기에 있었다. 때문에 그는 거문도 문제로 조선이 영국과 러시아 두 나라의 중심에 놓이는 것은 원치 않았다. 뿐만 아니라 리훙장은 두 나라의 각축을 잘 알고 있었기에 이를 이용하여 조선을 지키겠다는 의도로 영국 정부의 제의에 대한 허락을 한 것이다.

리훙장과 접촉한 라디겐스키 공사는 "영국이 거문도에서 철수만 한다면 러시아는 거문도는 물론 조선의 주권이 살아 있는 영토의 어느 곳에도 점령을 하지 않는다"는 사실을 리훙장에게 단언했다.[10] 라디겐스키의 표현을 접한 리훙장은 러시아 공사의 개인적인 입장이 아니라 러시아 본국과 공식 외교 채널을 통해 문제를 해결하길 다시 요구했다. 리훙장의 요구에 대해 러시아정부도 긍정적인 답변을 하자, 9월 25일부터 리훙장은 '어느 누구도, 어느 국가도 거문도를 점령할 수 없다'고 보증하는 공문을 얻기 위한 담판을 주청 러시아 공사와 본격

9) 『영국연구』 15, pp.113-14.

10) FO 405/36, Sir J Walsham to the Earl of Iddesleigh, no.91, October 6, 1886.

적으로 시작하였다. 몇 차례의 회담을 통해 리홍장이 설득하던 주된 내용은 한마디로 두 국가가 조선을 점령하지 않는다는 서로의 약속을 국제적으로 공론화 한다면 청국은 물론 러시아에도 도움이 된다는 부분이었다. 리홍장의 설득을 좀 더 세분화시켜 풀어보면, 첫째 영국의 거문도 철수는 약속과 함께 기정된 사실이 될 것이라고 했다, 둘째 동아시아 지역에 평화가 오면 러시아는 당시 불가리아 문제로 복잡하게 얽혀 있는 발칸지역의 외교에만 전념할 수 있다는 점을 강조했다. 셋째로 리홍장은 이번 약속이 이뤄진다면 청·러 양국을 이간하여 중간에서 이익을 보려는 일본의 야심도 차단할 수 있음을 한 번 더 강조하면서 러시아가 결심이 서게 만들었다.[11]

결국엔 1886년 10월 6일자로 3개 조항으로 된 리-라디겐스키 협정안이 완성되었다. 협정 내용을 손에 쥔 리홍장이 10월 31일에 주중 영국 공사인 월삼(J. Walsham)에게 이 사실을 통고하고 거문도 철수를 강력히 요구하였다.[12] 얼마 뒤인 11월 24일, 리홍장의 요구에 대한 영국 정부의 "이의가 없다"는 입장을 왈삼 공사를 통해 정식으로 전해왔다. 본국의 취지대로 영국 해군이 거문도에서 완전히 철수한 것은 1887년 2월 27일이었다.

---

11) Clayton, *Britain and the Eastern Question,* pp.180-82.
12) FO 405/36, the Tsung-li Yemen to, Sir J Walsham no. 134, October 31, 1886.

리-라디겐스키 협정의 평가

[영러 각축 관련 평가]

리-라디겐스키 협정 내용을 보면 기존에 추구하던 영러 각축 외교 정책과 달리 영국이 협정의 중심에 서서 간섭의 역할을 하지 않은 점이 가장 눈에 띈다. 거문도 철수를 추진하던 총리는 글래드스턴과 솔즈베리이다. 먼저 글래드스턴이 철수 때에 간섭을 하지 않기로 선언했기에 그가 영국이 협정의 중심에서 간섭할 이유가 없다고 한다면 이해가 간다.

글래드스턴은 파머스턴을 이어 자유당 당수가 되었지만 파머스턴식의 간섭 외교 정책이 국내재정을 낭비한다고 보고 줄곧 그와 대립하던 인물이다.[13] 특히 정권을 쥐면서 군비 축소를 시도하다가 비스마르크의 등장으로 프로이센이 군비를 확장하자 수포로 돌아간 사례도 있다. 이런 배경을 갖고 있는 그이기에 거문도 점령의 의미가 영러 각축이라는 긴박함에 비롯되었지만 이제 의미가 없어진 그곳을 영해군이 떠나지 못할 이유가 없다고 생각하고 철수 시 어떤 간섭도 하지 않기로 한 것은 당연하다.

글래드스턴이 거문도 철수시 간섭을 포기한 또 다른 이유는 아프간 사태와 관련이 있다. 사실 아프간 사태가 발생하기 몇 년 전에 수단에 반란이 일어났다. 수단은 1882년에 영국이 점령한 이집트의 나일강 상류에 위치한 곳으로 영국이 전략상

---

13) Jasper Ridley, *Lord Palmerston* (London: Constable, 1970), p.563.

간섭을 해야만 하였다. 수단의 반란이 성공하면 연쇄적으로 수에즈운하를 통해서 인도로 가는 길목인 이집트에 문제가 생기게 된다. 글래드스턴은 무역로 문제가 당장 발생하지 않은 입장에서 간섭을 한다는 것은 불합리하다고 보았다. 그리고 그의 결정을 망설이던 사이에 반란 진압을 위해 하르툼에 파견된 영웅 고든장군이 피살되는 사태가 발생하였다.[14] 결국 그가 수단사태에서 고든의 피살을 방관했다는 정계와 여론의 비난으로 인해 수세에 몰리게 되었다. 그 와중에 아프간 사태가 터지자, 그는 수단 때의 오류를 벗고자 망설임 없이 전쟁불사를 선언하였다.[15] 이런 외교적 변화를 보인 글래드스턴이기에 아프간 사태가 해결되면서 비난의 대상이 된 거문도 점령 문제를 접하자 여론에 민감해져 철수에만 급급한 것은 당연할 수 있다. 이 외에 글래드스턴은 아일랜드 자치법안 통과에 정치적 총력을 기울이던 때였기에 외교가 축소 지향적이 될 것임도 자명하였다. 때문에 그는 철수시 간섭을 철저히 배제하였다고 해도 틀린 말은 아니다.

철수의 또 다른 주역인 솔즈베리의 경우는 좀 다르다. 사실 솔즈베리 1차 정권(1885.6.23~1886.1.28) 때 철수문제가 본격적으로 논의되었고, 그를 이은 글래드스턴 3차 정권(1886.2.1~7.20) 때도 지속적으로 논의가 진행되다가 솔즈베리 2차 정권(1886.7.25~1892.8.11) 때 결말이 났다. 그렇기

---

14) Edmond George Petty Fitzmaurice, *The life of Granville George Leveson Gower, second Earl Granville, K. G., 1815-1891*, vol.2, (London: Longmans, 1905), pp.379-406.

15) Fitzmaurice, *The life of Granville*, pp.407-53.

때문에 거문도 철수는 솔즈베리의 작품으로 보아야 할 것이다.

솔즈베리는 외교를 실용적으로 다루는 인물이다.[16] 대표적인 사례가 외무장관 시절 때인 1878년의 베를린 조약과 총리 때인 1887년의 1차 및 2차 지중해협정이다.

전자는 1877년 러시아가 터키와의 전쟁에서 승리하면서 맺은 산스테파노 조약에서 러시아가 지중해로 진출할 수 있는 합법적 계기가 마련되었을 때이다. 솔즈베리 외무장관은 이미 1842년의 해협조약에 의해 러시아의 일방적인 지중해 진출은 잘못된 것임을 강하게 항의하면서 전쟁 가능성을 전제로 조약의 재조정을 요구하였다. 다행히 외교적 안정을 원하던 비스마르크의 중재로 영국이 새로운 조약에 관여하는 선에서 문제가 해결을 보게 되었다. 이 문제로 그는 총리인 디즈레일리와 함께 여왕으로부터 명예훈장인 가터훈장을 받았다. 후자는 1887년에 솔즈베리가 다시금 지중해 지역에서의 러시아의 움직임을 봉쇄하기 위해 주변 국가들과 약속을 재점검하는 외교활동이었는데 그 중심에 역시 솔즈베리가 있었다.

결국 두 조약을 정리해보면 솔즈베리만의 몇 가지 외교적 특성이 보인다. 첫째 조약 성격은 영러 각축과 깊은 관계가 있다는 점, 둘째 조약 과정은 영국이 러시아보다 우위에서 진행된 점, 셋째 조약 내용은 영국 측에서 반드시 외교적 간섭이 가능하게 정리된 점이다.

---

16) Lord Baker and Hugh Cecil, eds, *Salisbury: Man and his Politics* (London: Macmillan, 1987), pp.vii, 148-84.

그렇다면 거문도 철수의 핵심인 리-라디겐스키 협정에도 이와같은 솔즈베리식 외교 활동의 특성이 보이는가? 리-라디겐스키 협정도 영러 각축과 관계가 있지만 과정상 러시아보다 우위를 점한 정책인지, 또는 영국 측에서 외교 간섭이 가능한 경우인지에 대해선 의문시된다. 한 예로 협정의 3조인 "예측하지 못한 사태가 조선에 발생하여 러시아의 이익이 침해당한다면 청·러가 함께 상의하여 이 문제에 대처한다"라는 부분엔 러시아의 남진이 있더라도 영국은 어떤 간섭도 할 수 없는 것을 스스로 성문화시킨 경우가 된다. 결국 솔즈베리의 기존 외교 정책 방향과 거문도 철수 문제는 사뭇 다름이 확인된다.

솔즈베리가 자국의 간섭이 배제된 리-라디겐스키 협정을 승인한 이유는 무엇일까? 솔즈베리가 생각하는 영러 각축의 범위는 인도를 벗어나지 않은 점에 주목해 보아야 한다.[17] 거문도를 철수한 1887년 2월과 같은 해인 11월에 두 차례나 진행된 지중해협정도 이집트를 포함한 지중해 지역의 현상유지가 인도로의 최단거리인 무역로를 확보하는 최선의 길이라 생각한 솔즈베리의 외교 전략이었다. 그는 동아시아의 경우엔 청국과의 관계만 돈독히 하면 러시아도 막고 최대의 시장인 청국과의 무역에도 지장이 없다고 생각하였다. 결국 솔즈베리에겐 청국을 통해 자신의 동아시아 외교 전략이 잘 지켜지는 리-라디겐스키 협정에 대해 이의가 없었다고 볼 수 있다.

---

17) Wilson, *British Foreign policy and Foreign Secretary*, pp.119-37.

그렇다면 영국의 외교적 간섭이라는 역할이 빠진 리-라디겐스키 협정이 영국과 러시아의 각축의 흐름에 어떤 의미를 주었는가? 러시아는 1891년에 시베리아 철도 부설 계획을 수립하여 중국 시장뿐 아니라 동아시아 전역에 자국의 힘이 합법적으로 강해지고 있었다.[18] 총리이던 솔즈베리는 각축의 현장을 인도로 국한했던 자신의 생각을 넘어서 동아시아에서 러시아의 진출을 간섭해야 할 상황이 되었다. 하지만 리-라디겐스키 협정으로 인해 영국은 동아시아에서의 러시아 진출문제를 청국에게 전적으로 맡긴 상태였다. 그런 청국이 일본과의 전쟁(청일전쟁, 1894-95)에서 패배하자 영국이 동아시아에서 러시아의 움직임을 제재할 방법이 사라지게 되었다. 동시에 영국도 동아시아에서 합법적이며 직·간접적으로 러시아의 움직임을 막을 수 있는 어떤 외교적 방법도 남아있지 않게 되었다. 여기에서 영러 각축과 관련된 리-라디겐스키 협정의 평가를 말할 수 있다.

[파크스의 동아시아 외교정책 관련 평가]

파크스가 삼국(청국·일본·조선)을 거치면서 40여 년간 추진시킨 영국의 동아시아 외교정책과 리-라디겐스키 협정의 관계를 알아보려면 먼저 파크스의 외교정책의 요점을 파악해 보아야 한다. 그의 외교정책엔 몇 가지 원칙이 있다. 첫째로 외교당사국과는 확실한 조약을 맺어 자국의 경제적 이득을 올

---

18) 최문형, 『한국을 둘러싼 제국주의 열강의 각축』, 지식산업사, 2001.

리는 데 최선을 다하고, 둘째로는 확실하게 비준된 조약으로 필요시 당사국에 대한 합법적 간섭을 가능케 한다는 것이다. 이런 파크스의 외교정책은 파머스턴의 외교정책과 흡사한데 그 배경은 1849년에 10개월 정도를 머문 파크스의 영국 생활에 있었다. 21살의 청년이던 파크스는 외무장관인 파머스턴의 호출로 그를 만나 자신의 청국 정책에 대한 견해를 폈고, 이를 받아 대화를 나누는 외무장관을 대하면서 자신의 외교적 삶의 멘토(mento)로 파머스턴을 선택한 것이다.[19] 특히 둘은 지위와 나이가 다름에도 불구하고 청국에서 영국이 경제적 이익을 얻을 곳이 바로 광저우에 있음을 서로 언급하면서 둘의 생각만큼은 같은 영역에 있음을 확인했다. 결과적으로 캐닝에 이어 파머스턴 때 정착된 경제 중심의 외교정책을 동아시아에서 풀어낼 캐니나이트(Canningite)의 장본인이 파크스가 된 것이다.

청국은 1842년에 난징조약을 맺었음에도 불구하고 광저우에 외국인들이 거주하는 것을 허락하지 않아 영국의 무역에 차질이 빚어졌다. 광저우 영사로 있던 파크스는 '거주 불가'문제를 자국의 경제 발전에 큰 걸림돌로 보고 있었다. 그러던 중에 광저우 앞 바다에서 애로우호 사건이 터지자 이를 단순 사건 차원이 아닌 외교적 빌미로 삼아 청국 정부에 더욱 확실히 보증된 조약을 받아내려 하였다. 특히 파크스는 광저우의 조약 불이행 상황을 청국 정부가 묵인하고 있는 점을 간파하

---

19) Daniels, *Sir Harry Parkes*, p.5: Lane-Poole, *The life of Sir Harry Parkes I*, p.v.

고 무력을 동원해서라도 청국 정부가 있는 베이징에 주영 외교 공관을 세워 모든 외교 문제를 청국 중앙정부가 비껴가지 못하게 해야 된다는 데 기본 생각을 갖고 있었다.[20] 결국 파크스의 의도대로 애로우 사건이 빌미가 되어 양국 간에 무력 충돌(2차 아편전쟁)을 치르면서 베이징에 외교 공관이 설치되는 1860년의 북경조약으로 이어졌다.[21] 이로써 영국 정부가 영국의 경제적인 이익을 위해 청국의 중앙 정부와 외교를 본격적이면서도 직접적으로 수행하는 외교의 틀을 만들었다.

이런 과정 중에 파크스는 애로우 사건을 영국의 외교적 승리로 이끈 장본인이었고 베이징 조약 성립 직전에는 청국에 포로가 되는 위험한 순간도 넘겼으며 조약이 성립된 이후엔 베이징의 현장에 머물면서 외교 공관 사무가 정착되는 것을 몸으로 경험하였다. 결국 파크스의 청국관련 외교정책은 명확한 조약을 획득함으로 국익을 최우선으로 생각하고, 관련하여 자국의 무역에 방해되는 경우엔 간섭정책을 선택하는 자신의 외교 원칙을 고스란히 실천한 것을 알 수 있다.

영·청 간의 외교적 진통 속에서 실천된 확고한 조약 체결 및 간섭 외교 정책을 통한 경제 이득의 극대화라는 파크스의 외교 원칙이 1865년부터 주일공사로 18년간(1865-83) 일본에서 머문 동안에도 그대로 유지 발전되었음을 알 수 있다. 먼저, 확고한 조약을 통한 경제 이득의 극대화라는 부분을 보면, 파크스의 외교의 성과인 1866년의 개세약서(改稅約書)가 이에

20) Lane-Poole, *The life of Sir Harry Parkes I*, p.259.
21) Costin, *Great Britain and China*, pp.341-42.

해답이 된다. 영국 정부는 일본과 영국을 포함한 서방 5개국이 맺은 통상조약인 안세이 조약(1858)의 공신력에 문제가 있음을 제기하고 조약의 수정을 시도하였다. 조약 수정 과정을 현장에서 담당한 외교관은 당연히 파크스인데 그가 보여준 외교적 조치가 주목된다. 그는 다른 통상 국가들과 단합하여 일본을 위협하는 포함외교 방식, 단일대표를 세워 공통의 조건을 얻어내는 지혜, 조약 후 반발 세력이 될 다이묘들의 설득 등을 통해 영국 정부가 제시한 수정안이 받아들여지도록 한 것이다. 그의 이런 노력은 청국에서 이미 경험하고 정립한 자신만의 외교정책 방식을 응용한 것이다.

다음으로 경제 우선의 간섭 외교정책 부분은 이와쿠라 사절단의 영국방문 때였다. 파크스는 미국에서 큰 성과를 얻지 못한 일본 사절단을 영국 정부가 환대하도록 설득하였다. 또 안식차 영국에 건너가 머물던 그가 짧은 몇 달이지만 직접 시간을 투자하여 사절단과 동행하면서 영국 전역의 산업시찰을 도왔다. 물론 산업 시찰은 영국의 내부를 너무 노출하는 위험성도 있지만 파크스로선 바라는 기대치가 더 컸기에 이를 시행하였다. 그의 기대치란 첫째로 일본이 영국의 발전에 자극받고 영국을 모방하길 바라는 조처였다. 만약 일본이 그의 생각대로 모방하기 시작한다면 결국 일본은 영국과 경제적으로 긴밀한 관계를 가질 수밖에 없으며 동시에 영국과의 교류가 더욱 활성화된다는 결론이었다. 둘째는 일본이 영국과 교류가 깊어질수록 서로의 관계가 긴밀해져 영국이 경제를 빌미로 일본에 대해 간섭 정책을 합법적으로 할 수 있다는 계산이었다. 그의 생각은 적중하여 이후 일본 근대화의 큰 비중이 영국에 의존되어 있었다. 결국 개세약서와 이와쿠라 사절단의 환대를 통해 파크스의 경제 우선 하에 확고한 조약 체결과 간섭정책을 성립시키는 외교 원칙이 모두 시행되었음을 확인하게 된다.

마지막으로 조선의 경우엔 파크스의 외교 원칙이 얼마나 적용되었던가? 1882년 6월에 맺어진 1차 조영수호통상조약의 문제점을 수정한 1883년 11월의 2차 조영수호통상조약(1884.4.28 비준됨)은 일명 '파크스 조약'으로 불리는 만큼 파크스가 주도한 조약이었다. 파크스 조약에서 그가 가장 주목한 부분은 바로 관세율 부분인데 결과적으로 조선 정부로부터 합법적으로 영국의 이익을 보장 받는 데 기대 이상의 결실을 거두었다. 이는 경제를 우선하는 그의 확고한 조약 체결 및 간섭 정책이라는 외교 원칙이 동시에 적용된 경우이다. 1차 조영 수호 조약이 청국의 리훙장의 주선으로 된 것이지만 파크스조약 땐 파크스가 청국을 배제한 조영 상호 간의 조약 체결에 최선을 다하였다. 이런 시도는 표면적으로 조선정부의 독립성을 배려한 것이지만 이보다 조선과의 경제적 관계를 영국단독으로 긴밀히 유지하려는 파크스 자신의 경제 우선 간섭정책의 일환이었음을 확인할 수 있다. 결국 파크스 조약은 파크스의 외교정책이 고스란히 녹아져있는 그의 종합 작품이었다고 해도 틀린 말이 아니다.

이런 점으로 볼 때 1885년 5월에 영정부가 거문도를 점령할 당시엔 영국과 조선은 파크스 조약으로 인해 정상적인 국가대 국가의 공식 외교 채널이 열려 있었음이 분명하다. 그러므로 조선령인 거문도를 점령하기 위해선 조선 주재 영국 공관을 통해서 정식으로 외교적 교섭을 하는 것이 상식적일 것이다. 하지만 영국은 임박한 러시아와의 전쟁 때문에 어쩔 수 없이 취한 부득이한 조처였다는 주장 하에 조선과의 기존의 조약도 무시한 행동을 취했다.[22] 더군다나 영국은 철수 때도 조선 정부에 어떤 변명이나 상의를 직접 취하지 않고, 주변국인 청국과 러시아가 맺은 리-라디겐스키 협정에만 의존하여서 진행하였다. 조선 정부는 영국이 물러났는지를 현장 답사를 통해서 확인했을 정도로 영국은 조선에 대해서 외교적으로 비상식적인 행동을 하였다.[23]

결국 점령 때도 그랬지만 철수에서까지 철저히 조선 정부가 배제된 것은 그동안 동아시아에서 진행되어오던 파크스의 외교원칙이 완전히 무시된 최악의 사례이다. 특히 조선만 놓고 보더라도 파크스 조약으로 불린 2차 조영수호통상조약이 조인될 때까지 강조되어온 '주권국' 대 '주권국' 간의 조약이라는 부분이 완전히 실종된 것이다.

영정부가 줄곧 지켜오던 동아시아 외교정책이 조선에서 실종된 데는 어떤 이유가 있는가? 가장 큰 이유는 1885년 3월 22일에 파크스가 임지인 베이징에서 세상을 떠났기 때문이다. 그의 죽음으로, 거문도 점령 때 그의 생각을 영정부에 주지시킬 수가 없었다.[24] 다른 이유는 거문도 점령과 직접 연관이

---

22) 구한국 외교 문서, vol.13, (영안 vol.1). no.207, pp.156-57.
23) 구한국 외교 문서, vol.13, (영안 vol.1). pp.223-24.
24) 'Death of Sir Harry Parkes', *the Times*, 23 March, 1885.

있는 주중 공사 겸 주한 공사인 오코널와 왈삼이 파크스의 외교정책을 대변하고 있지 못했다. 한 예로 점령을 논하던 시기에 영정부가 가장 의존했던 정보는 외교관의 보고보다도 그리피스의 책이었다. 영 정부는 이 책의 3부에 기록된 1784년 기독교 전래부터 1882년 여러 국가들과 조약 체결까지의 조선의 상황을 이해하였고 이를 현장 외교관의 정보보다도 심도 있게 활용한 것이다.[25)]

종합해보면 동아시아 외교정책이 그동안 파크스라는 한 인물에 너무 의존도가 컸고, 그의 존재가 사라지면서 동시에 그가 추구했던 외교정책 자체도 소멸했기 때문에 거문도 경우와 같은 외교 상황이 생긴 것으로 볼 수 있다.

그렇다면 파크스가 추진하던 동아시아 영국 정책과 리-라디겐스키 협정을 연계하여 어떤 평가를 할 수 있나? 리-라디겐스키 협정은 첫째로 파크스가 그렇게 배제시키려던 리훙장의 조선 내 간섭을 영국이 앞장서서 다시 합법화시킨 경우이다. 둘째는 파크스 조약이 완전히 쓸모없는 조약으로 마침표를 찍게 만들어서 궁극엔 조선이 주권국임을 영국 정부가 인정하지 않은 상황이 되었다. 이런 두 가지 관점은 앞서 영러각축 관련 평가에서도 살펴 본 것처럼 청일전쟁에 귀착됨을 알 수 있다.

청일전쟁은 조선을 중심에 놓고 청국과 일본의 간섭이 충돌로 이어진 동아시아 외교 상황이다. 영국이 조선과의 수호통상조약을 제대로 진행하고 있었다면 합법적으로 청·일 두 국

---

25) Griffis, *Corea: the Hermit Nation*.

가의 충돌을 중재했을 것이다. 더군다나 이미 진행된 전쟁의 과정을 살펴보면, 청·일의 외교 행동들이 조선을 주권국으로 전혀 생각지 않는 모습들이었다. 영국이 이미 조선정부에 대해 비상식적인 외교행동을 취했는데 어느 나라인들 비슷한 행동을 취하지 않겠는가.[26] 결국 청일전쟁의 원인 제공이 바로 기존의 동아시아 외교 틀을 무시한 영국의 거문도 철수의 핵심에 있던 리-라디겐스키 협정에 깊이 관여되어 있음을 짐작할 수 있다.

* * *

리-라디겐스키 협정을 평가 할 때, 영러 각축 차원에서 서로의 정면 충돌을 피하면서 러시아의 동아시아 진출을 막았다는 긍정적 의미를 생각하기 쉽다. 하지만 거문도 점령의 핵심 주제인 영러 각축과 파크스의 동아시아 외교정책을 기준으로 진행된 평가들을 보면 부정적 의미가 이면에 더 크게 존재하고 있음을 발견하게 된다.

마지막으로, 영국 외교에서 제한적이겠지만 리-라디겐스키 협정의 부정적 의미가 어디까지 확대 해석될 수 있을지 추정해보자. 19세기 말 영국 외교정책을 더욱 정립하기 위해서 집중 연구가 필요한 부분이다. 영국이 역사에서 한 세기를 풍미하던 자국의 고립 정책을 포기한 1차 영일동맹(1902)까지 연

26) 김경창, 『동양 외교사』, pp.406-12.

결하여 생각할 수 있다. 영일동맹은 19세기 말에 러시아가 시베리아 철도를 통해서 동아시아에 자국의 영향력을 가속화하기 시작하자 리-라디겐스키 협정 이후에 직접 러시아의 남진을 막을 수 있는 외교적 위치도 아니었고, 청국이라는 완충카드가 없는 상황에서 선택한 영정부의 외교적 고육책이었다. 더군다나 영일동맹의 연장 선상에서 동아시아 패권을 놓고 일본이 영국의 도움을 믿고 러시아와 전쟁을 치렀던 러일전쟁(1904-05)을 생각한다면 리-라디겐스키 협정의 부정적 의미는 상상 이상임을 확인하게 된다.

대영제국 정부는 거문도 점령이 영러 각축이라는 큰 틀 속에 발생한 지엽적 외교 사건이니만큼 철수에 있어서도 가볍게 생각했다. 철수하는 과정의 핵심에 있던 리-라디겐스키 협정에 대한 평가를 통해 보면, 거문도의 철수가 19세기 후반의 동아시아권내 대영제국 외교정책이 형성되는 데 얼마나 큰 의미가 있는지를 알 수 있다. 동시에 평가 속의 파크스의 외교적 유산도 대영제국 외교의 전반적인 흐름에 큰 흔적과 의미를 남기고 있음이 상대적으로 확인이 된다. 다시 말해서 파크스는 "대영제국의 동아시아 외교 주역"임이 분명하게 증명된 것이다.

참고문헌

〈1차 사료〉

Cambridge University, University Library의 Department of Manuscripts and University Archives: Parkes papers.

Cross papers (in the British Museum, London).

Derby papers (in the Liverpool City Libraries).

Foreign Office papers: FO 17/ FO 27/ FO 46/ FO 65/ FO 228/ FO 391/ FO 405.

Hansard.

Hickleton Papers in the University Library, Cambridge BXXI/N/123.

Joseph Chamberlain Papers (in the Birmingham University Library).

Parliament Paper. 1860, 1861.

Royal Archives A51.

The Economist.

The Times.

구한국 외교 문서, vol.13, (영안 vol.1).

〈2차 사료〉

Anderson, M. S. (1966) The Eastern Question, 1774–1923, Macmillan: St. Martin's Press.

Banno, M. (1964) China and the Wast, 1858–1861, Harvard: Harvard University Press.

Bassomperre, F. (1819) Memoirs of the Embassy of the Marshal de Bassomperre to the court of England in 1626, trans. London.

Beasley, W. G. (1951) Great Britain and the Opening of Japan, 1834–1858, Japan Library paperback, 1995, first published by Luzac & Co.

Beeler, John F. (1997) British naval policy in the Gladstone–Disraeli era, 1866–1880, Stanford, Calif.: Stanford University Press.

Blake, Robert (1969) Disraeli and Gladstone. The Leslie Stephen lecture, 1969, London: Cambridge University Press.

__________, (1993) Gladstone, Disraeli, and Queen Victoria: the Centenary Romanes lecture, delivered before the University of Oxford on 10 November 1992, Oxford: Clarendon Press.

__________, (1998) Disraeli, London: Prion.

Bonner–Smith D. & Lumby, E. W. R. ed. (1989) The Second China War, 1856–1860, The Navy Records Society, vol. XCV; M. Mann, China, 1860, London: Michael

Russel Press.

Brazier, R. (1997) Ministers of the Crown, Oxford University Press.

Burdett, O. (1927) W. E. Gladstone, London.

Cambon, Julis (1931) The Diplomatist, trans. C. R. Turner, London: Philip Allan.

Charrier, Paul (1965) Gordon of Khartoum, London: Mayflower Books.

Checkland, S. G. (1988) The Elgins 1766-1917: a tale of aristocrats, proconsuls and their wives. Aberdeen Aberdeen: Aberdeen University Press.

Chu, Samuel C. & Liu, Kwang-Chang, ed. (1991) Li Hung-Chang and China's Early Modernization, London, An East gate Book.

Clayton, G. D. (1971) Britain and the Eastern Question: Missolonghi to Gallipoli, London; University of London.

Coates, P. D. (1988) China Consuls; British Consular Officers, 1843-1943, Oxford: Oxford University Press.

Commynes, Philippe de M moires, Paris, n. d. VI

Cook, C. & Keith, B. ed. (1975) British Historical Facts, 1830-1900, London, Macmillan.

Corr, William (1995) The Life and Times of Captain William Adams: 1564-1620, Surrey: Curzon Press.

Cortazzi, Hugh ed. (2004) British Envoys in Japan, 1859-1972, Kent: Global Oriental.

Costin, W. C. (1937) Great Britain and China, 1833-1880, Oxford;

Clarendon Press.

Cowling, Maurice (1967) Disraeli, Gladstone and Revolution: the passing of the second Reform Bill London: Cambridge University LTD.

Curzon, G. N. (1894) of the Far East, London.

Daniels, Gordon (1996) Harry Parkes; British Representative in Japan, 1865–1883, Ricimond, Surrey: Curzon Press.

Davis, Richard, ed. (1981) Hakluyt's Voyages, Boston: Houghton Mifflin.

Doren, C. V. (1911) The Life of Thomas Love Peacock, London: J. M. Dent and Sons Ltd.

Dowell, Vice-Admiral Sir W. to the Secretary to the Admiralty, no. 15, May 18, 1885; China no. 1 (1887): Correspondence respecting the temporary occupation of Port Hamilton by Her Majesty's Government, Great Britain. Foreign Office, London: HMSO.

Dugale, E. T. S. (1928) German Diplomatic Documents, 1871–1914, vol. 1, London: Methuen.

Eldridge, C. C. (1973) England's mission. The imperial idea in the age of Gladstone and Disraeli, 1868–1880 London: Macmillan.

Ellis, Rev. W. (1834) An introductory essay on the policy, religion, etc. of China, 2nd ed. London: Frederick Westley and A. H. Davis.

Fairbank, J. K. (1953) Trade and Diplomacy on the China Coast: The Opening of the Treaty Ports, 1842–1854 vol. 1 , Harvard: Harvard University Press.

Farrington, Anthonyed (1991) The English Factory in Japan 1613-1623, London: British Library.

Fitzmaurice, Edmond George Petty (1905) The life of Granville George Leveson Gower, seCond Earl Granville, K. G., 1815-1891, vol. 2, London: Longmans.

Fraiser, P. (1955) The Intelligence of the Secretaries of State and their Monopoly of Licensed News, 1660-1688, Cambridge, Cambredge University Press.

Ghose, D. K. (1960) England and Afghanistan, a phase in their relations, Calcutta.

Gillard, David (1977) The struggle for Asia, 1828-1914: a study in British and Russian imperialism, London: Methuen.

__________, ed. (1985) Memorandum on the correspondence with the Russia government in regard to Merv: 1874-84,(Doc.9), British Documents on Foreign Affairs(BDFA): Report and Papers from the Foreign Office Confidential print, vol. 12, Britain, Russia and Central Asia, 1879-1907, University Publications of America.

Gladstone, Osbert (1927) W. E. Gladstone, London: Constable & Co.

Gosling, Andrew (1998) Religion and rebellion in China: the London Missionary Society collection, National Library of Australia News, 8(10), July, National Library of

Australia.
Greaves, R. L. (1959) Persia and the Defence of India, 1884−92, London.
Griffis, William Elliot (1882) Corea, the Hermit Nation, New York: Charles Scribner's Sons.
Hakluyt, Richard (1972)Voyages and Discoveries: Principal Navigations, Voyages, Traffiques & Discoveries of the English Nation, Voyage of Thomas Cavendish, Penguin Books.
Hamilton, Andrew (1974) "Origin of British Interest in Korea in 19C", Korea Journal, vol.14.
Hamilton, Angus (1904) Korea, London: William Heinemann.
Hamilton, Keith & Langhorne, Richard (1995) The Practice of Diplomacy: its Evolution, Theory and Administration, London: Routledge.
Holdich, H. (1910) the Gate of India, being on Historical Narrative, London.
Horn. D. B. (1961) British Diplomatic Service, 1689−1789, Oxford.
Jones, F. C. (1936) Foreign Policy in Korea 1866−94, Ph D. Dissertation, Harvard University.
Keene, Donald (2005) Emperor of Japan: Meiji and His World, 1852-1912, New York: Columbia.
Keens−Soper, Maurice (1978) 'The Practice of States−System' in The Reason of States. ed. Michael Donelan, London.
Kiernan, E. V. G. (1939) British Diplomacy in China,

1880–1885, Cambridge University Press.

Kim, Yung Chung (1964) "Great Britain and Korea, 1883–1887", Ph.D. dissertation, Indiana University.

Kim, Hyun Soo (1989) "The Port Hamilton Affair and Russo-British Rivalry in the Far East,1876–1910", Ph.D. dissertation, Glasgow University.

Kuo, P. C. (1970) A Critical Study of The First Anglo-Chinese War with documents, Taipei: Cheng Wen Publishing Co.

Lane-Poole, Stanley (1901) The life of Sir Harry Parkes I , London: Methuens & Co.

___________, (1901) Sir Harry Parkes in China, London: Methuen & Co.

Lee, Christopher (1997) The Sceptred Isle, BC 55–1901, London: Penguin Book.

Lee, Stephen J. (2005) Gladstone and Disraeli, London: Routledge.

Loch, Sir H. B. (1869) Personal Narrative of Occurrences during Lord Elgin's Second Embassy to China, London: Murray.

Lord Baker and Cecil, Hugh, eds (1987) Salisbury: Man and His Politics, London: Macmillan.

Little, Mrs. Archibald (1903) Li Hung Chang: his life and times with several portraits and a map London: Cassell & Co.

Malchow, Howard LeRoy (1983) Agitators and promoters in the age of Gladstone and Disraeli: a biographical dictionary of the leaders of British pressure groups founded between 1865 and 1886, New York & London: Garland.

Matthew, H. C. G. (1995) Gladstone, 1875–1898, Oxford: Clarendon Press.

__________, ed, (1990) The Gladstone Diaries with Cabinet Minutes and prime–Ministerial Correspondence, vol. XI, Oxford: Clarendon Press.

Mattingly, G. (1955) Renaissance Diplomacy, London: Dover.

Mellozemoff Andrew, (1958) Russian Far Eastern Policy, 1881–1904, Berkeley: Berkeley University Press.

Michie, A. (1900) The Englishman in China during the Victorian Era as Illustrated in the Career of Sir Rutherford Alcock, vol. 2, Edinburgh and London.

Milton, Giles (2003) Samurai William: The Adventurer Who Unlocked Japan, Sceptre; New Ed edition.

Morly, J. (1915) The Life of William Edward Gladstone, London: Macmillan.

Nicolson, H. (1954) The Evolution of Diplomatic Method, Oxford.

__________, (1969) Diplomacy, Oxford: Oxford University Press.

Nish, Ian, ed. (1998) The Iwakura Mission in America & Europe, Japan Library.

Oliphant, Laurence (1970) Narrative of the Earl of Elgin's mission to China and Japan, 1857–8–9, 2 volumes,

Oxford: Oxford University Press.

Paske-Smith, M. (1930) Western Barbarians in Japan and Formosa in Tokugawa Days,(Kobe: J. L. Thompson & co.

Platt, D. C. M. (1968) Finance, Trade, and politics in British Foreign policy, 1815-1914, Oxford.

Pretty, Francis (1907) The admirable and prosperous voyage of the Worshipfull Master Thomas Candish of Trimley……, in: Hakluyt Voyages, vol. 8, London: Everyman's Library.

Ramm, A. (1956) The Political Correspondence of Mr. Gladstone and Lord Grenville, vol.2, London: Methuen.

Ridley, Jasper, (1970) Lord Palmerston, London: Constable.

Salter, Richard (1991) Peel, Gladstone and Disraeli, Basingstoke: Macmillan Education.

Satow Ernest,(1921) A Diplomat in Japan, London: Seeley.

Seton-Watson, R. W. (1935) Disraeli, Gladstone and the Eastern Question: a study in diplomacy and party politics, London: Macmillan.

Shannon, R. T. (1992) The Crisis of Imperialism 1865-1915, London, Scholarly Book Services Inc.

__________, (1975) Gladstone and the Bulgarian agitation, 1876, Hassocks: Harvester Press; Hamden, Conn.: Archon Books.

Sheng, Hu (1991) From the Opium War to the May Forth Movement, vol I, trans. Dun j. Li, Beijing: Foreign Language Press.

Southgate, Donald (1966) The Most English Minister…….; The Polices and the Politics of Palmerston, London: Macmillan.

Sumner, B. H. (1962) Russia and the Balkans 1870-1880, London: Archon Books.

Strachey, Lytton (1975) Eminent Victorians, London: Harmondsworth Penguin.

Strauss, E. (1951) Irish Nationalism and British Democracy, London: Methuen.

Swartz, Marvin (1985) The Politics of British Foreign Policy in the Era of Disraeli and Gladstone, London: Macmillan.

Temperley, H. W. V. (1905) Life of Canning, London: James Pinch & Co.

Trevelyan, G. M. (1925) The life of John Bright, London: new edn.

Tsing, T. F. (1933) "Sino-Japanese Diplomatic Relations, 1870-1894" Chinese Social and political Science Review, XVII.

Wilson, K. M. ed. (1987) British Foreign Secretaries and Foreign Policy, London: Croom Helm.

Woodley, Jocelyn, (1989) The development of the French Diplomatic system under Richelieu, Cambridge: M phil., dissertation: Seeley Library.

高梨建吉, 『パークス伝』, 平凡社, 1989.

奧平武彦,『朝鮮開國交涉始末』, 刀江書院, 1969.

劉 彦原,『中國外交史』, 文海出版社有限公司, 1975.

日本學術振興會 編,「條約改正關係日本外交文書別冊」,『條約改正經緯概要』, 日本學術振興會, 1950.

青柳篤恒,『袁世凱の帝業に對する大內閣の外交』, 朝鮮及滿洲, 1928.

김경창,『동양 외교사』, 집문당, 1995.

______,「영국의 거문도 점령을 圍繞한 외교교섭 시말」,『한중정치의 전통과 전개』, 대왕사, 1984.

김기순,「글래드스턴의 리더십」,『영국연구』 3호, 1999.

______,「글래드스턴과 여론정치; 아일랜드 자치법안에 관한 대중청원운동을 중심으로(1886, 1893)」,『영국연구』 6호, 2001.

김기열,「초기 한영교섭의 전개과정」,『한국근현대사료문선집』 34권 대외 4, 삼귀문화사, 2000.

김용구,『세계외교사』, 서울대학교출판부, 1995.

김현수,「글래드스턴과 디즈레일리 내각의 대내·외정책, 1868-1880」,『사학지』 32집, 1999.

______,「영국정책의 딜레마: 글래드스턴 2차 내각과 애틀리 내각의 집권정책 비교연구」,『영국연구』 5호, 2001.

______,「영국직업 외교관, 써 해리파크스의 동아시아 외교 활동, 1842-1885」,『영국연구』 9호, 2003.

______,「디즈레일리의 보수주의: 정책수행과정을 중심으로」,『현상과 인식』 29권 3호, 2005.

______,「해리 파크스(H. S. Parkes)와 리홍장(李鴻章): 그들의 동아시아 외교정책, 1883~1885,『영국연구』 15호, 2006.

_____, 「주일영국공사 파크스의 대일외교, 1865-68」, 『영국연구』 17호, 2007.

_____, 「주일영국공사 파크스의 외교 활동, 1869-74」, 『영국연구』 19호, 2008.

노계현, 『한국외교사론』, 대왕사, 1984.

다나카 아키라, 『메이지 유신과 서양 문명: 이와쿠라 사절단은 무엇을 보았는가』, 현명철 옮김, 소화, 2006.

박경희, 『일본사』, 일빛, 2000.

박일근, 「초기 영국의 대조외교정책 연구: 리홍장의 속방정책을 중심으로」, 『한국근대사론문선집』 34, 대외 4.

_____, 「리홍장의 對朝政策: 英艦의 거문도 점령 사건을 중심으로」, 『논문집』 제8집, 부산대 중국문제연구소, 1982.

박준규 외, 『한반도 국제정치사론』, 서울대학교출판부, 1984.

박준용, 「외교사적으로 본 한미정국과 거문도 사건」, 『법학연구』 9권, 부산대, 1967.

박지향, 「이미지와 국가이익: 영국의 對日, 對韓인식과 대외정책 결정, 1860-1920」, 『역사학보』 169집.

서중석, 「거문도사건과 국제관계연구」, 『정외학보』 제1권, 경희대학교 정치외교학회, 1957.

신상용, 「영국의 대한수교모색배경」, 『한영수교 100년사』, 한국사연구협의회, 1984.

신복룡 역, 『은자의 나라 한국』, 집문당, 1999.

심상면, 「한영관계, 1882-1905」, 『한영수교 100사』, 한국사연구협의회, 1984.

와타나베 가쓰미(渡邊勝美), 「거문도외교사」, 『보전학회논집』 제1집 (1934): 『한국근대사논저집』 제2권, 태학사, 1982.

왕소방, 『중국외교사, 1840~1911』, 한인희 옮김, 지영사, 1996.
원유한, 「남해의 영국포대-거문도사건」, 『열강의 침략: 한국현대사』 제2권, 신구문화사, 1972.
이병천 ,「개항기외국상인의 내지 상권 침입: 청상, 일상을 중심으로」, 『경제사학』 10호, 경제사학회, 1985.
이보형, 「개관」, 『한영수교 100년사』, 한국사연구협의회, 1984.
이영석, 「대불황과 정치: 진단과 정책 결정의 사회사」, 『영국연구』 6호, 2001.
장인성, 『일본근현대사』, 을류문화사, 2004.
최동희, 「1880년대 조선의 문제와 구미열강과의 외교관계」, 『한국외교사 I』, 집문당, 1996.
최문형, 『제국주의 시대의 열강과 한국』, 민음사, 1990.
______, 「한영수교와 그 역사적 의의」, 『한영수교 100년사』, 한국사연구협의회, 1984.
최현미, 「콥던의 재정개혁 방안과 글래드스턴의 재정개혁」, 『영국연구』 12호, 2004.

찾아보기

【ㄴ】

【ㄷ】

【ㄹ】

【ㅁ】

【ㅂ】

【ㅇ】

【ㅈ】

【ㅎ】

【기타】

대영제국의 동아시아 외교 주역

해리 S. 파크스

펴낸이 _ 장 호 성
저　자 _ 김 현 수
펴낸곳 _ 단국대학교출판부
등　록 _ 1968.2.27 : No. 제03-00095호
주　소 _ 경기도 용인시 수지구 죽전동 126번지
전　화 _ 031-8005-2405　팩　스 _ 031-8021-7154

편　집 _ 박 보 혜
표　지 _ 디자인 이숲

2011년 2월 25일 초판 인쇄
2011년 2월 28일 초판 발행

인　쇄 _ 신 양 사

[값 16,000원]

Published by Dankook University Press

Printed in Korea

ISBN 978-89-7092-454-0 93340